LA POLIS COLLA:

Tierras, Comunidades y Política en la
Quebrada de Humahuaca, Jujuy, Argentina

Guillermina Espósito

LA POLIS COLLA:

Tierras, Comunidades y Política en la Quebrada de Humahuaca, Jujuy, Argentina

prometeo
libros

Índice

Agradecimientos 11

Prólogo
Una memoria colla de la política 15

Introducción 21
    Tumbaya la bella 34
    Organización del libro 45

Capítulo 1
La gente y la tierra: Tumbaya en la historia agraria regional 47
    Despojos 48
    La Colonia 49
    La República: desarticulación de las tierras comunales 54
    Patrones, arrendatarios y Estado: las fincas en disputa 57
    Recapitulando 70

Capítulo 2
Los indios civilizados 73
    Sagas del progreso y el mestizaje 75
    Certificación de origen: un pueblo muerto 85
    Los collas 92
    Recapitulando 101

Capítulo 3
Las memorias arrenderas 105
    El contrato arrendero y las ayudas entre familias 107

Las memorias políticas.. 117

El fin de una era.. 124

Recapitulando 129

Capítulo 4
La Comunidad Aborigen Kolla de Finca Tumbaya 133

Miedo al comunismo 136

Politización y judicialización de las demandas 138

La Comunidad Aborigen Kolla de Finca Tumbaya............................ 146

La carpa hacienda.. 151

Cruce de intereses 156

Memorias communi(s)tas 160

Los tiempos de la dominación 165

Capítulo 5
La comunidad en disputa 169

Antes se éramos unidos, compartidos.. 173

Los planes sociales y las prácticas diferenciadoras de la política................... 175

La membrecía a la comunidad entre la norma y la práctica 178

La politización y la desunión 182

La cultura 186

Pachamama y Patrimonio.. 190

Pachamama y Cultura 191

Pachamama y Unión 192

La comunidad como pacto de continuidad 194

Recapitulando 297

Capítulo 6
El leviatán colla 201

Candidata a candidata.. 203

La campaña.. 207

Las explicaciones de la derrota.. 210

Conclusiones..219

Bibliografía 229

Anexos 255

Agradecimientos

Este libro se compone de deseos y azares en los que convergen muchas personas queridas.

En primer lugar, quiero agradecer a la gente de Tumbaya por su confianza, enseñanzas y buena predisposición para recibirme en sus casas y compartir nuestras vidas e historias y tantas experiencias. Quiero agradecer especialmente a mi comadre y amiga Lidia Cruz y a mi compadre Federico "Lico" Galián; a la familia de mi compadre Federico Galián; a la familia de Elías y Cándida Cruz; a las familias de Claudia Vilca, René Vilca, Celestina Ábalos, Borja Tapia, Armando Cruz, Gregorio Arjona, José Castillo, Magín Cruz y Avelina Cañari, Esteban Arjona, Mariano Vilca, Gerónimo Lamas, Ariel Cruz y Cristina Laura, Pablo Galián, Sabino Flores y Carmela Mamaní, José Maurín y Elvira Quintanilla, Susana Maurín, Eli Vilte, Severina Arjona y Vicente Cari; y a Elsa Tinte, Eliseo Lamas y Raúl Lamas. A Alejandra Casimiro, Alicia Méndez, Alfredo Cruz, Cristina Tinte, Hilda Vilte, Hugo Ramos, Inés Aramayo, Isabel Vilca, Lalo Arjona, Lucía Suárez, Mabel Rodríguez, Marina Cruz, Mario Cruz, Nelly Sajama, Rosalía Toconás, Serafín Bustamante, Soledad Cruz y Raúl Cheli. A los delegados y miembros de la Comunidad Aborigen Kolla de Finca Tumbaya; a Pechito, Euge, a quienes en aquellos años eran las *changas* y los *changos* y a todas las tumbayeñas y todos los tumbayeños que me brindaron su tiempo, su cariño y sus historias.

Quiero agradecer a Ludmila da Silva Catela por haberme invitado a Jujuy. Observarla "haciendo etnografía" durante los helados meses de julio de 2004 y 2005 en Tumbaya y Calilegua se convirtió en un lugar memorial que se recrearía durante un buen tiempo en mis búsquedas y experiencias como antropóloga. La lectura de *Los usos políticos de la identidad. Criollos, indígenas y Estado,* de Alejandro Isla, me llevó a contactarme con él para que dirigiera mi investigación. Le agradezco lo buenos que fueron sus consejos durante el tiempo que orientó mi trabajo. Mi agradecimiento también a Gilles Riviére, director de mi primera beca de CONICET y profesor que me acercó al mundo de la Antropología de los Andes Centrales.

En el año 2012, al ser galardonado con el Premio Princesa de Asturias de las Letras, Leonard Cohen decía: "Puedo decir que cuando era un hombre joven, estaba hambriento por encontrar una voz. Y estudié a los poetas ingleses y conocí bien su trabajo y copié sus estilos, pero no pude encontrar una voz. Fue sólo cuando leí los trabajos de Lorca, que entendí que había una voz. No quiero decir que copié su voz; no me hubiera atrevido. Pero él me dio permiso para encontrar una voz, localizar una voz, encontrar un yo, un yo que no es fijo, que lucha por su propia existencia". Estas palabras de Cohen para Lorca me remiten a mi rica experiencia como tesista doctoral de Diego Escolar, experiencia que dio origen a este libro. Dispuesto con un comprometido rigor y su aguda lucidez e inteligencia, Diego orientó mi investigación de modo tal que durante todo el proceso me sentí una persona privilegiada.

El tribunal que evaluó aquella tesis estuvo conformado por Diana Lenton, Florencia Tola y Silvia Hirsch, a quienes les agradezco sus comprometidas y generosas lecturas y comentarios, que me permitieron repensar algunos aspectos y enriquecer la escritura de este libro.

Claudia Briones me enseñó que "lxs antropologxs podemos ser a veces una familia disfuncional, pero siempre recreamos parentescos rituales, adopciones y otras prácticas comunalizadoras que nos mantienen en camino". Casi sin conocerme, Claudia me hizo sentir parte de esta familia en uno de los momentos donde más lo necesité, gracias.

El mundo académico que cobija en lo cotidiano los deseos y los azares que dieron luz a este libro tiene al Museo, el Doctorado, la Maestría y la Licenciatura en Antropología de la Facultad de Filosofía y Humanidades de la Universidad Nacional de Córdoba como los espacios centrales que hicieron, hacen y proyectan mi formación y oficio de antropóloga. Como en Tumbaya, en el mundo de la Antropología de Córdoba se entrelazan complejas relaciones sociales, en las cuales la vida académica se trama día a día en un clima por demás estimulante. Quiero agradecer a Andrés Laguens y a Mirta Bonin su confianza y entusiasta apoyo durante tantos años. Quiero agradecer especialmente a mis amigas y colegas Natalia Bermúdez, Marina Liberatori, Fabiola Heredia, Malena Previtali, Carolina Álvarez y Graciela Tedesco. Ellas hacen que pertenecer al mundo de la Antropología cordobesa sea un honor y un placer que se enaltece cada vez más. Gracias por todo: mates, estímulo, risas, refugio, los juegos junto a nuestras hijas y tantos momentos compartidos. A los profesores de la Maestría y del Doctorado en Antropología, por las enseñanzas y la pasión contagiosa: Fernando Balbi, Gustavo Blázquez, Claudia Briones, Ludmila da Silva Catela, Alicia Gutiérrez, Beatriz Heredia, Cynthia Pizarro, Axel Lázzari, Gustavo Sorá, gracias.

A mis compañeros docentes y a mis alumnos de la Licenciatura en Antropología, por el aguante, los sueños y el camino recorrido y por recorrer.

Gracias a mis colegas Bernarda Marconetto, Francisco Pazarelli, Marcos Quesada, Carina Jofré, Mariana Mondini, Sebastián Muñoz, Lucrecia Wagner (¡y Guadalupe Bou Dáttoli!) por la bibliografía, los mapas, la buena onda, el alojamiento en Buenos Aires y en Mendoza.

Durante el trabajo de campo en Tumbaya, fue fundamental la presencia de colegas y tesistas que me acompañaron en algunos períodos: Marina Liberatori, Fabiola Heredia, Lorena Narciso, Pablo Fabbro, Mariana Ferreiro y Gisela Vargas fueron no sólo buenos interlocutores y compañeros, sino también un apoyo moral y afectivo en algunas situaciones inciertas durante mi estadía en Tumbaya.

A Marcos Gastaldi, por lo compartido y anhelado durante aquellos años. Gracias.

Quiero agradecer a Enrique Oyharzábal, Humberto Mamaní, Agustina Roca, Gabriela Karasik y Eti Zaburlín; a Cecilia Fandos, Ana Teruel, María Silvia Fleitas, Gustavo Paz y Raquel Gil Montero. Todos ellos respondieron solícitos a mis variadas consultas sobre Jujuy y la región. Particularmente, quiero agradecer la generosidad de Cecilia Fandos, quien me brindó documentos de su archivo personal y leyó atentamente el primer capítulo de este libro. Gracias también a Lorena Rodríguez por la lectura entusiasta y generosa del capítulo 2. Y a Christian Gebauer por haberme regalado esos tres maravillosos libros de la biblioteca de su familia en Jujuy, una joyita en este trayecto.

La posibilidad de financiar mi estadía en Tumbaya me fue otorgada por el Consejo Nacional de Investigaciones Científicas y Tecnológicas de Argentina, a través de una beca doctoral primero, y luego postdoctoral. Otra beca de investigación me permitió acceder al acervo de la biblioteca del Ibero-Amerikanisches Institut de Berlín, donde localicé mucha de la documentación y bibliografía histórica que utilicé en este libro. En Alemania conocí a Peter Birle y Katja Carrillo Zeiter, con quienes discutí parte de mi trabajo en el marco de los coloquios del Instituto. Una beca de investigación postdoctoral del Programa de Asociación para el Fortalecimiento de Posgrados del Mercosur me permitió asistir durante un semestre a la Universidade Federal do Rio de Janeiro en Brasil, donde discutí mi investigación con Beatriz Heredia, Joao Pacheco de Oliveira, María Macedo Barroso y Antonio Carlos de Souza Lima, en el Museu Nacional y el Instituto de Filosofia e Ciências Sociais.

Quiero agradecerles a mis viejos el amor y la pasión viajera. Y a mi hermana, mi hermano, cuñada, cuñado y sobrinos por la alegría de los momentos compartidos. Y a Mariana Gerbotto y Virginia Prádanos, por lo mismo.

Gracias a los Hathazy, especialmente a la Abu Ala por su solidaridad y amor en el cuidado de Agustina.

A Paul Hathazy, compañero apasionado, quien con su humor y lucidez hace que mi vida se asemeje mucho a lo que nunca me atreví a soñar. Gracias por tu amor, por enseñarme a reírme de mí misma y por estimularme a darle siempre para adelante. Y a Agustina, nuestra amada hija, quien cambió mi vida para siempre, haciendo que cada cosa empiece a ocupar su lugar.

Este libro está dedicado a la dignidad, el coraje y la ternura de muchas de las personas que conocí en Tumbaya.

Una memoria *colla* de la política

En el Noroeste Argentino, particularmente en las provincias de Salta y Jujuy, *colla* es un epíteto utilizado para descalificar a una persona en función de su aspecto físico, hábitos y condición social. *Colla* es un término de casta que connota "atrasado" e "indio", pero que deja siempre en suspenso la denotación o clasificación indígena de las personas a quienes se aplica. Los habitantes de las ciudades denominan así, principalmente, a la porción campesina de las quebradas y valles montañosos de las estribaciones de los Andes, pero también a un sector variable de los estratos sociales bajos y medios de las ciudades e inmigrantes de la vecina Bolivia. Hasta hace pocos años atrás, el término era utilizado de forma tan natural y cotidiana por las elites de la región que no aplicaban ni las mínimas precauciones de corrección política, como cuando en 2003 una diputada nacional de Salta se refirió, en una entrevista televisiva, a su empleado allí presente como "*colla, medio opa*".

Pero este panorama cambió de manera notable desde fines de la década de 1990. *Colla* comenzó a ser revalorizado y utilizado como un calificativo étnico por miembros de comunidades rurales en demandas por la propiedad de sus tierras. Gran cantidad de comunidades campesinas se identificaron como *colla*s en términos históricos, culturales y políticos y lograron que el Estado restituyera o amparara grandes extensiones de tierras. La identidad *colla* comenzó a ser afirmada públicamente con orgullo y también movilizó políticamente a amplios sectores de la población más allá de las comunidades rurales. En 2013, un niño de la comunidad de Loma Blanca fue televisado en cadena nacional recitando frente a la Presidenta de la Nación el poema "No te rías de un *colla*", alertando que esos hombres rústicos "del cerro" serían, como antaño, los primeros defensores de la patria, y la poderosa organización política Tupac Amaru pasó a reivindicar su carácter indígena *colla*. Hoy existen casi trescientas comunidades autodenominadas y reconocidas como indígenas y/o aborígenes en Jujuy, un tercio de ellas *colla*s. Finca Tumbaya, en la Quebrada de Humahuaca, fue la primera de esta provincia que el Estado nacional reconoció y cuyas tierras expropió y adjudicó en 1998. Si hasta la década de 1980 los pobladores de la Quebrada eran oficialmente "no indios" para historiadores, antropólogos, funcionarios y población en general, hoy se la considera uno de los principales sitios con continuidad indígena en la Argentina.

Tumbaya es el escenario en el cual Guillermina Espósito nos sumerge para explicar el "retorno" de los *colla*s como grupo étnico y la historia por la cual, o a través de la cual, se produjo la categoría y sus diversos significados en el norte argentino. Como nos muestra *La polis colla*, a pesar de la naturalización del término no existió nunca en la región un pueblo o grupo étnico con esa denominación. Ésta emergió a fines del siglo XIX como un marbete discriminatorio y luego se transformó en una categoría racial y de clase que alternativamente sirvió para indigenizar o blanquear a la población subalterna.

¿Cuál es entonces el origen de la denominación *colla* y por qué persistió tanto en el tiempo? ¿Por qué en pocos años fue rehabilitada por aquellos que durante toda su vida fueron estigmatizados por ella? ¿Qué podemos aprender de las dinámicas culturales y políticas de la Argentina si indagamos en una historia *colla*, o en una historia *colla* de la Argentina?

El trabajo de Espósito es un aporte inédito a esta problemática y se inscribe en una corriente de investigación que desde hace poco intenta reconstruir los procesos de emergencia o re-emergencia de identidades indígenas en las "provincias viejas" del país y atacar de esa forma el mito del modelo poblacional de la Argentina blanca y "sin indios", que relegaba a lo indígena al pasado colonial o a las fronteras de expansión del Estado republicano (como la Patagonia o el área chaqueña). En esta línea, aunque la formación de la autora proviene de la Antropología, su investigación ha vinculado de modo complejo perspectivas antropológicas, históricas y políticas para abordar un objeto imposible de circunscribir desde una sola disciplina. Reconstruye así la historia del término *colla* en relación con las miradas y los discursos de las elites provinciales y de las representaciones y teorías de arqueólogos, geógrafos, folkloristas e historiadores, pero sobre todo ahonda en la perspectiva y la experiencia de los propios *colla*s y sus ancestros. Se remonta a la constitución del sistema de hacienda y la prolongada opresión bajo sistemas de arriendo, lo que la autora denomina "memorias arrenderas", las demandas sobre sus tierras comunales que los movilizaron desde el siglo XIX y a lo largo del XX, su percepción sobre la historia política local y nacional, la producción de un sentido de comunidad, la experiencia organizativa y de lucha que los llevó a la restitución de las tierras y la re-identificación *colla* y finalmente los conflictos internos de las propias comunidades luego del reconocimiento y la adjudicación de tierras.

La autora nos introduce en un prolongado trabajo de campo en Finca Tumbaya y en su recorrido por archivos locales y bibliografía histórica. Como una marca distintiva, su práctica investigativa se enrola en lo que podríamos denominar una "Etnografía histórica". Se trata ya no sólo de complementar el trabajo de campo con datos históricos para situarlo en un contexto, o –como la Etnohistoria o la Antropología histórica– de hacer la historia "de los indios" tomando como objeto antropológico hechos o sociedades del pasado, sino de una estrategia de doble vía para estudiar realidades del presente y sus historias de larga duración: observar y experimentar los escenarios y la existencia actuales de los sujetos con una permanente mirada en sus procesos históricos, al mismo tiempo que pensar, interpretar y "vivir" su historia a partir de los conocimientos y las sensibilidades adquiridos en la experiencia de campo. Es decir, realizar simultáneamente una historia etnográfica y una etnografía de la historia.

Al mismo tiempo que riguroso y comprometido, el libro escapa precisamente por esto a algunos clichés que suelen encontrarse en este tipo de estudios, como así también en las representaciones del sentido común. El primero, la interpretación crudamente instrumental de las identidades y demandas indígenas como invenciones recientes e ilegítimas, sin una historia previa y por lo tanto "falsas". El segundo, la romantización de las comunidades e identidades indígenas como cápsulas morales del tiempo, depositarias de la virtud perdida en el resto de la sociedad, e inclusive necesariamente portadoras de una esencia emancipatoria y anti-colonial sin fisuras. Siguiendo una vía más difícil pero que permite profundizar nuestros conocimientos sobre la auténtica agencia indígena, la autora propone restituir la historicidad de los sujetos sin establecer un nuevo relato épico, y evidenciando los conflictos y las contradicciones que han atravesado y atraviesan en su recorrido, logrando que la "vigilancia epistemológica" no sea suplantada por una vigilancia moral y política.

Esta visión se proyecta en todo el libro, pero es ilustrada especialmente en los capítulos sobre la organización, movilización e institucionalización de las actuales comunidades que obtuvieron sus tierras y su propia visión de "la politización" como dinámica que amenaza a la moral comunitaria. Nos muestra así que en Tumbaya, el fin del arriendo y la adjudicación de las tierras en forma de posesión comunitaria no amortiguaron tensiones preexistentes, "ni volvió a un estado prístino las relaciones de los ahora miembros de la Comunidad Aborigen Kolla de Finca Tumbaya". Espósito nos revela cómo, por el contrario, para la mayoría de ellos el costo de la obtención de la propiedad de la tierra, demanda sobre la cual se fundó la identificación *colla*, fue la "desunión" de la comunidad por el advenimiento de "la política", que rompió así el ideal que para los tumbayeños define a la comunidad como tal. Esta paradoja no es menor, puesto que si hay un hilo conductor en el proceso de articulación de la categoría *colla* en Finca Tumbaya, éste es la lucha secular por el acceso a la tierra, contra los abusivos arriendos y el control de la fuerza de trabajo que desde el siglo XIX protagonizaron los campesinos de Tumbaya y de otras zonas de las tierras altas del Noroeste Argentino. Esta cuestión fue central en la estructuración de las demandas, los procesos de organización, la legitimidad de la comunidad y la re-etnización de la identidad *colla* en la actualidad.

No es desde luego casual que la identidad indígena esté asociada a la propiedad de la tierra. Pero si bien este postulado es muy habitualmente pronunciado, pocos estudios se han desarrollado que demuestren con suficiente profundidad y exhaustividad el decurso histórico de esta asociación, y cómo jugó en contextos donde se había asumido la extinción indígena. El libro reconstruye cómo estas disputas estuvieron íntima y secretamente asociadas a una lucha por la representación indígena de los pobladores campesinos, y cómo en ésta intervinieron las elites locales y la comunidad científica.

Desde la década de 1960, en parte bajo el influjo de la poderosa constelación estructuralista y marxista, la Historiografía y la Antropología no tuvieron mayor reparo en argumentar que la desarticulación de las tierras comunales de origen colonial fue la clave de la pérdida de las identidades étnicas en el siglo XIX, por la desestructuración/desaparición de los indígenas y su "transformación" en una clase campesina. Sin embargo, inclusive contra las simpatías de algunos de los propios académicos, de la lectura de este libro resulta evidente cómo esta aserción era deudora de narrativas e intereses de larga data de las elites terratenientes e industriales regionales. Y también, sobre todo, que pese a su fuerza, estas narrativas de extinción siempre estuvieron tensionadas por la reiterada adscripción como indígenas de los pobladores de la Puna y las quebradas.

Como nos muestra la autora, durante los primeros años de la independencia, *indio* e *indígena* continuaron siendo utilizadas como categorías de identificación, tal como puede observarse en censos y descripciones de viajeros de la época. Del mismo modo, en demandas judiciales y periódicos levantamientos que protagonizaron los arrendatarios de hacienda en el último cuarto del siglo XIX, los grupos argumentaron sus demandas como "campesinos indígenas", "naturales", "indígenas", e incluso como "antiguos comuneros indígenas". El término *colla*, por su parte, comenzó a ser utilizado en la misma época por parte de políticos, intelectuales y viajeros para re-clat sificar a esos mismos pobladores como criollos *collas*. Entre fines del siglo XIX y princípios del XX, como ocurrió en otras regiones del país, libros de historia y geografía e informes oficiales delinearon una narrativa de extinción que despegaba a lo indígena de una condición real y presente de la Puna y sus quebradas y lo relegaba como símbolo de la bravura y la capacidad laboral del ahora criollo o gaucho.

Maravillosa resulta la manera en que Espósito muestra luego el papel clave que tuvo la Arqueología en reforzar científicamente el "blanqueamiento" *colla*, al mismo tiempo que las fisuras y contestaciones solapadas a este discurso por parte de los denominados *colla*s. La región fue uno de los polos del desarrollo de los emergentes campos de la Arqueología y el folklore en la Argentina. Así como los folkloristas destacaron la tradición hispánica de los campesinos, invariablemente los arqueólogos que excavaban vestigios prehispánicos en el Noroeste Argentino establecían una suerte de discontinuidad ontológica entre éstos y los indios del pasado. Sin embargo, en los mismos textos de los científicos se contrabandeaba la perspectiva de los campesinos que participaban como peones en las campañas arqueológicas, quienes establecían claramente un vínculo. Juan Bautista Ambrosetti describe cómo durante una excavación "Nuestra alegría científica que nos lanzaba a una profanación contrastaba con la angustia visible en las caras de nuestros peones, a quienes les repugnaba el tener que revolver los huesos de sus antepasados.[...] La primera sepultura quedó abierta y entonces [...] uno a uno nuestros peones desfilaron ante ella [...] pronunciando en quichua estas palabras ingenuas y sentidas que nunca olvidaré: 'Tata antiguo, toma y coquea, no te enojes, a nosotros nos ordenan'" .

En las décadas de 1920 y 1930 esta extirpación científica de la condición indígena era funcional, como demuestran la autora y otros investigadores, a la negativa de los ingenios azucareros y del Estado provincial a reconocer la aboriginalidad de los *colla*s, forzados a trabajar en los ingenios por obligaciones del sistema de arriendo, que para legitimarse en el fondo precisaba de la negación de la condición indígena de sus subordinados. De la misma manera, luego del Malón de la Paz protagonizado por los arrenderos *colla*s durante el primer gobierno de Perón en 1946, en la Cámara de Diputados de la Nación se generó un debate sobre su condición indígena, en el que se llegó a afirmar, como un diputado de Jujuy, que "Se los puede llamar, sí, autóctonos o aborígenes, pero jamás *colla*s o indios".

Un interés particular reviste el análisis de la autora sobre los significados de "la política" entre los *colla*s. Vemos así que existen en la actualidad dos cadenas de significación principales. Una la considera positivamente como el conjunto de acciones y el proceso organizativo que llevaron a la expropiación y la entrega de las tierras por parte del Estado. Otra la valora negativamente asociándola al momento posterior de institucionalización de la comunidad y los conflictos intestinos generados por su gobierno, la administración interna de las tierras, la distribución de programas sociales y la competencia con otras instituciones locales como el municipio. La autora vincula ambos significados con las memorias políticas de los *collas*. En el primer caso, con los apoyos decisivos que sus luchas obtuvieron en el campo político provincial y nacional. Principalmente la campaña por la expropiación de los latifundios llevada adelante en Jujuy entre la década de 1920 y 1930 por el político radical Miguel Tanco, el estatuto del peón rural de 1944 que prohibía el trabajo servil y las gestiones para la expropiación efectiva de la finca por parte del gobernador peronista Guillermo Snopek en la década de 1990. En el segundo caso, la visión moral negativa de "la política" se remonta a las interpelaciones de "comunismo" que las elites proyectaron sobre las luchas de los *collas* asociándolas a la Comuna de París durante las insurrecciones de arrenderos puneños de la década de 1870 y a la militancia de izquierda durante la represión desatada en Finca Tumbaya en el marco de la dictadura militar de 1976-1983. El término *comunismo*, que malinterpretó las demandas tradicionales de los *collas* por el fin del arriendo y la propiedad comunal de sus tierras, fue apropiado como representación de la violencia política históricamente sufrida y los riesgos que su lucha entrañaba, como así también por las interpelaciones negativas proyectadas por sus antagonistas, que pervivieron en el significado de *collas*: vagos, corruptos, conflictivos.

La polis colla es así un título que adquiere todo su sentido al final del trayecto del libro, como síntesis del círculo por el que estas memorias relacionan la contradictoria etnogénesis *colla* y la historia política de los comuneros y ex arrenderos de Finca Tumbaya.

Diego Escolar

Rennes, marzo de 2017

Introducción

La comunidad perfecta es la polis..., surgió para satisfacer
las necesidades vitales del hombre, pero su finalidad
es permitirle vivir bien [...] El hombre que, naturalmente
y no por azar, no viva en la polis es infrahumano o sobrehumano.

ARISTÓTELES, *La Política*

El apretón fue muy emotivo. Con sus dos manos, Don Gerónimo estrechaba los dedos de mi mano derecha, que intentaba zafarse del alborozado saludo sin franquear el límite de respeto por aquel hombre que, meses atrás, había entrevistado por primera vez en Tumbaya Grande. Con el sol que empezaba a incendiar el tapiz grisáceo de los cerros, esa mañana despuntaba temprano la jornada de trabajo, luego de haberme despertado con el grito de mi nombre por quien llamaba con palmas a la casa. Luego de las mutuas alegrías por el reencuentro, Don Gerónimo me preguntó si seguía con el trabajo sobre los aborígenes. Le dije que sí, luego de lo cual me contó un episodio burocrático vivido la semana anterior en San Salvador de Jujuy por el asunto de una pensión. Terminado su relato, hizo un silencio, balbuceó unas palabras sordas y me dijo asintiendo repetidamente con la cabeza: "yo se lo voy a traer, le voy a traer el libro de mi abuelo, Don Lauro, así usted lo ve". Días después, Don Gerónimo me llevó a mi casa un ejemplar de *Códigos de la República Argentina* editado en el año 1919.[1] El libro había pertenecido a su abuelo y hacía muchos años que lo tenía él, atesorado como una herencia paterna que me

---

[1] El ejemplar que Don Gerónimo me dejó para que expresamente leyera y fotocopiara incluía la Constitución Nacional, el Código de Comercio, el Código Penal, el Código Civil, el Código de Minería, el Código de Procedimientos en Materia Civil y Comercial de la Capital, la Organización de los Tribunales de la Capital, el Código de Procedimientos en lo Criminal,

ofrendaba como trazo memorial de las poderosas experiencias de incorporación ciudadana vividas por su abuelo y experimentadas por generaciones por su familia. Don Gerónimo no sabía la forma en que su abuelo, oriundo de la Puna y radicado en la Finca Tumbaya a principios del siglo XX, había adquirido el compendio de códigos que esa mañana me llevó a mi casa. Sí recordaba que para su abuelo era importante, y que estaba *aaaaaños*[2] en su casa, desde el tiempo de los primeros patrones. Don Lauro se había muerto hacía un tiempo, y toda su vida había sido *arrendero*[3] de la Finca Tumbaya, habiéndose dedicado a los animales y a las plantas del campo. Don Gerónimo, que al igual que su abuelo y su padre también había sido arrendero, trabajó muchos años en el Ingenio San Martín de Tabacal y en la Mina Aguilar, de lo que le quedaron recuerdos duros por el *rigureo de los patrones*. Luego de su paso por el ingenio, le habían ofrecido otros trabajos, pero él había preferido quedarse en el campo, donde podía tener lo que quisiera: "papa, haba, cebolla… de acá con las patas para adelante me van a sacar, y más ahora que con la ley de los aborígenes la tierra es nuestra". La trayectoria personal y familiar de Don Gerónimo, relatada en torno a diversas experiencias en la finca y fuera de ella, estaba imbuida de recuerdos y evocaciones que trascendían su persona. Sus memorias, que eran colectivas, estructuraban su subjetividad en coexistencia con familiares, vecinos, compadres, amistades y patrones, y también en relación a prácticas en las que aparecían *las cosas del campo*, su hacienda, abras y plantas, lugares cotidianos y lejanos, recuerdos y experiencias transmitidos y resignificados por generaciones.

La ley de los aborígenes a la que esa mañana hizo referencia Don Gerónimo dio lugar en el año 1998 a la organización de la Comunidad Aborigen Kolla de Finca Tumbaya, cuando las familias arrenderas de la Finca Tumbaya (Quebrada de Humahuaca, Jujuy, Argentina) recibieron del Estado nacional las 24.469 hectáreas de la finca en forma de posesión comunitaria[4] (Figura 1). Este evento fue parte de un proceso iniciado a principios de la década de 1980, cuando los arrendatarios de la finca junto a un conjunto de agentes e

---

el Código de Procedimientos Civil y Comercial de la Provincia de Buenos Aires, el Código de Procedimientos en Materia Penal de la Provincia de Buenos Aires, el Código Rural para los Territorios Nacionales, el Código Rural de la Provincia de Buenos Aires, el Código de Justicia Militar y el Código de Procedimientos de lo Contencioso- Administrativo.

[2] El énfasis en la palabra *años* alargando la letra a: *aaaaaños*, es una expresión muy común en la zona, y destaca la propiedad de algo que ocurrió o transcurre desde hace mucho tiempo. En este libro se utilizan las *itálicas* para hacer referencia a expresiones y categorías nativas, las "comillas dobles" para las citas textuales de autores incorporadas al texto y extractos de entrevistas y charlas de mis interlocutores en campo y las 'comillas simples' para relativizar expresiones de mi autoría.

[3] Categoría nativa que refiere a las personas y familias que fueron arrendatarias de la Finca Tumbaya y de las fincas y haciendas en general, de uso extendido en la región.

[4] Ley Nacional de expropiación N° 24725.

instituciones religiosas y estatales comenzaron a gestionar lo que consideraban la legítima posesión de esas tierras por haber vivido allí desde *el tiempo
de los abuelos*. Esto desembocó en la expropiación de la finca, luego de lo cual
las familias arrendatarias tramitaron la personería jurídica como "Comunidad Aborigen Kolla de Finca Tumbaya", por lo que pasaron a ser propietarios
comunales de la finca desde su condición de indígenas collas.

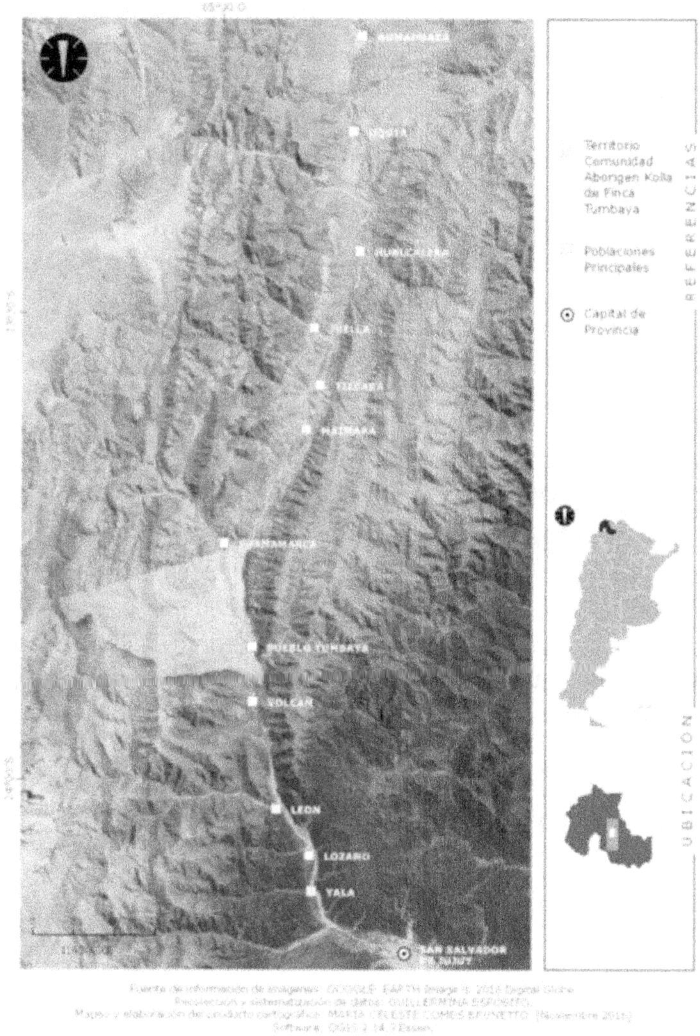

*Figura 1: Tumbaya, Quebrada de Humahuaca, Provincia de Jujuy,
Argentina*

El caso de Tumbaya se inscribe en un proceso mayor de otorgamiento y/o restitución de tierras a las más de cien comunidades que se institucionalizaron en la década de 1990 en las tierras altas de Jujuy.[5] Este proceso agitó las cenagosas aguas que durante al menos un siglo estructuraron las relaciones de propiedad de la tierra en la región, comenzando a revertirse la "historia del despojo" (Bernal 1984) a la que habían sido sometidas las comunidades indígenas durante la Colonia y la República. La perspectiva del despojo estableció que la progresiva desarticulación de las tierras comunales de la Quebrada de Humahuaca desde las primeras décadas del siglo XIX había diluido los sentidos de identificación y pertenencia étnica de sus antiguos pobladores, quienes pasaron a adquirir características de clase como trabajadores, campesinos o arrendatarios, articulados al sistema de hacienda que se consolidó en la región en el marco del naciente Estado nacional. Según esta perspectiva, "los indios dejaron de ser indios" (Madrazo 1986: 8). Esta visión sobre la descomposición étnica de los indígenas quebradeños al incorporarse al sistema de clases provincial se combinó con un conjunto de imágenes sobre el devenir de estas poblaciones. En la vasta y diversa producción historiográfica, geográfica y arqueológica sobre la región elaborada durante casi un siglo (Carrillo 1958 [1877], 1889; Ambrosetti 1902, 1912; Holmberg 1988 [1904]; Solari 1990 [1907]; Boman 1992 [1908], Debenedetti 1910, 1930; Villafañe 1926; Casanova 1936; Canals Frau 1986 [1953]; Saravia 1960; Vergara 1965; Madrazo 1986 entre otros), los indígenas quebradeños, tempranamente incorporados al orden colonial, fueron dados por extintos, agregados al torrente de las sangres mestizas que irrigaban los rostros que dotaban de humanidad a los cobrizos paisajes locales. Paradójicamente, estas "narrativas de extinción" (Escolar 2007) construidas sobre los indígenas quebradeños convivían con ciertas marcas racializadas que 'sobrevivían' en sus cuerpos, así como en un conjunto de aquello que la literatura especializada entendía como "prácticas culturales", que se seguían realizando en los ámbitos hogareños –celebraciones a la Pachamama, intercambios recíprocos entre familias, entre otros– más allá de la desarticulación socioeconómica y las consecuentes sentencias finales prescriptas por aquellas narrativas. El proceso de producción de estas imágenes, que homologaban territorio, cultura e identidad, abonó la idea de que persistía "una identidad difusa, camuflada [que debía ser interpretada] como resistencias, siempre acompañadas de acomodaciones" (Isla 1992: 30). La convivencia de estas imágenes ambiguas de extinción

---

[5] Desde el año 1997 fueron inscriptas casi trescientas comunidades en el Registro Provincial de Comunidades Aborígenes de Jujuy. Con "tierras altas" nos referimos a las regiones de Quebrada y Puna, en contraste con las "tierras bajas" del oriente provincial. La región de tierras altas comprende una zona altiplánica, con alturas entre los 3000 y 3800 msnm, y una zona de quebrada y valles, con alturas que van de los 2000 a los 2500 msnm. (Reboratti 2003).

y supervivencia se dio en el marco de una profunda estigmatización de lo *colla*, etnónimo que desde las primeras décadas del siglo XIX había comenzado a designar el sujeto indígena de los altiplanos de Jujuy y Salta.[6] Estas perspectivas, en la variable estimación de que la 'identidad indígena' de los collas había desaparecido o resistía según el grado en que su cultura o clase se había alterado, signaron no sólo las caracterizaciones antropológicas que desde la academia se hicieron sobre las poblaciones originarias de las tierras altas de Jujuy, sino la propia conformación de un campo de estudios andinos que en el caso argentino se circunscribió casi exclusivamente a la Arqueología y la Etnohistoria. Si en los imaginarios antropológicos 'lo andino' evoca una escena rural donde familias indígenas organizadas en comunidades o ayllus persisten en sus prácticas reciprocitarias y en sus esfuerzos personales en beneficio de otros de quienes se espera la devolución del mismo empeño, la aculturación y el mestizaje sufridos por los andinos que quedaron del lado argentino luego del trazado de las fronteras internacionales resultaron acordes a la conformación de un campo académico donde la Etnología y la Etnografía dieron un rodeo al Noroeste Argentino para desarrollarse profusamente en Bolivia, Perú, Ecuador y en menor medida Chile, donde no cabía duda de su existencia en la actualidad.[7] Pero estas representaciones también se proyectaron en las prácticas de los agentes religiosos y políticos que en la década de 1990 intervinieron activamente en la interpelación de los arrenderos de la Finca Tumbaya como indígenas collas. La homologación culturalista entre territorio, cultura e identidad siguió operando en el nuevo giro de las históricas nominaciones a las que fueron sometidas las poblaciones locales y se incorporó en las proyecciones que se hicieron del sujeto indígena que se consagró en la articulación étnica de la década de 1990. El indígena organizado en comunidad cristalizó la especificidad del nuevo sujeto alterno imaginado por el Estado argentino de fines del siglo XX, en una selectiva combinación de criterios culturales definidos a priori.

Estos supuestos teóricos comenzaron a empañar los cristales con los que intentaba vanamente empezar a comprender los procesos de organización indígena que se venían desarrollando en la Quebrada de Humahuaca desde

---

[6] Como toda categoría, lo *colla* es una categoría étnica polisémica, que designa grupos diversos según los contextos témporo-espaciales en que se utilice. En este trabajo abordamos grupos collas residentes en la provincia de Jujuy, Argentina. Actualmente, el etnónimo *colla* designa en Chile a grupos asentados en las provincias de Copiapó y Chañaral en la región de Atacama (Molina Otárola 2008, 2013); en Bolivia lo *colla* emerge como una categoría que, indicando lo indígena y altiplánico, se contrapone a la de *camba*, en una estructura de oposición binaria racialmente constituida (Albó 1988; Saignes 2007; Schavelzon 2012). En el capítulo 2 realizamos una historización de la categoría colla en Jujuy.

[7] Aun bajo las formas de institucionalización que los respectivos Estados nacionales hubiesen operado en torno a las formas locales de organización indígena.

la década de 1990. Al comenzar mi trabajo de campo en Tumbaya en el año 2007, advertí que lo colla era algo bastante más complejo que un etnónimo estigmatizado, que las comunidades de la década de 1990 no eran las mismas a las que se les había quitado sus tierras a lo largo de la Colonia y la República, y que la cultura no era algo que se practicara o poseyera, como tampoco era una entidad previa y acomodaticia a las demandas de la política. Lo colla, las comunidades, la cultura y la política aparecían más bien como objetos en disputa que, inmersos en procesos de tensa definición e insertos de manera compleja en las tramas históricas locales, desbordaban los cauces teóricos desde donde hasta entonces se los había intentado comprender. Los criterios de razón etnológica (Amselle 1998) implicados en aquellas delimitaciones, purificaciones y clasificaciones científicas[8] sobre los grupos locales y sus prácticas contradecían las propias nociones de mis interlocutores en Tumbaya, quienes, al decir de Durkheim y Mauss (1971 [1903]), Bourdieu (1988) y Amselle (1998), entre otros, se clasificaban y distinguían de manera paralela y desde otras coordenadas respecto a las producciones categoriales realizadas sobre ellos.

En la intersección de estos procesos y clasificaciones superpuestas, se ubica el interés central de este libro, que se propone dos objetivos. En primer lugar, explicar las condiciones que posibilitaron la organización de las comunidades aborígenes collas en la Quebrada de Humahuaca a fines del siglo XX. En otras palabras, comprender cómo y por qué, en una región donde la identificación indígena era borrosa o ausente, negada y constituida como un estigma, durante el decenio de 1990 comenzó a reivindicarse de modo positivo, desde un locus colectivo y político de enunciación. En segundo lugar, en el marco de las redefiniciones de sentidos de pertenencia y devenir que supuso este proceso, este libro pretende dar cuenta de los conflictos y las disputas de representación en torno a los cuales se fueron definiendo *la cultura* y *la política* locales, en tanto elementos centrales del proceso analizado. A lo largo de este libro, veremos el modo en que ambos objetivos se vinculan histórica, empírica y teóricamente: en las memorias, las experiencias históricas y las agencias que condujeron a la organización de la Comunidad Aborigen Kolla de Finca Tumbaya, están las claves para comprender su devenir como institución y los conflictos y las transformaciones que desde su constitución permearon las socialidades locales. Las experiencias etnográficas en Tumbaya

---

[8] Al hablar de estas "clasificaciones científicas" no me refiero a aquellas derivadas de alguna ciencia social en particular, sino más bien en el sentido que Mario Blaser refiere para la ciencia universal, ese "ensamblaje cambiante en el que el Estado, la Ley y las Ciencias están imbricados uno con otros de forma tal que simultáneamente hace plausible, moviliza y protege una equivalencia implícita entre el progreso teconológico y el conocimiento de la realidad tal cual es" (Blaser 2009: 4).

me llevaron a reflexionar sobre el peso de las anclas esencialistas en las que estuvieron aferradas las perspectivas materialistas y las teorías culturalistas con las que 1) se interpretó la historia regional; 2) se clasificó alternativamente a las poblaciones locales como indígenas y no indígenas; y 3) se orientaron los agentes e instituciones indigenistas que intervinieron en Tumbaya en la década de 1990. Hacia 2007, a casi diez años de conformada la comunidad aborigen en Tumbaya, las disputas a su interior eran más que las que mis supuestos de investigación me hubiesen podido llevar a imaginar, las identificaciones indígenas collas seguían siendo ambiguas y difusas, la idea de 'tener cultura' era una novedad para muchos tumbayeños y la política se abría ante mis sentidos como una categoría nativa cargada de sentidos por explorar, comprender y describir.

Desde una reflexión donde lo colla, las comunidades, la cultura y la política no son significantes vacantes ni categorías discretas y acabadas, sino procesos en los que se disputan sus propias definiciones, significaciones y alcances, en este libro convergen varias propuestas analíticas. En primer lugar, nos orientamos por las coordenadas teóricas de los estudios de etnogénesis. Al hablar de etnogénesis me refiero a procesos históricos de dominación y nominación entre grupos, del modo en que lo ha propuesto Hill (1996) y no a tipos novedosos, específicos y diferenciados de colectivos étnicos. Contra las perspectivas culturalistas en las que los grupos son definidos a partir de ciertas características culturales que los determinan como tales, y cuestionando las perspectivas materialistas que plantean la necesaria correspondencia entre una posición de clase y una identidad social, la noción de etnogénesis permite sortear los inconvenientes que implica osificar categorías que en realidad son dinámicas y están sujetas a articulaciones históricas constantes y entender la formación de grupos en el marco de su emergencia dentro de una historia general de dominación (Hill 1996), historia donde los grupos son etnicizados y racializados.[9] Aquí utilizo el concepto de articulación en

---

[9] El concepto de etnogénesis es de larga data en la Antropología. Sturtevant (1971) lo define para dar cuenta del modo en que a través de un proceso de transformaciones étnicas durante largos períodos históricos se establecen "distintividades grupales". Enfatizando la historicidad de la formación de grupos sociales, a través de la mirilla analítica de la etnogénesis es posible dar cuenta de "los procesos de conflictos y luchas sobre la existencia de personas y su posicionamiento desde y contra una historia general de dominación" (Hill 1996: 1). Para Hill, la etnogénesis es un concepto que se refiere a las luchas simultáneamente culturales y políticas para crear identidades perdurables en contextos de cambio y discontinuidad radical. El concepto de etnogénesis fue redefinido, en el contexto latinoamericano, por Joao Pacheco de Oliveira (2010), Boccara (2005) y Escolar (2007). Éste último redefine el concepto de etnogénesis a partir de su análisis de los huarpes de Cuyo y su "etnicidad sin grupos étnicos", analizando las relaciones entre grupos y categorías étnicas de adscripción que se crean, utilizan, desechan, transforman, reciclan, se invisibilizan o neutralizan, siendo un proceso donde la emergencia es sólo uno de sus momentos.

el sentido que le otorga Stuart Hall (2009) como el no necesario vínculo entre dos aspectos de una formación social determinada, es decir, una clase de vínculo contingente en la constitución de una unidad. Este vínculo se da en condiciones históricas en las cuales puede o no ser producido, aunque la presencia de esas condiciones no es garantía suficiente para su producción. En esta dirección, las relaciones entre grupos y categorías étnicas de adscripción inscriptas en procesos donde la emergencia aparece como una de las articulaciones posibles sitúan a las identificaciones como puntos contingentes que suturan los discursos y las prácticas que intentan interpelar, hablar o colocar en una particular posición a los sujetos, y los procesos que producen subjetividades, que constituyen a los sujetos que se identifican o no con esas posiciones (Hall 1996). Entre aquellas interpelaciones y la efectiva constitución de subjetividades sociales, se establece una "no necesaria correspondencia" que resulta de las estructuras y/o posiciones de sujeto disponibles en convergencia con los modos de "habitar esas posiciones, de identificarse con ellas no sin disputa" (Briones 2007: 65). En este sentido, esta investigación se interroga por los modos en que la articulación de la categoría *colla* en la década de 1990 se integró en Jujuy en procesos de mayor alcance temporal que el de la contingencia que posibilitó su reivindicación de aquellos años: el análisis de las memorias, las experiencias históricas y las agencias que intervinieron en la etnogénesis regional se vincula en este trabajo con la observación sobre los modos en que históricamente se ha marcado o negado la condición indígena de los collas y la forma en que sus sentidos fueron variando de contexto en contexto, erigiéndose la etnicidad como un proceso a la vez discontinuo y persistente (Escolar 2007).

La etnogénesis colla, inserta en una historia bicentenaria de interpelaciones, nominaciones y dominaciones, es un proceso atravesado por 'el problema de la tierra'. En la etnogénesis regional, las transformaciones en las nominaciones étnicas estuvieron signadas por los conflictos y las disputas operados en torno a la propiedad y al acceso a la tierra. Como en otros lugares de los Andes, para los quebradeños la tierra es otra cosa que un medio de producción, y se vincula a una entidad poderosa y fundamental de su existencia. Sin embargo, la historización de las relaciones de propiedad, conflictos, luchas y resistencias por la tierra en tanto medio de producción es crucial para comprender los procesos analizados en este libro. Como dijimos, la historiografía regional asoció la desarticulación de las tierras comunales de origen colonial con la pérdida de las identidades étnicas de sus pobladores. Por su parte, la legislación provincial sobre tierras a lo largo del siglo XX asoció históricamente 'identidad indígena' con 'propiedad de la tierra'. Además, como veremos en el capítulo 1, el despojo de tierras fue el detonante de los continuos levantamientos de grupos indígenas que durante la colonia y los siglos XIX y XX pusieron en primer plano las dislocaciones entre sus demandas territoriales y los avances privados sobre ellas, en general amparados por la violencia y la represión estatales. En este marco, como práctica y como memoria, la lucha por tierras de gran parte de las comunidades de la región, entre ellas la de la Finca Tumbaya, fue un aspecto medular del proceso de organización de comunidades en la década de 1990. No se puede comprender la etnogénesis colla en Jujuy sin atender la historicidad de las relaciones de propiedad de la tierra, donde los grupos indígenas y el Estado se personificaron como actores centrales de estos procesos.

En Tumbaya, la adjudicación de las tierras de la finca a los arrenderos en forma de posesión comunitaria en la década de 1990 no tuvo el efecto de amortiguar tensiones étnicas preexistentes, ni volvió a un estado prístino las relaciones de los ahora miembros de la Comunidad Aborigen Kolla de Finca Tumbaya en función de sentimientos primordiales vinculantes. Antes bien, la organización de las familias como comunidad, la adjudicación de tierras en propiedad comunitaria y la organización del Consejo de Delegados Aborígenes como espacio de representación política se articularon a experiencias históricas, memorias y formas de organización locales que tensionaban y hasta contradecían la novedosa figura jurídica de la "comunidad aborigen" prescripta por el Estado. De esta manera, para comprender aquello que la organización de las familias arrenderas como comunidad vino a transformar, es central poder distinguir conceptual y analíticamente las formas de organización local de las formas institucionales, y esto por cuestiones empíricas, históricas y teóricas.[10]

En el año 1992, Alejandro Isla mostraba la (co)existencia de un orden visible de categorías censales basadas en el orden jurídico nacional y prácticas vinculadas a un derecho consuetudinario por debajo de aquellas categorías oficiales, lo cual garantizaba las transacciones locales respecto a la tierra (Isla 1992). En su análisis comparativo entre un conjunto de poblados de los departamentos puneños de Jujuy y el cantón Tiwanaku en la provincia de Ingavi (Departamento La Paz) en Bolivia, Isla planteaba entonces que ambas zonas compartieron "la forma 'comunidad' como modo de producción y distribución [...] hasta por lo menos la década del 70 del XIX" (Isla 1992: 171). La comunidad fue el nombre que, según el autor, adoptó el ayllu quechua

---

[10] El imperativo de distinguir las formas de organización social de las formas institucionales proviene de la lectura de Mossbrucker (1990), retomado por varios autores que analizaron desde diversas perspectivas las relaciones entre ambas. Entre otros, fueron sugerentes para esta investigación los trabajos de Alber (1999) y Sendón (2003) quienes en el estudio de dos comunidades campesinas de los Andes peruanos (Huayopampa y Pinhaya respectivamente) enfatizan la necesidad de descomponer analítica, teórica e históricamente la relación entre la comunidad como figura jurídica y las formas de organización social (Alber 1999) y entre el ayllu y la comunidad en el caso de Sendon (2003).

producto de la imposición de las leyes españolas para el cobro del tributo, aunque la forma comunidad fue reforzada principalmente durante la República. Isla se refiere a la "forma comunidad" en relación a formas específicas de solidaridad que se dan en el mundo andino entre lo individual y lo colectivo, a vínculos intraétnicos fuertemente contrapuestos a los externos, y a una particular forma de apropiación del territorio (Isla 1992: 172).[11] El autor planteaba entonces que en algunos lugares de la Puna jujeña encontró "ecos de la forma 'comunidad'" (Isla 1992: 196), y sostenía la existencia de "la *forma comunidad como modo de producción y reproducción*, por debajo de la encomienda y hacienda coloniales en la Puna argentina y Quebrada de Humahuaca" (Isla 1992: 171, itálicas en el original).[12] Alejandro Isla realizó su investigación en los años 80, en un momento anterior a los procesos que en la década de 1990 prescribieron la "comunidad indígena" como la forma jurídica que adquiriría la organización social de quienes luego se convertirían en sus miembros. En este sentido, Isla contrapone la comunidad en tanto forma de organización social al Estado republicano, que a través del despliegue de diversos dispositivos fue suplantando durante más de un siglo las formas de organización comunales: "En el caso argentino no se entiende el proceso de disolución de las formas organizativas políticas y sociales si no se analizan *rol, objetivos y peso* del Estado en cada región" (Isla 1992: 202, itálicas en el original). En este libro, el uso que le damos al término *comunidad* se distingue del descripto por Isla. Sin la necesidad de embarcarnos aquí en una discusión acerca de las relaciones históricas entre ayllu y comunidad[13], utilizamos el segundo término para referirnos a la institución que en la década de 1990 rearticuló en agrupaciones de base comunitaria a grupos de familias bajo normas emanadas del corpus jurídico que para entonces comenzó a legislar la cuestión indígena en Argentina. En este sentido, no existe una "comunidad de Tumbaya" inmemorial que a lo largo del tiempo sufrió diversas

---

[11] Próximo al funcionamiento real de la economía de las comunidades del altiplano norte de Bolivia, Isla define la forma abstracta de "comunidad" a través de la interrelación de cinco principios: 1) *control comunal* por medio de la producción estratégica: la tierra; siendo la familia la unidad predominante de producción y consumo. Derivaciones del "control vertical"; 2) *Maximización de las actividades productivas:* combinación en cada unidad doméstica, según la cantidad de trabajo disponible, de agricultura, ganadería y artesanía. Relación de los ciclos productivos agrarios con los ciclos laborales; 3) *Control de la diferenciación interna.* Los mecanismos de reciprocidad; 4) *Doble racionalidad simultánea.* Intercambio externo: el estímulo a la diferenciación exterior al espacio comunidad; 5) *La búsqueda*, por cada unidad doméstica, del excedente.

[12] Asimismo, Isla informa en esa publicación del año 1992 algunos reclamos de propiedad comunal que por aquellos años comenzaban a visibilizarse en la región.

[13] Para análisis críticos de la relación entre ayllu y comunidad en otros lugares de los Andes, ver además del texto de Isla (1992) las obras citadas de Mossbrucker (1990), Alber (1999) y Sendón (2003).

transformaciones más o menos relevantes, sino que la comunidad irrumpe históricamente como una forma específica de organización institucional en un entramado complejo y heterogéneo de socialidades, prácticas y modos de vida, muchos de los cuales son intraducibles al lenguaje jurídico del Estado moderno. Distinguir esta categoría jurídica de las formas de socialidades, prácticas y experiencias locales es fundamental para comprender las transformaciones ocurridas desde la organización de los ex arrenderos en torno a la Comunidad Aborigen Kolla de Finca Tumbaya.

Cuando a fines de los 90 se organizó la comunidad, el territorio de la finca adquirió un nuevo estatus jurídico y se conformó el Consejo de Delegados como el espacio de gobierno y representación de la comunidad. Con el paso del tiempo, el Consejo se erigió en un espacio cuyas prácticas comenzaron a ser cuestionadas por los ex arrenderos, bajo el influjo de una categoría nativa que daba cuenta de ese cuestionamiento, la *politización*, asociada a un problema que comenzaba a percibirse en la novel comunidad: la *desunión* de sus miembros por culpa de *la política*. También como categoría nativa, la *política* era valorada de diversos modos según los contextos: como un dominio perjudicial que causaba desunión, o como una fuerza con capacidad de agencia valorada positivamente. La *política* blandía su polisemia valorativa de modo complejo, aunque la *politización* siempre me era referida como una práctica negativa que causaba desunión. La proliferación de prácticas y categorías donde la política emergía de modo central me llevó a incursionar en un campo de discusión que, con aportes de mayor o menor especificidad, viene abordando la problemática de la política o micropolítica de las comunidades, organizaciones y movimientos indígenas en la región, en el contexto de los procesos de reemergencia étnica de las últimas décadas. Los estudios sobre la política –como categoría analítica– de las organizaciones indígenas emergentes a fines del siglo XX en diversos lugares de Latinoamérica en general y de Argentina en particular se orientaron a analizar las llamadas "políticas de identidad", las dirigencias, las prácticas políticas y las luchas facciosas locales implicadas, las relaciones entre memoria y política, las tensiones entre líderes y las bases de las comunidades, las políticas públicas de agencias provinciales y nacionales y su incidencia en los espacios locales, así como el accionar de los organismos internacionales y su definición de los cauces de las organizaciones indígenas (Isla 2009; Gordillo 2006; Briones 1998a; 2008; Briones y Ramos 2010; Escolar 2007; 2008; 2010; Lázzari 2007; 2008; Lenton 2010; Rodríguez 2010; Ramos 2010; Cowan Ros 2011; Radovich 2013; Dávalos 2002 y Guerrero 2000 para Ecuador; Pajuelo Tévez 2006 y Castillo *et al.* 2007 para Perú; Boccara y Bolados 2008 y Bascopé 2009 para Chile; Schavelzon 2012 para Bolivia y Verdesio 2014 para Uruguay, entre muchos otros). En todas estas investigaciones, más allá de sus diversos objetivos y particulares problemáticas, la política operó sin embargo como una categoría analítica pero no fue analizada del modo aquí propuesto: como una práctica y una categoría nativa que debe ser descripta y comprendida en los términos de los propios tumbayeños, necesariamente relacional y entramada de modo complejo en la vida local (Nuap 1998; Balbi y Rosato 2003; Espósito 2009 para el caso de Tumbaya; Quirós 2014).

Por todo lo expuesto y en función de los objetivos propuestos, el argumento central de este libro sostiene en primer lugar que la organización indígena colla de la década de 1990 en Jujuy responde a la articulación de procesos de larga duración y factores coyunturales. En segundo lugar, planteamos que 1) la organización de la Comunidad Aborigen Kolla de Finca Tumbaya cristalizó diversos sentidos de identificación y pertenencia territoriales, de forma que tensionó y disputó el sentido hegemónico de la "comunidad aborigen" prescrita en los años 90 por el Estado nacional argentino; y que 2) la *política* y la *politización* son categorías centrales para comprender las transformaciones que, en esta dirección, supuso la organización de las familias como comunidad aborigen. De esta manera, los procesos abordados en este libro sólo pueden explicarse en la larga duración. En la articulación indígena colla de los años 90, intervinieron primero la identificación y la apelación a la "historia del despojo" de las tierras comunales indígenas coloniales, así como las memorias de demandas y luchas por tierras y las trayectorias arrendatarias locales y las socialidades inscriptas en ellas: estas memorias y trayectorias explican una dimensión insoslayable de las modalidades y los discursos que se habilitaron en este proceso de fin de siglo. En segundo término, en estos procesos intervinieron discursos académicos y representaciones oficiales que sentenciaron la desaparición de los indígenas quebradeños desde el mito de la Argentina blanca (Quijada 2000; Briones 2002; Escolar 2007; Chamosa 2008), junto a la conflictiva preservación de identificaciones y sentidos étnicos estigmatizados y racializados (Segato 2007). En este libro analizo la categoría colla como una articulación regional de estas interacciones, juegos y distancias entre el mandato ideal de la Nación blanca y la persistencia de marcaciones estigmatizadas y racializadas durante casi dos siglos de historia nacional. En tercer lugar, en esta articulación intervinieron agentes religiosos y políticos en el marco de la coyuntura del neoliberalismo multicultural que desplegó su particular economía política de producción de diversidad cultural (Hale 2004; Boccara y Bolados 2008; Briones 2005), aunque en vistas de lo problematizado hasta aquí queda claro que en este libro la articulación indígena colla no es pensada como un mero efecto de la legislación y la militancia indígena local ni de las políticas de identidad que enmarcaron a nivel nacional e internacional la formación de este contexto. Además, aunque el contexto nacional e internacional es un marco ineludible de esta investigación, el análisis se focaliza en los procesos de formación provincial (Briones 2005), entendiendo con esta autora que los estados provinciales generan específicas "representaciones localizadas sobre el Estado-como-idea" (Abrams 1988).

En la investigación que originó este libro utilicé la etnografía como metodología para acceder a las complejas formas y particularidades del mundo de los tumbayeños, enfatizando la generación de vínculos y mi participación cotidiana en el universo de relaciones y prácticas locales como vía privilegiada de producción de conocimiento. Ello implicó necesariamente experiencias prolongadas de trabajo de campo etnográfico en distintas zonas del Departamento de Tumbaya entre los años 2007 y 2015, luego de las primeras visitas cortas al pueblo de Tumbaya durante los años 2004, 2005 y 2006.[14] La primera estancia extensa en Tumbaya fue entre los años 2007 y 2008, cuando residí por un año oscilando entre *el pueblo* (Tumbaya) y *el campo* (Tumbaya Grande, Chañi Chico).[15] Durante ese año participé en numerosas festividades y eventos institucionales organizados por el Consejo de Delegados de la Comunidad Aborigen: asambleas comunitarias, celebraciones de la Pachamama y el 10° aniversario de la comunidad en el año 2008. De igual modo, realicé diversas etnografías en eventos públicos organizados por la Comisión Municipal –festejos oficiales de fechas patrias en particular–, las escuelas primarias del pueblo de Tumbaya y de Tumbaya Grande, la iglesia Nuestra Señora de los Dolores y las familias –misas, procesiones, misachicos–. Sin embargo, más allá de mi participación en estos eventos "socialmente hechos para decir" (Quirós 2014), las experiencias más pródigas fueron las que día a día iba anotando en mis cuadernos de campo a partir de las innumerables situaciones que se generaban a medida que nos vinculábamos con distintas personas en Tumbaya y comenzaba a participar y a ser parte de su mundo de comidas, chismes, cumpleaños, salidas de mujeres, bautismos, charlas, caminatas, confirmaciones, entrevistas,[16] ceremonias de la Pachamama, funerales y entierros, celebraciones del día de los muertos, festejos de cabo de año, bailes. A fin de potenciar analíticamente las experiencias subjetivas y

---

[14] La primera vez que fui a Tumbaya fue con Ludmila da Silva Catela, a quien acompañé en julio de 2004 y 2005 en sus visitas a Tumbaya y Calilegua (departamento Ledesma) en el marco de sus investigaciones sobre memorias de la represión. Estas experiencias me permitieron comenzar a entablar relaciones con algunas personas y familias de Tumbaya.

[15] Como veremos a lo largo del libro, el *pueblo* y el *campo* son dos categorías territoriales centrales en Tumbaya, a partir de las cuales se distinguen diversos e interrelacionados sentidos de identificación y pertenencia (Brow 1990).

[16] Tal como lúcidamente lo advierte Julieta Quirós (2014), la realización de entrevistas significa un modo de empezar a participar del mundo del otro, de socializar y de crear lugares de encuentro adonde se vuelve de forma recurrente, en mi caso, luego de que les entregase a cada entrevistado el diálogo grabado en esos encuentros en soportes de papel y de audio.

colectivas observadas en Tumbaya, combiné la etnografía con el análisis de fuentes secundarias, específicamente producciones historiográficas, antropológicas, folclóricas, arqueológicas y etnohistóricas sobre diversos lugares de los Andes y de la Quebrada de Humahuaca y la Puna de Jujuy, además de documentos del Archivo Histórico de Jujuy (AHJ). A partir de la lectura y el análisis de estas obras y fuentes sistematicé una historización de la categoría colla, indagando en los campos de negociación y disputas de las marcaciones y las auto-adscripciones indígenas en la región, y abordé la historia de la propiedad y tenencia de la tierra como eje heurístico insoslayable del proceso de etnogénesis analizado.

Tumbaya la bella[17]

Durante mis primeros viajes a Jujuy en los años 2004 y 2005, el nombre de Tumbaya se circunscribía en mis imaginarios a los límites del poblado silente que, custodiado por las tumbas del cementerio en altura que lo cobija, se extendía en el tramo de poco más de un kilómetro sobre la ruta donde nos dejaba el ómnibus que nos traía desde la capital provincial. Tumbaya era entonces el nombre del pueblo y del departamento provincial del que éste era su capital. Las clasificaciones territoriales que para entonces yo aplicaba sobre el lugar colocaban a Tumbaya como uno de los cientos de pueblitos del Noroeste Argentino, el NOA, el Norte, categorías 'todorurales' cuya diversidad y peculiaridades sociológicas e históricas se me figuraban como dimensiones inasibles. Sin embargo, advertida de las enseñanzas de Geertz (1967) sobre las aldeas balinesas, poco tiempo después comencé un complejo proceso de desclasificación, en el que abrí los sentidos a la extraordinaria variedad que hace al mundo quebradeño, en el que ninguna localidad es una unidad promedio cuya descripción pueda operar como sinécdoque de las demás y en donde no existen formas evidentes de organización social que puedan ser analizables en términos de una construcción tipológica singular. En este sentido, Tumbaya no se asemeja a ninguno de los demás lugares de la región, como tampoco es susceptible de ser circunscripta territorialmente a los límites institucionales, catastrales y jurídicos delimitados por el Estado argentino. Tumbaya aparece más bien como un territorio que vincula

---

[17] Tal es el eslogan de la localidad. Cuentan los tumbayeños que la expresión "Tumbaya la bella" proviene de las palabras que un cura asignado a la parroquia a fines del siglo XIX vociferó a los gritos yéndose del lugar: "¡Adiós, Tumbaya, la bella! ¡Monte sin leña, río sin peces, indios mal nacidos, y la puta que los parió!".

estas delimitaciones estatales con relaciones y formas de organización social inscriptas en trayectorias y experiencias fundamentalmente familiares que figuran sentidos específicos de pertenencia y devenir. Así, Tumbaya hace referencia en este libro al complejo universo donde conviven diversas formas institucionales del Estado con formas de organización social y modos de existencia de los propios tumbayeños, según mis experiencias de campo durante la primera década y media del 2000.

Tumbaya es un pequeño pueblo de unos 500 habitantes que se dedican mayormente a la actividad doméstica, al comercio y al empleo público o privado en el lugar o en otras localidades como Purmamarca, Volcán, Tilcara o San Salvador. La plaza central de Tumbaya congrega la parroquia de la Virgen de los Dolores (cuya construcción actual data del año 1796), la casa parroquial, la escuela primaria y el edificio de la Comisión Municipal, junto a las simples fachadas de adobe de las casas más viejas del lugar, dispuestas en manzanas organizadas en damero, al igual que la mayoría de los pueblos de la región. El punto centrípeto de esta disposición urbana celebra en el centro de la plaza la imagen erecta de San Francisco Solano bendiciendo a un aborigen arrodillado a sus pies (Figura 2).

Figura 2: Estatua en la plaza central de Tumbaya, San Francisco Solano bendiciendo a un aborigen arrodillado a sus pies.

Cuando en el año 2004 me paré por primera vez en el centro de esta plaza, esta imagen se asimilaba sin demasiados conflictos a mis opiniones preconcebidas sobre la región. Evocando la primera vez que siendo casi una niña había estado en la zona en el año 1992, recordaba un montañoso paisaje multicolor jalonado por una multiplicidad de epopeyas de la historia nacional. Habiendo visitado como turista la ciudad de San Salvador de Jujuy, el Museo Histórico Provincial, la mayoría de los pueblos de la Quebrada a la vera de la Ruta 9 y lugares históricos como la Posta de Hornillos, mis imaginarios sobre el Noroeste tenían a la Quebrada de Humahuaca como un espacio que había sido relevante en las guerras de independencia y en el Éxodo Jujeño. Además, las visitas al Pucará y al Museo del Instituto Interdisciplinario de Tilcara me habían instalado la idea –por lo demás científicamente legitimada– de que los indígenas que alguna vez habían vivido allí formaban parte del pasado arqueológico de la región. En todo caso, esa existencia en el pasado se extendía a lo sumo hasta las primeras décadas del siglo XIX, donde los nativos habían participado en las guerras de independencia, consortes heroicos del orden republicano impuesto fatigosamente en sucesivas campañas militares. Así, el modo en que entonces me nutrí de los relatos nacionales dominantes sobre la participación de las poblaciones nativas en la conquista, la colonización y la soberanía estatal en aquella zona de Jujuy hacía entendible que, doce años después y a punto de licenciarme como antropóloga, observara con asombro pero sin mayor estupor la monumentalización de la sumisión del aborigen a la misión evangelizadora de Francisco Solano en los albores del siglo XVII. Sin embargo, en el año 2005, por segunda vez en Tumbaya, me di con un folleto turístico que llamó particularmente mi atención. Éste hacía mención al 24 de noviembre de 1998 como *el día más feliz en la historia de Tumbaya*. El folleto estaba suscrito por la Comisión Municipal de Tumbaya, el Instituto Nacional de Asuntos Indígenas (INAI) y la Secretaría de Desarrollo Social de la Nación, y hacía referencia a la "devolución de las tierras a sus verdaderos propietarios, cinco siglos postergados, hoy reconocidos con hechos de Presidencia de la Nación". Ese folleto hizo que conociese la existencia de la Comunidad Aborigen Kolla de Finca Tumbaya, a cuyos miembros el Estado nacional les había otorgado las tierras que habían arrendado durante varias generaciones. En el horizonte simbólicamente 'cívico' en el que llevábamos adelante el trabajo de campo sobre las memorias de la dictadura en Tumbaya, no se nos había hecho ninguna mención sobre una comunidad aborigen, ni habíamos registrado sentidos explícitos de pertenencia e identificación en torno a lo indígena o lo colla. Sin embargo, Tumbaya es el primer caso de expropiación de tierras por ley nacional en la provincia de Jujuy a fines del siglo XX, en el marco del proceso de etnogénesis que se constituye en el objeto de análisis de este libro. Así, esta investigación se instala en la aparente paradoja de la convivencia de la Comunidad Aborigen Kolla de Finca Tumbaya con el monumento a la dominación indígena que se yergue incólume en la plaza principal del pueblo. Un sentido paradojal que tiene menos que ver con el contrasentido que podría significar la convivencia de ambos eventos –la estatua y la comunidad– que con las condiciones históricas que la hacen posible. De este modo, tomo esta coexistencia como una forma de pensar a Tumbaya y a los múltiples sentidos que se inscriben en los eventos, las prácticas y los discursos aquí analizados.

Si Tumbaya refiere a este mundo, el ser "de Tumbaya" o ser *tumbayeño* remite a un universo más amplio que el del pueblo e incluye a la gente del campo. Los tumbayeños distinguen un espacio que podríamos llamar urbano, *el pueblo*, del espacio que lo rodea, *el campo*, que se piensa entre otras cosas como el *lugar donde se mantienen* las *costumbres que se están perdiendo en el pueblo*. Estas costumbres se refieren a prácticas hechas *desde el tiempo de los anteabuelos*, como el festejo del día de los muertos, las celebraciones a la Pachamama, las señaladas, las marcadas y el carnaval del campo (Espósito y Fabbro 2008), y también a un patrón de movilidad permanente entre las múltiples residencias que tienen las familias en el pueblo, el campo y ocasionalmente en otras localidades fuera de Tumbaya. El campo también es el lugar en donde se originaron las acciones que desembocaron en la expropiación de la finca y la organización de las familias como comunidad aborigen, y esa experiencia aglutina de modo central las representaciones y los sentidos de pertenencia tanto de los ex arrenderos como de las personas y las familias que no necesariamente pertenecen a la comunidad aborigen y viven en el pueblo de Tumbaya. Ser tumbayeño también es provenir de una familia arrendera, aunque no excluye a los que, *nacidos y criados*, no poseen experiencia arrendataria. Las personas que tienen residencia permanente en el campo y las que viven en el pueblo se relacionan entre sí a través de una compleja red de relaciones fundamentalmente de parentesco y políticas. Además, estas relaciones se extienden en una red que excede el espacio geográfico de Tumbaya y se amplía a otras localidades de la región, la capital provincial y otras ciudades como Córdoba, Mendoza o Buenos Aires. Esto genera una movilidad permanente de tumbayeños que van y vienen entre diversas localizaciones por razones principalmente comerciales, laborales y académicas. Uno puede ser tumbayeño por ser *nacido y criado* o puede devenir tumbayeño por el establecimiento de una relación de alianza con alguien del lugar a través del matrimonio. Ser tumbayeño se construye en relación a un universo que incluye al menos otras tres categorías: *los foráneos* o *los de afuera*, *los del sur* y *los que se fueron*. Los *foráneos* o *los de afuera* refieren a una categoría inclusiva que abarca a todas aquellas personas no nacidas ni criadas en el pueblo o el campo de Tumbaya. Dentro de los foráneos se inscribe la categoría de *la gente del sur*, expresión registrada en general en las regiones de quebrada y puna. La *gente del sur* hace referencia a la gente del centro y sur del país, en donde *el sur* no es una referencia "exclusivamente geográfica, sino que indica 'urbano' pero especialmente 'no colla', por lo que esta categoría puede llegar a incluir a la gente de San Salvador de Jujuy para quienes 'la gente del norte' es la gente de la Puna y la Quebrada de Humahuaca" (Karasik 2005: 138). Por otro lado, *los que se fueron* incluye a los *nacidos y criados* que migraron y se radicaron en San Salvador de Jujuy o en otras ciudades del sur –Córdoba, Buenos Aires, entre otras– y que retornan periódicamente a Tumbaya en ocasiones festivas o a visitar a sus familiares durante el verano, especialmente durante los festejos del carnaval.

Junto a las aproximadamente quinientas personas que viven en el pueblo, en la zona del campo que lo rodea residen otras tantas distribuidas en cerca de cien unidades domésticas, que componen la mayor parte de los miembros de la Comunidad Aborigen Kolla de Finca Tumbaya. Esta distinción territorial entre el pueblo y el campo está regulada, como dijimos, por las relaciones de parentesco y residencia que vinculan ambos espacios y por una aguda memoria colateral (y en menor medida genealógica, puesto que nunca va más allá de tres o cuatro generaciones) que hace que todas las personas se conozcan entre sí, lo cual configura un mundo en el que, como me fue indicado en innumerables ocasiones, *acá todos somos familia*. Los tumbayeños se definen primariamente por el parentesco, y este ser *todos familia* remite a la existencia de un conjunto de apellidos –Cruz, Sajama, Vilte, Galián, Vilca, Mamaní, Casimiro, Flores, Tapia, Lamas, Cañari, Arjona, Tinte, Toconás, Suárez, Tolaba, Lacsi, Ábalos, entre otros– que vinculan de modo bilateral a las personas, independientemente de su lugar de residencia en el pueblo o en el campo, en donde he observado un predominio de la residencia post-marital virilocal.[18] Los tumbayeños se refieren a que alguien es "su familia" cuando hablan de sus parientes consanguíneos, aunque primariamente a quienes, en primer, segundo, tercer y eventualmente hasta cuarto grado comparten su mismo apellido. Además, se utiliza el término *parientes* para referirse a las personas con quienes existen lazos de afinidad y lazos rituales como el compadrazgo y el comadrazgo, prácticas vinculantes que estructuran los derechos y las obligaciones que definen los límites de los grupos de parentesco en Tumbaya. Estas relaciones se regulan en la vida cotidiana a través del establecimiento de ayudas intra e inter familiares: colaborar con recursos en situaciones de escasez, hospedar, dar de comer, acondicionar los rastrojos, manejar las

---

[18] Principalmente en el campo, donde los nuevos matrimonios se instalan en las viviendas de la familia del esposo, en las cuales ocupan habitaciones existentes o adosan nuevas construcciones a la casa, de modo que constituyen unidades domésticas conformadas por familias extensas.

tomas de agua y el riego, ayudar y colaborar en señaladas y eventos rituales, respetar la rotación y las obligaciones surgidas de padrinazgos, entre otras. Los intercambios y el ideal de reciprocidad aparecen como conectores centrales a través de los cuales se articulan aquellos derechos y obligaciones: por un lado, experiencias y prácticas en torno a lo que Cavalcanti Schiel llamó "de subsistencia", definidas primariamente por el "dispendio consorciado de esfuerzos (y no simplemente como producción de bienes, es decir, 'producción económica') [que] se dispone frente a la elemental estacionalidad agrícola" (Cavalcanti Schiel 2015: 93); por otro, prácticas 'seculares' de mantenimiento de las socialidades locales, que sin embargo dependen de "esfuerzos bien aplicados [garantizados por el lenguaje de] la reciprocidad, también mediado por el leguaje ritual" (Cavalcanti Schiel 2015: 94). A lo largo del año, tanto en el pueblo como en el campo de Tumbaya se realizan celebraciones y fiestas de carácter familiar –señaladas, Todos Santos, Pachamamas, invitaciones de carnaval– que se alternan con festivales y eventos organizados por instituciones como las escuelas, la municipalidad, el Consejo de Delegados de la comunidad aborigen, los comparsas, los clubes y la iglesia.[19] A excepción de los eventos organizados por la municipalidad y por el consejo de delegados, los demás eventos se llevan adelante a través de los aportes que hacen las propias familias tumbayeñas a partir de la realización de bingos, rifas, venta de comidas y sistemas de padrinazgos.

Cuando se organizó la Comunidad Aborigen Kolla de Finca Tumbaya en la década de los 90, el territorio de la finca de más de 24.000 hectáreas se

---

[19] En el pueblo de Tumbaya está la escuela provincial N° 16 "18 de noviembre" y en el campo de Tumbaya Grande la escuela provincial N° 377 "El Porvenir". En los últimos años, comenzó a funcionar en el edificio del ex hogar-escuela del pueblo una Tecnicatura Superior en Cocina Regional y Cultura Alimentaria, dependiente del Ministerio de Educación de la provincia de Jujuy. Hay tres comparsas: "Los Corazones de Tumbaya" y "Los Alegres de Tumbaya", en el pueblo, y "Los Cachafaces" en Tumbaya Grande (Espósito y Fabbro 2009). Hace unos diez años, el viejo "Club Atlético Tumbaya" fue reemplazado por el "Club Atlético Fuerte Esperanza". Otra institución en la que se nuclean muchas familias –especialmente del pueblo– es la Comisión de Devotos de la Iglesia Nuestra Señora de los Dolores, quienes junto a la Comisión Municipal organizan las fiestas patronales y las actividades en torno a las celebraciones de la Virgen de Copacabana de Punta Corral, que se celebra la semana previa a las Pascuas cristianas y que todos los años congrega en la localidad a cerca de 80.000 personas que realizan la procesión a la localidad de Punta Corral, muchas de las cuales *bajan* a Tumbaya con la Virgen –la *mamita del cerro*– el Domingo de Ramos acompañadas de numerosas bandas de sikuris. Como los tumbayeños aprovechan esos días para vender comidas y bebidas a los miles de peregrinos que llegan al lugar, no suelen participar de la bajada de la Virgen, y sí de llevarla de regreso aproximadamente un mes después. Para un análisis de la festividad, ver Machaca (2011); ver Costilla (2014) para un análisis comparativo con el culto al Señor del Milagro en Salta. Otra importante institución en Tumbaya es la Cooperativa de Trabajo La Brava, donde se producen briquetas de carbón vegetal, creada en 2004 por trabajadores desocupados y por trabajadores de la S.A. homónima luego de que ésta quebrara de modo fraudulento en el año 1998.

dividió en cinco delegaciones, una de las cuales es la del pueblo, aunque los límites de su urbanización central están excluidos de las tierras comunitarias. Esto no significa que quienes vivan en el pueblo no pertenezcan a la comunidad aborigen, aunque como veremos más adelante los criterios de pertenencia a la comunidad se vinculan primariamente a la vida y las cosas del campo –aunque no se resida allí– en virtud de la experiencia arrendataria. Las cinco delegaciones territoriales en las que está dividido el territorio de la comunidad aborigen –Tumbaya pueblo, Chañi Chico, Huajra, Chañarcito y Tumbaya Grande– coinciden con los límites de la antigua Finca Tumbaya (Figura 3) y se establecieron para organizar mejor la comunicación y la circulación de información a todas las familias a través de la figura de los delegados.

Aunque la adjudicación de las tierras de la finca en forma de posesión comunitaria definió la constitución de la comunidad aborigen como tal, en la práctica se combinan espacios que son utilizados de forma común con una gran mayoría que lo son de manera individual. La existencia de lotes, rastrojos, corrales, casas, áreas de pastoreo con estancias y puestos en diversas zonas ecológicas ocupados y explotados por familias particulares no significa sin embargo un régimen de propiedad privada sobre la tierra, sino más bien un control organizado colectivamente respecto a sus accesos y usos en virtud de los diferentes ciclos productivos implicados, orientado a garantizar la reproducción de las socialidades locales.[20] Veremos a lo largo de este libro cómo la comunidad de Tumbaya, más allá de aquella que definió el Estado en los 90, es decir, aquella comunidad experimentada y sentida por los tumbayeños en su vida cotidiana no se define tan sólo a partir de la propiedad colectiva de la tierra, sino en la necesidad de organizar colectivamente el espacio de la vida en común, orientados sus miembros por el ideal de unión entre ellos.

---

[20] Estas prácticas, que retomamos en los capítulos 3 y 5, se vinculan con lo analizado en un conjunto de investigaciones situadas en Andes centrales, que en las décadas de 1980 y 1990 abordaron las relaciones entre familia, comunidad y mercado, enfatizando la necesidad de instancias colectivas de cooperación para la reproducción familiar, más allá de los grados de vinculación de éstas al mercado (Golte 1980; Golte y De la Cadena 1983; De la Cadena 1985).

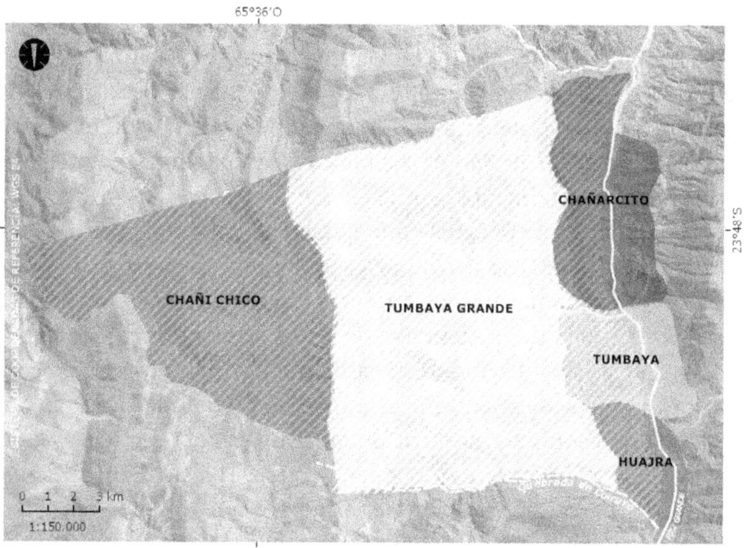

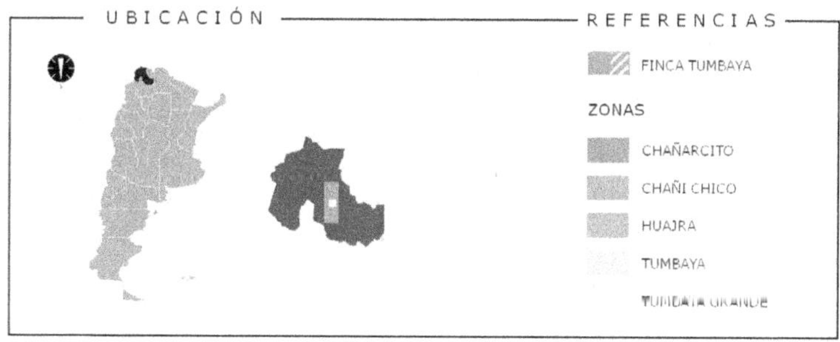

Fuente de información de imágenes: GOOGLE EARTH Image © 2016 Digital Globe.
Recolección y sistematización de datos: GUILLERMINA ESPÓSITO. Sobre base cartográfica provista por el
Consejo de Delegados de la Comunidad Aborigen Kolla de Finca Tumbaya.
Elaboración del producto cartográfico: MARÍA CELESTE COMES BRUNETTO [NOVIEMBRE 2016]
Software: QGIS 2.14.3 Essen.

Figura 3: Mapa con las delegaciones de la Finca Tumbaya, elaborado a partir del mapa facilitado por el Consejo de Delegados de la Comunidad Aborigen Kolla de Finca Tumbaya).

El territorio de la comunidad en Tumbaya comprende dos de las zonas ecológicas que la literatura especializada definió para la región: una zona de puna, con alturas entre los 3000 y 3800 msnm, y una zona de quebrada y valles, con alturas que oscilan entre los 2000 y los 2500 msnm (Reboratti 2003). La región altiplánica cubre aproximadamente la mitad del territorio e incluye al otrora pequeño poblado de Chañi Chico, con representación en el Consejo de Delegados de la comunidad. Al momento de comenzar mi trabajo de campo en Tumbaya, Chañi Chico estaba habitado por tres hogares, aunque entonces me era referido que a pesar de la *costumbre* por la cual *uno de los hermanos debe quedarse en la casa*, en cualquier momento el lugar iba a despoblarse totalmente. Esto efectivamente ocurrió durante los últimos años, cuando las pocas personas que quedaban bajaron al pueblo y a Tumbaya Grande, con lo cual se cerró por el momento un proceso de permanente movimiento de personas: niños para ir a la escuela, ancianos para radicarse en la zona más baja de quebradas y jóvenes hacia el pueblo y los mercados de trabajo regionales. Cuando estaba habitado de forma permanente (algunos rastrojos y corrales se utilizan aún en la actualidad), en Chañi Chico coexistían una economía pastoril de autosubsistencia, el cultivo de papas, habas, arvejas, y el comercio a pequeña escala. Hacia Chañi Chico conduce un camino de herradura por donde hasta hace poco tiempo las personas bajaban periódicamente a pie o en animales al pueblo a vender y eventualmente trocar carne, queso, papas y habas por productos cultivados en esta zona baja, como hortalizas, frutas, animales y mercadería no perecedera (Figura 4). Además, la totalidad de los hogares poseía al menos un plan asistencial del Estado, y el municipio de Tumbaya contrataba eventualmente a los hombres para el arreglo de caminos y otras obras de infraestructura. El 24 de julio, víspera de San Santiago, se realizaba una peregrinación desde Tumbaya Grande hacia la capilla de Chañi, propiedad de la familia Arjona donde se celebraba al santo con *cuarteadas*, *misachicos*, *samilantes* y abundante comida –mote, sopas, tamales, picantes, *tijtinchas*[21]– que ofrecían los *dueños del santito* a los peregrinos.

---

[21] Los misachicos son procesiones organizadas por las familias *dueñas* de las imágenes –vírgenes o santos– que se realizan en ocasión de las fiestas patronales del paraje o localidad que se trate. En los festejos patronales mayores, como el de la Virgen de los Dolores en Tumbaya o el de la Virgen de Copacabana de Punta Corral, suelen sumarse misachicos que bajan desde los cerros para acompañar la procesión mayor. Los samilantes son promesantes varones y/o mujeres –pueden ser niños– que realizan una danza de adoración al santo o virgen celebrado. Lo hacen cubiertos por plumas de suri –ñandú–, por lo que se les dice también hombres-suri. En el caso de San Santiago en Chañi Chico, los samilantes despliegan su danza en la puerta de la capilla al ritmo de tambores e instrumentos de viento que son ejecutados por otros promesantes –varios de ellos sikuris, ejecutores de sikus, un instrumento de viento andino– que se disponen alrededor de los samilantes. Éstos se disponen en parejas –de varones o mujeres– y sostienen entre sí, uno de cada pata, cuartos de corderos que van tironeado hasta partir al medio (cuarteadas). La tijtincha es una comida que se realiza en celebraciones colectivas durante el invierno, con mazorcas y habas secas, y trozos de cordero cocinados durante varias horas, que no pueden ser cortados con cuchillo de metal.

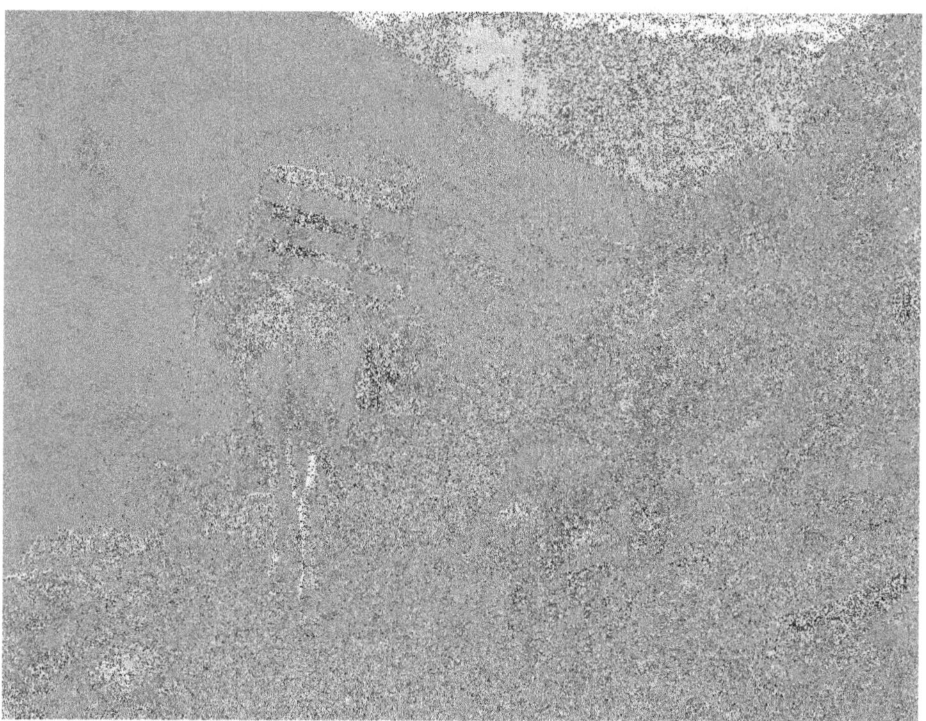

Figura 4: Camino de herradura que conduce a Chañi Chico desde Tumbaya. Este burro cargaba pollitos que Doña Elsa había comprado a Don Elías de Tumbaya Grande, para criar durante el verano.

El piso ecológico más templado de la finca comprende las demás delegaciones de la comunidad, en la quebrada de Tumbaya Grande y en los bordes colindantes a la Ruta 9, a lo largo de aproximadamente 15 kilómetros de norte a sur. Huajra se dispone al sur del pueblo, en los terrenos adyacentes a un lado y otro de la ruta, y allí las familias se dedican mayormente a la cría de ganado vacuno, ovino y en menor medida caprino y a la producción agrícola. La delegación de Chañarcito se ubica también a la vera de la ruta 9, hacia el norte del pueblo de Tumbaya hasta los lindes de la localidad de Purmamarca, poblado con el que los residentes de Chañarcito se vinculan de modo más asiduo que con Tumbaya. Finalmente, la Quebrada de Tumbaya Grande (Figura 5) concentra en las quebradas de Cárcel y Raya Raya a la población más numerosa de la comunidad, donde las familias se dedican especialmente a la producción agrícola y ganadera. Todo aquello que producen los tumbayeños –hortalizas, frutas, papas, carnes de cordero y chivos, quesos, quinua en los últimos años– se destina al consumo familiar, a la venta directa o a intermediarios que los comercializan en distintos lugares de la provincia, y también a través de la cooperativa Cauqueva con sede en la localidad de Tumbaya. Al igual que como fue dicho para Chañi Chico, la casi totalidad de las familias posee al menos un plan asistencial del Estado y utiliza los servicios públicos educativos (en las escuelas de nivel primario de Tumbaya y de Tumbaya Grande y de nivel secundario en las localidades aledañas)[22] y de salud (en el dispensario del pueblo o en los hospitales públicos de Maimará, Tilcara y San Salvador de Jujuy).

Figura 5: Quebrada de Tumbaya Grande surcada por el Río Cárcel o Tumbaya Grande, vista desde el fondo de la quebrada. En su desembocadura se observa la Ruta 9, sobre la Quebrada de Humahuaca.

---

[22] Principalmente en las escuelas de Purmamarca, Maimará y Tilcara, y en menor medida en centros de educación pública y privada de la ciudad de San Salvador de Jujuy.

Organización del libro

Este libro retoma las problemáticas y los objetivos centrales que abordé en mi tesis doctoral en Ciencias Antropológicas que defendí en la Universidad Nacional de Córdoba, Argentina. Partes de esta investigación se encuentran publicadas en artículos y capítulos de libros (Espósito 2009; 2014a; 2014b; Espósito y Fabbro 2008; Espósito y Da Silva Catela 2013) que oportunamente citaré en este escrito. En el capítulo 1 presento una historia agraria regional, historizando las sucesivas formas de propiedad y tenencia de la tierra en la Quebrada de Humahuaca, y ubico a la Finca Tumbaya en esta historia general. Incorporo además una descripción del proceso de formación del Estado provincial y nacional, los conflictos y los levantamientos indígenas que se dieron en la región en el marco de la privatización de tierras que acompañaron estos procesos, las relaciones de propiedad involucradas y el modo en que esta "historia del despojo" (Bernal 1984) se esgrimió como un criterio para legitimar las demandas y las restituciones de tierras durante la década de 1990 en la región. En el capítulo 2 analizo las transformaciones de las adjudicaciones identitarias aplicadas sobre los pobladores de la Quebrada de Humahuaca. Específicamente, analizo las "narrativas de extinción" (Escolar 2007) y la "criollización" de la población indígena (Chamosa 2008; Losonczy 2008) a través de la descripción del trabajo cultural que implicó representar y naturalizar a la Quebrada como un lugar civilizado. En este trabajo intervinieron expertos estatales y académicos, que entre fines del siglo XIX y principios del XX construyeron a la Quebrada de Humahuaca como un lugar civilizado en el marco del liberalismo imperante, y a sus pobladores como sobrevivientes de antiguas civilizaciones, sumergidas en el río del mestizaje biológico y cultural iniciado durante la colonia. Intercalo estas narrativas con las identificaciones indígenas de los pobladores locales descriptas en distintas fuentes secundarias y documentos de la época, a la vez que realizo una historización de la categoría colla en las dinámicas de etnogénesis analizadas. Veremos cómo, en la producción de estas narrativas, se combinaron diversos criterios de "razón etnológica", encauzados por el molde de un proyecto blanco y transatlántico de nación, cuya aparente fortaleza histórica comenzaría a fracturarse hacia la década de 1990. En el capítulo 3 describo y analizo lo que llamo "las memorias arrenderas". Para las familias que en los años 90 se organizaron como comunidad aborigen colla en Tumbaya, el mundo de relaciones en la finca, sus experiencias políticas y trayectorias familiares durante el sistema de arriendo constituyen un componente central de sus memorias colectivas, que nutren sentidos de identificación y pertenencia grupales (Brow 1990). En el capítulo 4 analizo las memorias sobre la organización de los ex arrenderos de la finca como comunidad aborigen colla durante la década de 1990, en el marco de las condiciones históricas que lo hicieron posible, poniendo el foco en los agentes e instituciones que participaron en el proceso. Veremos aquí las complejidades de la organización de la Comunidad Aborigen Kolla de Finca Tumbaya, y los modos en que los miedos, los estigmas y las memorias sobre violencias y represión estatales intervinieron en las disputas y los clivajes generacionales que asumió el proceso. En el capítulo 5 abordo las tensiones y los conflictos que se suscitaron en el proceso de conformación de la Comunidad Aborigen Kolla de Finca Tumbaya, las prácticas y las socialidades que para los tumbayeños significa ser una comunidad más allá de la prescripción jurídica establecida por el Estado, así como las disputas de representación cultural y política que la institucionalización de la comunidad supuso en las tramas de identificación y comunalización locales. En el capítulo 6 analizo las disputas de representación política entre el municipio y la comunidad aborigen en Tumbaya, desde la etnografía de una práctica central de la vida de los tumbayeños: las elecciones a comisionada/o municipal. Finalmente, en las conclusiones barajo las problemáticas abordadas a lo largo del libro, discutiendo y proyectando desde el caso analizado a una interpretación posible sobre los procesos de etnogénesis indígena colla en Jujuy.

CAPÍTULO 1

La gente y la tierra: Tumbaya en la historia agraria regional

Los motores del Panamericano tomaron impulso una vez más, y el bufoneo de su cansada armadura se fue perdiendo de vista a medida que seguía rumbo al norte. El traquetear de su viejo chirimbolaje se oiría hasta Humahuaca, donde el ómnibus pegaría la vuelta para repetir en sentido inverso el ritual que día a día, año tras año, hace del ascenso y descenso de personas la razón de su agitación ambulante por los pueblos y ciudades que, como un rosario, se extienden a la vera de la Ruta Nacional 9 en la Quebrada de Humahuaca. Bajé la mirada, alcé mi mochila, y una vez más comencé a cruzar la ruta, frente a la cual se extiende el pueblo de Tumbaya. Promediaba el mes de noviembre, y ese domingo me encontraba visitando a mi comadre Lidia, luego de casi un año de haber estado por última vez allí. Me impulsaban una ansiosa alegría y un hambre que anticipaban las conversaciones de sobremesa que nos esperaban, donde *la política* y *la finca* serían dos de los temas a los que ineludiblemente nos conduciría la charla. Cruzando la ruta, esa mañana tuve la misma impresión de tensa apacibilidad que había experimentado las primeras veces que viajé a Tumbaya. Al llegar, uno encuentra un pueblo tranquilo y silencioso, que se altera fugazmente cuando los gritos de los niños que salen de la escuela irrumpen en el brillo omnipresente del mediodía norteño. Atravesando la reluciente doble línea amarilla, recordé una de las primeras veces que durante mi trabajo de campo había tenido que caminar los varios kilómetros que separan el pueblo de Tumbaya de lo que era mi casa en el campo. Volviendo de hacer unas compras desde San Salvador de Jujuy, ese día no había conseguido en el pueblo un *vehículo* que me trasladase a Tumbaya Grande junto a mis bolsas con mercaderías, por lo que había tenido que caminar los tres kilómetros que separan el pueblo de la entrada a la finca a la vera de la ruta 9, y trepar otro buen trecho hasta el fondo de la quebrada. En el camino me había parado a descansar bajo un sauce, al costado de una acequia que regaba unos campos de alfalfa. Al rato pasó Don Pablo, y me preguntó si *arriba* estaba todo bien. Le dije que sí, y asintiendo varias veces con la cabeza me dijo que estaba bien que me haya ido a vivir arriba, porque iba a conocer bien a *la gente del campo*, y que en el pueblo se discriminaba a los de Tumbaya Grande. Le pregunté por qué, y me dijo que siempre había sido así, más desde el asunto de la finca, que en el pueblo cada uno tenía escritura de su vivienda, pero que ellos, los del campo, aunque sin escritura, venían *de más antes* que los del pueblo. El sauce que nos daba sombra y la tierra en la que hendía sus raíces pertenecían a la Comunidad Aborigen Kolla de Finca Tumbaya, de la que Pablo y los demás ex arrenderos eran miembros, y previamente habían pertenecido a los patrones Álvarez Prado y Viviani, antiguos propietarios de la finca. Pero los miembros de la comunidad decían que *más antes* la tierra había sido de ellos. La historia de la finca me era relatada una y otra vez por sus ex arrendatarios desde singulares trazos de continuidad con quienes habían estado allí desde antes que todos, de modo que se revelaba uno de los argumentos centrales que legitimaban su propiedad, así como sus sentidos de membrecía grupal como parte de la comunidad aborigen.

Con el objetivo de contextualizar un aspecto de estas memorias –que retomamos en el capítulo 3– en este capítulo realizo una historización de las sucesivas formas de propiedad, tenencia y uso de la tierra en la Quebrada de Humahuaca desde la Colonia temprana hasta la década de 1990. En esta historia general ubico a la Finca Tumbaya, mostrando los vaivenes jurídicos a los que fue sometida su propiedad a lo largo de los siglos XIX y XX. En el trayecto de esta historización, incorporo los conflictos y las disputas que se dieron en la región en torno a la tierra, las relaciones de propiedad involucradas y el modo en que la "historia del despojo" se ponderó como uno de los criterios centrales en la fundamentación y la legitimación de las demandas y las restituciones territoriales que se dieron en la región en la década de 1990.

Despojos

Entre otras, hay dos proposiciones teóricamente vinculadas sobre la relación entre tierras e indios en la Quebrada de Humahuaca. Una de ellas afirma que hacia fines del siglo XIX, al incorporarse al sistema de formación de clases de Jujuy, "los indios dejaron de ser indios" (Madrazo 1986: 8). La otra dice que en el proceso de consolidación del Estado nacional argentino y la incorporación de la provincia a la nación, se dio el tiro de gracia a la desarticulación de las tierras comunales indígenas, comenzada poco después de ocurrida la independencia nacional (Bernal 1984; Madrazo 1986, 1995; Paz 2003, 2006; Teruel 1994, 2005; Teruel y Fandos 2009; Teruel y Bovi 2010; Fandos y Teruel 2013; Sica 2014). A fin de descomponer la necesaria correspondencia de las argumentaciones teóricas e históricas que vincularon hasta ahora estas dos afirmaciones (al despojarlos de sus tierras los indios dejaron de ser tales), en lo que sigue reconstruyo desde fuentes historiográficas y documentales lo que se dio en llamar la "historia del despojo" (Bernal 1984; Madrazo 1986), para pasar a discutir en el próximo capítulo los supuestos teóricos que sostienen la primera premisa, aquella de la desaparición de los indios de las tierras altas de Jujuy desde fines del siglo XIX.

La Colonia

Al momento de la conquista española, la Quebrada de Humahuaca era una de las regiones más densamente pobladas del actual Noroeste Argentino, convertida en uno de los principales ramales de la red incaica de caminos luego de su incorporación al Tawantinsuyu a fines del siglo XV (Nielsen 2001; Sica y Ulloa 2006). La aguerrida defensa bélica del territorio por parte de los grupos nativos ante el avance de las fuerzas españolas desde el norte se extendió por lo menos hasta la década de 1570. La captura de los principales caciques locales en manos de las fuerzas comandadas por Francisco de Argañaraz instituyó la soberanía colonial en la región, a partir de lo cual se organizaron las relaciones políticas entre las autoridades españolas e indígenas y comenzó la implementación de las principales transformaciones que se dieron a partir de la conquista europea del territorio: aquellas vinculadas a la propiedad y acceso a la tierra, elemento central de la organización socioeconómica colonial.

Junto al otorgamiento de mercedes de tierras, una de las primeras transformaciones se dio a través de la institución de la encomienda, en la que el rey se arrogaba el poder de otorgar a un particular el derecho de cobrar tributo en dinero, bienes o trabajo a un colectivo indígena circunscripto a un territorio específico. La encomienda no contemplaba legalmente la propiedad sobre los territorios de los indígenas encomendados, aunque en algunos casos el otorgamiento de tierras se articuló a esta institución (Madrazo 1982; Zanolli 2005; Mata de López 2005), así como la posesión de títulos de encomienda coloniales argumentó algunas demandas de propiedad de tierras de herederos varios siglos después.[1]

A fines del siglo XVI y principios del XVII se instalaron cuatro encomiendas en territorios quebradeños con presencia nativa: la de Humahuaca, perteneciente a Juan Ochoa de Zárate; la de Tilcara, de Francisco de Argañaraz; la de Purmamarca, de Bartolomé Quintana; y la encomienda de los indios Tilián, a cargo de Pedro Marcos. Los conquistadores, principales beneficiarios de estas concesiones, fueron agentes activos en la confección de probanzas y de méritos para que el rey les otorgase una merced de encomienda (Zanolli 2005), a partir de lo cual los indígenas, en calidad de súbditos o vasallos del rey, quedaban sujetos como mano de obra en relaciones mediadas por la fórmula hombre/horas de trabajo, lo que posibilitó la apropiación de la fuerza de trabajo indígena casi al extremo (Zanolli 2005: 178). Las mercedes de encomienda o repartimientos fueron las que en mayor medida produjeron la desarticulación territorial y política de los grupos al inicio del dominio colonial. Parte de los habitantes de la Quebrada fue encomendada a vecinos de Tarija, Salta y San Salvador de Jujuy (Zanolli 2005); se articularon así novedosas relaciones económicas y políticas que activaron el engranaje de la economía capitalizada, que transformaría paulatinamente el sistema indígena de dominación articulado con complejos sistemas de reciprocidad.[2]

Junto a la institucionalización de las encomiendas y las mercedes de tierras, la corona también se abocó a la fundación de los llamados "pueblos de indios", que nacieron de la obligación a la que fueron sometidos los grupos nativos –que ya habían perdido la posesión de sus antiguos territorios– de instalarse en pueblos establecidos en gran medida por los encomenderos (Sica 2014: 26; Palomeque 2013). Bajo el patrocinio del derecho indiano, los indígenas reducidos en pueblos de indios tenían el derecho de poseer sus propias tierras agrícolas y ganaderas, con lo que los encomenderos se aseguraban su producción autosuficiente así como su transferencia a través del

---

[1] Tal es el caso del terrateniente Fernando Campero, quien alegando la posesión de los títulos de encomienda protagonizó a fines del siglo XIX uno de los pleitos por tierras más célebres en Jujuy, en los departamentos puneños de Cochinoca y Casabindo (Paz 1999; Rutledge 1987; Fidalgo 1996 [1988]; Madrazo 1986).

[2] El primer registro de encomienda donde figuran indígenas de la Quebrada de Humahuaca comprende a las otorgadas a Martín Monje y Juan de Villanueva en el año 1540. Para una descripción de ambas cédulas de encomienda, ver Zanolli (2005: 72 en adelante). Para una descripción y un análisis de la institución de encomienda en la Puna, ver el trabajo pionero de Madrazo (1982). Para el caso de la encomienda de Tilcara en la Quebrada de Humahuaca ver Sánchez (1996) y Sica y Sánchez (1996).

tributo[3] (Gil Montero 2008; Teruel y Fandos 2009; Zanolli 2005; Sica 2014). Estas relocalizaciones de los indios en pueblos y las reformas políticas tributarias asociadas fueron ejecutadas a partir de las ordenanzas de Alfaro, en concordancia con las reformas introducidas por el Virrey Francisco de Toledo, quien había sido facultado al Perú en 1569 para reorganizar un territorio que estaba a punto de perderse por los conflictos entre los propios españoles, las sublevaciones indígenas y los abusos que se sucedían (Gil Montero 2008: 69). Como síntesis de este primer momento de organización colonial en la región, los historiadores plantean que hacia 1595, con los principales caciques apresados o muertos y la estructuración económica orientada en torno a la recién fundada San Salvador de Jujuy y el Alto Perú, la Quebrada de Humahuaca conformaba un paisaje donde "los indios […] estaban todos encomendados y lentamente comenzaban a tributar de manera sistemática a sus encomenderos. Lentamente aparecían, uno a uno, los pueblos de reducción, de ahí que los españoles repitiesen en los documentos que 'toda la tierra estaba en paz'" (Zanolli 2005: 199).

La Finca Tumbaya, al igual que otras fincas y haciendas de la región, se inscribe en esta historia colonial. Carlos Zanolli (2005) presenta dos documentos que nombran la localización de Tumbaya durante los años iniciales de la colonización española. El primero de ellos, del año 1564, se refiere a un conflicto entre Francisco Pizarro y el encomendero Martín Monge, que depositó "en la provincia de Charcas en la provincia de Omaguaca el valle que le llaman los españoles del Maní".[4] Según Zanolli no quedan dudas de que "el valle del Maní" hace referencia a la Quebrada de Tumbaya Grande. El autor arriba a esta conclusión a partir de un documento posterior, que ubica a Tumbaya dentro de la "provincia de Omaguaca" en el año 1595. Este documento es una carta donde dos encomenderos, Miguel Quintana y Antonio Núñez, ponen fin a una serie de pleitos que habían entablado entre ellos sobre "indios que residían o residen hoy en día en la dicha Quebrada de Tumbaya que es la Quebrada del Maní". El valle del Maní, "en las inmediaciones

---

[3] La agrupación de los indios en pueblos facilitó la tarea no sólo de los recaudadores de tributos, sino también la de los evangelizadores (Gil Montero 2008: 70). El pago en servicios personales, junto a sus abusos asociados, es considerado uno de los factores principales de la desestructuración social de las poblaciones indígenas en la Gobernación de Tucumán (Lorandi 1988). Lorena Rodríguez (2008) complejiza estos análisis al estudiar las desnaturalizaciones de las poblaciones nativas de los Valles Calchaquíes y el reparto de las antiguas tierras comunales a los conquistadores, así como los efectos transformadores de estos procesos en la economía y las etnicidades locales, que se proyectaron durante el siglo XVIII en la región.

[4] Pleito entre Martín Monge y Su Majestad sobre ciertos repartimientos de indios que le encomendó Don Francisco Pizarro (AGI, Justicia 655, N° 201, Año 1564). En Documentos del Archivo General de Indias. Museo Etnográfico de la ciudad de Buenos Aires. Carpeta A, f.113v. En Zanolli (2005: 74).

del actual pueblo de Tumbaya" (Zanolli 2005: 79), aparece como uno de los tres núcleos indígenas de la encomienda de Martín Monge a la que hicimos mención en el apartado anterior, también conformada por indígenas de la provincia de Omaguaca y de Casabindo. Los "indios del valle del Maní", sin embargo, dejan de ser mencionados en los documentos posteriores producidos en torno a los pleitos de Martín Monge con Su Majestad. Según Zanolli, esto se puede deber a que la mención del valle del Maní fue un error de ubicación geográfica, propio de la época, o por el hecho de que "eran indios de guerra y su ubicación era demasiado meridional como para obtener algún tipo de servicio o renta" (Zanolli 2005: 81). La información de los documentos analizados por Zanolli se combina con los datos que presenta la historiadora Gabriela Sica (2008). La autora plantea que las estancias y haciendas de León, Volcán y Tumbaya se originaron por mercedes de tierra concedidas luego del despoblamiento de la zona, producto del traslado de la población de la encomienda de Tilián en los últimos años del siglo XVI. Como vimos, el documento del año 1595 presentado por Zanolli muestra a los encomenderos Quintana y Núñez disputando por "indios que residían o residen en la Quebrada de Tumbaya". En un documento de ese mismo año, Gabriela Sica muestra que Pedro Marcos, encomendero salteño, había reasentado a la población de Volcán y de Tumbaya Grande en la jurisdicción de Salta, por lo que la región había quedado prácticamente despoblada:

> informar a su señoria de cómo pedro marcos... de su propia autoridad sin orden de ninguna justicia desnaturalizo y saco de su pueblo llamado tumbaia todos los indios que en el estauan los quales estauan y residían cinco leguas de esta ciudad camino del piru... y lleuolos con fuerza y biolencia... como encomendero de ellos... dicha comisión no pudo tener efeto porque los dichos indios por orden del dicho su amo andauan fuxitivos sin tener citio señalado de que a rredundado notable y conocido perjuicio... a los indios naturales por se auer muerto muchos por no euer aciento donde poder hazae sus sementeras [...] Item pedir que su señoria mande especialmente que los indios de tilian que pedro marcos vecino de salta llevo de su pueblo y natural sin orden de gobernador estando como estaban en la jurisdicción desta dicha ciudad y que an quedado asta agora en la jurisdicion de la salta (documentos transcriptos en Sica 2008: 8-9)

Estos documentos exponen las quejas del Cabildo de Jujuy por las desnaturalizaciones de la totalidad de los indios del pueblo llamado "Tumbaia" y el consecuente despoblamiento de la zona realizado por el encomendero Pedro Marcos, quien nunca restituyó la población a su sitio originario. Según la historiadora, este proceso facilitó los pedidos de tierras por parte de españoles en la zona sur de la Quebrada de Humahuaca, particularmente en León,

Volcán de Tilián y Tumbaya, aunque los documentos revelan las querellas que había provocado la falta de indios como producto de las desnaturalizaciones hechas por el "vecino de Salta" (Sica 2008: 9). Para los años siguientes a este despoblamiento de la zona sur de la Quebrada de Humahuaca, Sica presenta datos según los cuales: "…en 1617 Juan Ochoa de Zárate tenía chacras con producción agrícola y ganado en su propiedad de Tumbaya. Dicha propiedad [otorgada en merced] la mantiene por varias décadas, y la legó por herencia a su familia. Primero la heredará su hijo Pedro de Zárate, a su muerte pasó a manos de su nieto Diego Ortiz de Zárate hasta 1685. Desde esa fecha, la hacienda Tumbaya será parte de la hijuela de Pedro Ortiz de Zárate y Viera, su bisnieto" (Sica 2008: 9). Otra fuente del año 1685, presentada también por Sica (2014), indica que la hacienda de Tumbaya, dedicada por aquellos años a la cría de ganado vacuno y al engorde de mulas, no tenía arrenderos y la mano de obra –capataces, ovejeros, arrieros, queseros y peones– provenía de forasteros y peones y tributarios de la encomienda de Humahuaca, situación que se extendería por lo menos hasta la década de 1800.

Muchas de las estancias y haciendas surgidas en la colonia temprana durante los siglos XVIII y XIX se dividieron por herencia o se traspasaron por venta. A través de análisis testamentarios, los historiadores observan la manera en que, a pesar de la desaparición de algunos apellidos luego de la independencia, la composición de la elite local jujeña se mantuvo y amplió mediante la herencia de las hijas mujeres, quienes traspasaron sus bienes y posición social a sus descendientes durante al menos dos siglos (Conti 1992: 30). En el año 1855 la Finca Tumbaya pertenecía a José Benito Bárcena, aunque durante el siglo XVIII había pertenecido a la familia Goyechea, a quienes los Bárcena se habían unido en matrimonio (Paz 2003: 6). En otras publicaciones, aparece Juan Álvarez Prado comprando la finca en el año 1855 a don Pedro Aramayo (Sánchez de Bustamante 1995 [1957]; Nicolini 1965), con la mención de que Juan Álvarez Prado estaba casado con Mercedes Bárcena Mendizábal, por lo que, cruzando los datos de ambos escritos, puede inferirse el traspaso de la finca a la familia Álvarez Prado por su matrimonio con una heredera de la familia Bárcena.

En síntesis, la zona circundante al actual pueblo de Tumbaya fue un núcleo indígena de una encomienda de indios a finales del siglo XVI, aunque éstos fueron desnaturalizados hacia el año 1595 y la zona fue despoblada. Desde fines del siglo XVII y por lo menos hasta los primeros años del siglo XIX, la población indígena tributaria de la hacienda de Tumbaya –junto a León y Volcán– se componía en su totalidad de indígenas forasteros sin tierras (Sica 2014: 25). La gran estructura socioeconómica colonial organizada básicamente en torno a la disponibilidad de indios y tierras (Bonfil Batalla 1992) cimentó un camino de capitalización durante más de dos siglos, y sus formas de tenencia y explotación de tierras se perpetuaron una vez iniciada la vida republicana a través del manejo estratégico de herencias, matrimonios y relaciones personales y políticas.

La República: desarticulación de las tierras comunales

El "hambre de tierras" (Teruel y Fandos 2009: 234) provocado por la apertura y la integración de los mercados regionales a la economía mundial produjo, tras la independencia nacional en la década de 1810, el inicio de un proceso que comenzó a devorar las viejas estructuras coloniales que, desde la perspectiva de la flamante ideología liberal, impedían la expansión de la propiedad privada en la región. Desde principios del siglo XIX, se comenzó a implementar una serie de medidas que pusieron en jaque a las propiedades eclesiástica y monástica, la comunal indígena, las propiedades ejidales y, en general, a las tierras públicas que constituían resabios del orden colonial (Teruel y Fandos 2009). En este período, y con mayor fuerza a partir de mediados de siglo, la reconfiguración de todo derecho de propiedad existente en propiedad privada (Fandos 2014 y anteriores) se dio a través de la legislación sobre antiguas formas de propiedad y tenencia, con lo cual se transformó la estructura agraria regional hacia formas que apenas se modificaron a lo largo de la vida republicana.

Por un decreto de la Junta Provisional Gubernativa del Río de la Plata y la Junta Provisional de Salta, en septiembre de 1811 quedó abolido el tributo indígena. La encomienda, desarticulada por aquella derogación, fue sin embargo formalmente suprimida por la Asamblea del Año XIII. La Junta de Salta –de quien dependió la jurisdicción de Jujuy hasta su autonomía en el año 1834– tomó aquella medida invitando a los indígenas a prestar servicio militar como contraparte de la excepción de pagar tributo. Los quebradeños fueron interpelados como soldados indígenas y fueron objeto de ofrecimiento de sueldos y de la "oportunidad de acceder a diversas gracias, empleos y preeminencias" a cambio de portar armas y alistarse a la causa revolucionaria (Bushnell 1997: 61). Para el caso, en el año 1812 Manuel Belgrano designó a Juan Ramón Balcarce como Mayor General Jefe de la Vanguardia, quien en su camino desde San Salvador a Humahuaca –donde creó la Caballería Gaucha– "aumenta sus efectivos incorporando a gran cantidad de habitantes de la Quebrada" (Bidondo 1968: 123). En este contexto, los intentos de los hacendados por obtener rentas y servicios se vieron dificultados por el alistamiento de los indígenas arrendatarios en los ejércitos revolucionarios, por las requisas que sufrían las haciendas por parte de las milicias de ambos bandos y por las migraciones de algunas familias a zonas alejadas de los escenarios bélicos (Sica *et al.* 2006; Paz 2006; Gil Montero 2008).

Para los momentos inmediatamente posteriores a la independencia, las tierras comunales indígenas repartidas durante la colonia ocupaban todavía importantes porciones en la Quebrada de Humahuaca. A diferencia de lo ocurrido en otros territorios de los Andes, en la región de la Quebrada de Humahuaca la relación entre tierras españolas y tierras indígenas configuró un caso singular por la larga vigencia de los pueblos de indios y la propiedad comunal indígena, que comenzó a desarticularse a mediados del siglo XIX (Sica 2014). Sin embargo, en el marco de la inestable década de 1820, las tierras indígenas de comunidad se fueron estableciendo como un problema que debía ser resuelto. El teniente gobernador de Jujuy, advertido de las interminables controversias y pleitos "entre algunos naturales de la Quebrada" (Bushnell 1997: 63), propuso la liquidación del régimen comunal de tierras, medida que fue formalizada por la Junta de Salta en 1825 cuando autorizó la división de los terrenos comunales entre los mismos indígenas en forma de propiedad privada. Aunque la distribución de tierras prácticamente no se llevó a cabo, es interesante observar el modo en que se argumentó la necesidad de flexibilizar el régimen comunal, colocando a la medida de reconvertirlas y otorgarlas como tierras privadas como "un paso que proporcionará alguna indemnización a los heroicos sacrificios de aquellos bravos defensores de la libertad, [lo que] dará un nuevo impulso a la agricultura y aumentará la población".[5] Algunos años más tarde, en 1833, en un nuevo impulso en el camino de la desarticulación de las tierras de comunidad, la Junta de Salta argumentaba la necesidad de desbaratar las tierras comunales "por ser un estado de pupilaje e insignificante al que estaban sujetos los indígenas por leyes coloniales que no tenían otro objeto que su depresión, sin tener propiedad alguna raíz" (Madrazo 1986 en Bushnell 1997: 64). Esta ideología de emancipación tutelar encubría sin embargo el objetivo de reconfigurar todo derecho de propiedad existente en propiedad privada. Luego de declarada la autonomía jujeña en 1834, en el año 1839 las tierras comunales de la Quebrada fueron sometidas a un proceso de enfiteusis, por el cual pasaron

---

[5] Archivo histórico de la Provincia de Salta, Legislatura provincial, Actas de las sesiones, Libro V, f. 274, Libro 335, Correspondencia del Gobierno, 9 de diciembre de 1825 (En Bushnell 1997: 63).

a ser propiedad del fisco para ser entregadas a particulares.[6] La reglamentación priorizaba la concesión a los indígenas de los terrenos que ocupaban y de tierras baldías. La ley de enfiteusis sobre tierras comunales indígenas comprendió específicamente a la Quebrada de Humahuaca, puesto que sus pueblos eran los únicos de la provincia que las conservaban.[7] La conversión de tierras comunales en tierras enfitéuticas facilitó primero la cesión del dominio directo, para luego dársele el tiro de gracia a la privatización plena de las tierras comunales con la ley provincial de ventas de tierras del año 1860 (Bushnell 1997: 70; Fandos y Teruel 2012). Durante la gobernación de Eugenio Tello (1883-1885), ante las continuas demandas y levantamientos indígenas, se explicitó como programa de gobierno que la solución pasaba por convertirlos en propietarios, de modo que se generaron políticas estatales que favorecieron la compra-venta de terrenos. Estos dispositivos intentaban erradicar de raíz la memoria y las ansias de retornar a un antiguo orden de posesión de la tierra en común entre los indígenas, al terminar con lo que en aquellos años el gobernador Tello llamaba "las veleidades comunistas" (Fleitas y Teruel 2011: 107). Todas estas medidas propiciaron la reconversión de los antiguos comuneros en arrenderos y propietarios minifundistas, a la par de que comenzaba a consolidarse la patrimonialización en tierras de un grupo de familias prominentes del ámbito local a medida que se afianzaba su poder político y económico en la provincia (Paz 2003).[8]

En la Quebrada de Humahuaca, la desarticulación y desamortización de tierras comunales indígenas y la consecuente titularización desencadenada

---

[6] La enfiteusis era la cesión de un bien raíz a perpetuidad o por un largo tiempo a cambio de un canon, establecida generalmente por medio de un contrato. En 1839 se definía el censo enfitéutico como "...un contrato por el cual se conviene uno en dar a otro, perpetuamente o para largo tiempo, el dominio útil de alguna alhaja raíz, por cierta pensión anual, que debe pagar en reconocimiento del dominio directo, que queda siempre en el que concede el enfiteusis" (Teruel y Fandos 2009: 7).

[7] Como ya hemos mencionado, las tierras comunales de esta región de la Quebrada parecen haberse mantenido casi intactas durante la Colonia. Sin embargo, hacia fines del siglo XVIII aparecen indicios de ciertas presiones para avanzar sobre ellas (Sica *et al.* 2006). Algunos ejemplos son la venta de tierras en Tilcara en 1778 (Sánchez 1996) y el intento de apropiación de tierras de comunidades de Humahuaca y Uquía por parte de Gregorio Zegada (Madrazo 1994; Sica *et al.* 2006: 360).

[8] Paralelamente a la desarticulación de las tierras comunales en la Quebrada de Humahuaca, hacia la década de 1870 los indígenas de la Puna seguían siendo en su mayoría arrendatarios de la familia Campero, quien como ya mencionamos se arrogaba la propiedad de la Hacienda Yavi por la posesión de títulos de encomienda, y otros terratenientes de la región (Madrazo 1986). Por otro lado, los indios de las tierras bajas de la provincia mantendrían sus lógicas territoriales nómades, sin mayor oficiosidad estatal hasta entrado el siglo XX. Los grupos chiriguanos del oriente de la región, "indios enemigos", se erigieron como los íconos de la resistencia a la instauración del orden colonial, a la par de ser un foco de constantes amenazas y peligros de las instalaciones coloniales españolas, todo lo cual proyectó a la región de los valles orientales o yungas como una región de frontera que, aunque con características de contacto e interacción,

tras la enfiteusis, los arriendos y las posteriores ventas llegaron por lo menos hasta la década de 1920 (Fandos y Teruel 2013; Teruel 2014). En este proceso, se recategorizó jurídicamente a los antiguos comuneros y a los indígenas forasteros en: 1) *propietarios minifundistas*, a los que accedieron a la compra de terrenos; 2) *ocupantes*, a las familias y los grupos que se establecieron en terrenos de propiedad fiscal sin ningún tipo de respaldo legal; 3) arrendatarios [*arrenderos*], a aquellos –fundamentalmente forasteros– que se incorporaron como arrendatarios en las grandes haciendas y fincas establecidas en la región; 4) *poseedores precarios,* a aquellos que accedieron a tierras a través de alguna de las leyes y decretos que se promulgaron para la entrega de tierras a sus ocupantes; y 5) *co-propietarios por acciones*, a quienes compraron estancias fiscales mancomunadamente y por acciones. En rigor, toda esta re-categorización obró en torno a un conjunto indígena, mestizo y criollo, que no necesariamente había tenido derechos comunales sobre tierras (Espósito 2014b).[9] A partir del proceso descripto, hacia 1880 la estructura agraria de la Quebrada de Humahuaca quedó conformada por un conjunto de haciendas instaladas en medio de un paisaje altamente fraccionado en minifundios, que superaban en gran medida la media provincial (Teruel 1994; 2006). El binomio latifundio/minifundio quedaba así instalado para caracterizar el paisaje agrario de la Quebrada por un largo tiempo.

Patrones, arrendatarios y Estado: las fincas en disputa

Durante la colonización española en América, las propiedades rurales recibieron distintos nombres que continuaron utilizándose una vez iniciada la vida republicana: estancias, chacras, haciendas sustantivaron las unidades económicas que organizaron la estructura agraria colonial en diferentes períodos y lugares de los Andes (Mata de López 2005). Luego de la independencia, las grandes propiedades rurales del NOA pasaron a designarse con el término catastral de "fincas" (Madrazo 1986: 18), aunque hasta hoy se usan coloquialmente y de forma indistinta este término y el de "hacienda".

---

sería recién incorporada al orden nacional a partir de mediados del siglo XIX. Las imágenes de salvajismo indómito de los "comedores de carne humana" se proyectarían durante siglos, apenas mitigadas, sobre las geografías del Gran Chaco, configurando las particulares historias de violencia, dominación y resistencia de los grupos de la región (Gordillo 2010).

[9] Agradezco a Cecilia Fandos (comunicación personal) la aclaración sobre la categoría de "co-propietarios por acciones" y la nota sobre la inclusión de categorías no indígenas en esta clasificación.

En la historiografía local, las fincas fueron caracterizadas como unidades de producción de gran extensión con tierras de pasturas en las que se invertía en una producción diversificada articulada en complejas relaciones sociales tanto al interior como al exterior (Madrazo 1982, 1986; Mata de López 2005; Paz 2010). Aunque definida en principio para los latifundios asentados en la Puna, la categoría "hacienda de arrenderos" (Madrazo 1982) puede ser aplicada a la Finca Tumbaya, a partir de su dispositivo económico característico: la renta, aunque combinada en gran medida con el establecimiento de relaciones e intercambios específicos entre el patrón y los arrenderos.[10] Luego de la reestructuración agraria post-independentista, tanto en la Puna como en la Quebrada de Humahuaca la renta pasó a ser el tipo de ingreso más lucrativo para las nuevas clases terratenientes, de modo que se constituyó en la "nueva forma de apropiación de los excedentes que se veía obligada a generar la economía familiar de subsistencia" (Madrazo 1982: 142). En las haciendas de arrenderos, éstos pagaban un canon por pastaje y tenían la obligación de prestar un servicio personal de quince o treinta días al año en la casa y las tierras del patrón. Como fue analizado por Sica (2014), por las características de las encomiendas y la extensión de las propiedades indígenas y españolas en la Quebrada, no es posible verificar una continuidad entre el servicio personal y la transformación de los tributarios en arrenderos como sí ocurrió en la Puna. Los documentos muestran que desde principios del siglo XVIII, la mano de obra de las haciendas y estancias quebradeñas fue cubierta en gran medida por indígenas forasteros y mestizos, en tanto el trabajo proveniente del servicio personal de la encomienda era cada vez más difícil de obtener (Sica 2014: 28).[11]

En una sociedad predominantemente agraria como Jujuy –con una población rural que a fines del siglo XIX rondaba el 90% (Paz 2003)– hacia 1870 existían cuatro fincas dentro de los límites del curato de Tumbaya: Huacalera, Tumbaya, Volcán y Guajra,[12] que constituían casi el 35% del total del valor

---

[10] Relaciones que describimos en el capítulo 3.

[11] Para un análisis de la transformación del tributo indígena en un sistema de arriendo en la Puna, situación favorecida por la apropiación de la tierra indígena por los encomenderos, ver Madrazo (1982). Para un análisis de las particularidades en la Quebrada de Humahuaca, ver Sica (2014). Diferente fue la situación en las tierras bajas, donde desde la década de 1870 algunas haciendas se transformaron en ingenios azucareros. En el año 1876 se fundó el Ingenio Ledesma, en 1884 La Esperanza y en 1892 La Mendieta, tres de los mayores ingenios de la provincia de Jujuy (Madrazo 1982: 141).

[12] La hacienda de Huacalera había sido propiedad de la familia Ortiz de Zárate desde principios de la Colonia hasta comienzos del siglo XVIII, cuando fue transferida a la familia Goyechea y luego a la familia Figueroa. Éstos la vendieron a los Eguía, cuyo descendiente Manuel era su propietario en el año 1855, según el catastro provincial de ese año. Las siguientes haciendas de acuerdo con su valor eran Tumbaya y Volcán, de propiedad de José Benito Bárcena. La cuarta

de las tierras del curato hacia 1870 (Paz 2003).[13] Para el primer decenio del 1900, el régimen de propiedad y tenencia de la tierra empezó a constituirse en un motivo de preocupación de intelectuales y políticos, lo que inició una etapa de debates y disputas en torno a la cuestión agraria en todo el país, de la que Jujuy no fue ajena (Volkind 2010, en Fandos y Fleitas 2011). Según los datos del censo nacional del año 1895, Jujuy presentaba entonces el caso más extremo de posesión de superficie por propietario. Esta relación era de 1.235 hectáreas por propietario, con una proporción de propietarios por habitante más baja en relación con lo que sucedía en el resto del país –ocho de cada cien mientras que en el resto de la Argentina era de diez cada cien– (Fandos y Fleitas 2011). Esa tendencia se agudizó hacia 1914, cuando en Jujuy la relación era de diez cada cien, mientras que en el resto del país era de catorce cada cien (Fandos y Fleitas 2011: 3). A lo largo del siglo XX, esta relación no varió demasiado, lo cual coloca a Jujuy como una de las provincias con mayor desigualdad del país en lo que a distribución de tierras se refiere.

La propiedad y tenencia privada de la tierra en Jujuy se fue convirtiendo, conforme nacía el siglo XX, en un problema que iba de la mano del establecimiento de la 'sociedad de hacienda', entronada como un modo de producción vital para el progreso del país a fines del novecientos (Palacios 2002). Desde 1918 hasta 1930, el radicalismo en sus dos vertientes, personalistas y anti personalistas –éste último en coalición con fuerzas conservadoras–, gobernó la provincia de Jujuy, quitando el privilegio de las elites tradicionales (Fleitas y Kindgard 2006: 188; Fleitas 2014). Según estas autoras "en Jujuy fue la experiencia radical de esa época la que planteó claramente un proyecto reformista que se forjó sobre ciertos fundamentos al orden social, particularmente sobre la problemática de la distribución de la propiedad. [Se incorporó] por primera vez, la problemática rural en su agenda política, traducida en términos de 'los problemas del gobierno', 'los arrendamientos fiscales', 'el problema agrario', 'la cuestión del latifundio'" (2011: 3). Los latifundios y las tierras fiscales jujeños se convirtieron en objeto de debates y proyectos legislativos, así como en el centro de reclamos por parte de indígenas y arrendatarios de haciendas. Estos reclamos y demandas sustanciaban los conflictos y debates que en torno a la tierra se extendieron a lo largo de todo siglo XX, en los que

---

hacienda era Guajra, de Modesta Echavarría, viuda del coronel Fermín de la Quintana –tanto Bárcena como Quintana fueron gobernadores de la provincia de Jujuy (Paz 2006)–, y antes había pertenecido a la familia Sánchez de Bustamante, una de las familias "conspicuas" de Jujuy durante la segunda mitad del siglo XIX (Paz 2006).

[13] Los curatos rurales de Jujuy, de origen colonial y de composición mayoritaria indígena (Cruz 2011), organizaban el desarrollo de la evangelización y la doctrina fundamentalmente en el marco de cofradías y fiestas religiosas. El curato de Tumbaya fue creado en 1773 y en 1860 fue dividido en dos, el de Tilcara al norte y el de Tumbaya al sur, regiones organizadas posteriormente como departamentos (Benedetti 2005).

participaron además terratenientes y el Estado en sus formas provincial y nacional, protagonistas centrales de los variados ribetes que supuso a lo largo del siglo la cuestión agraria en Jujuy (Fleitas 2005, 2006; Fleitas y Teruel 2007; Fandos y Fleitas 2011).

El primero en presentar en Jujuy un proyecto de ley para la expropiación de los latifundios de Quebrada y Puna –entre ellos un proyecto de expropiación de la Finca Tumbaya– fue quien para el año 1922 era ministro de Gobierno y de Hacienda de Jujuy y en 1930 se convirtió en gobernador de la provincia, Miguel Tanco. Tanco representaba el ala popular del radicalismo jujeño que constituyó a la oligarquía terrateniente como su objeto de confrontación. Así, viajó con frecuencia a la Quebrada de Humahuaca y a la Puna, "...donde obtuvo especial arraigo entre los 'pobladores nativos' [...] se entrevistó con partidarios y líderes locales [...] y, según versiones no comprobadas, [se encargó] de armar a los campesinos en sus reclamos antes los arrendatarios latifundistas" (Fleitas y Kindgard 2006: 192, ver también Fleitas 2005, 2006). Luego de los levantamientos puneños de la década de 1870,[14] que de algún modo inauguraron la visibilidad pública de los profundos conflictos rurales en la región, las demandas de los arrenderos jujeños en la primera década del siglo XX se centraron en pedidos de tierras (a través de solicitudes de acreditación de títulos de propiedad y declaración de las tierras como fiscales), peticiones de eliminación de castigos, abusos y malos tratos por parte de los patrones, administradores y capataces de las fincas, cese de abusos en el cobro de arriendos –muchos de ellos sin títulos– y "tributación de la contribución inmobiliaria al estado provincial, en lugar del arriendo a particulares" (Fleitas 2006: 18). Decía Miguel Tanco hacia 1923:

> que disminuyan los excesivos arriendos (dobles o triples) que cobran los dueños; que se castiguen los crímenes de los que se titulan "capataces" ó "caciques";

---

[14] Entre 1872 y 1876 la Puna de Jujuy fue escenario de agitaciones y conflictos que culminaron con un levantamiento a gran escala de la población arrendataria indígena, evento que es recordado como 'el levantamiento de Quera'. Lo que los arrenderos demandaban era la expropiación de las haciendas de los departamentos de Cochinoca y Casabindo, propiedad –que consideraban ilegítima– del Marqués Campero. Como muestra de la dependencia y la subordinación de las fuerzas represivas del Estado a los intereses de las elites económicas y políticas locales (Da Silva Catela 2006), en enero de 1875 el gobernador José María Álvarez Prado –quien a la sazón había adquirido entre otras la Finca Tumbaya en la Quebrada de Humahuaca– reprimió la rebelión con apoyo del Gobierno nacional y mató así a cientos de arrenderos de Cochinoca y Casabindo. En los diarios de la época, los sucesos de la Puna de la década de 1870 fueron caratulados como una "amenaza comunista" que no llegó a prosperar (Rutledge 1987; Espósito y Da Silva Catela 2013, ver capítulo 4). Sin embargo, la represión de estas rebeliones no supuso la 'pacificación' esperada por el Estado provincial y nacional. Las contribuciones más detalladas del contexto político y social y los argumentos y episodios involucrados en estos eventos pueden encontrarse en Paz (1991, 1999); Rutledge (1987), Fidalgo (1996 [1988]) y Madrazo (1986).

"a los que han cobrado como arriendos y herbajes titulándose dueños de estas tierras que acrediten la legítima propiedad con títulos primordiales ante juez competente"; que quede eliminado el "período de trabajo corporal que se llama 'obligación'"; denuncias de abusos y hurtos de los titulados propietarios, amenazas de muerte y destrucción de casas y bienes; "no queremos tener más patrones y nosotros debemos pagar la Contribución Territorial á nuestro Estado como pobladores y moradores de aquí" (Carpeta Tanco. Archivo de Tribunales de Jujuy. En Fleitas 2006: 18).

Los reclamos por el mejoramiento de las condiciones laborales al interior de las fincas son una constante en los documentos de la época, y en ellos aparece la Finca Tumbaya. En un documento de 1910, se expresa que "...vecinos de Casabindo, Cochinoca, Humahuaca y Tumbaya denuncian a los dueños de tierras por malos tratos".[15] Junto a las peticiones y demandas formales presentadas por arrendatarios al Estado provincial, se sucedieron también numerosos episodios que involucraron además violencia y fuerza física entre los actores de los conflictos. En el año 1923, ciento cincuenta arrendatarios de la Finca El Aguilar (Dpto. Humahuaca) realizaron una protesta a partir del intento de ejecución de un embargo de sus bienes por incumplimiento en el pago de sus arriendos, según alegaba el propietario de la finca, Ing. Miguel Olmos. La prensa se hacía eco de la situación:

> ...ocurrieron graves sucesos sangrientos [...] habiéndose alzado en armas contra las autoridades policiales un grupo de 150 arrendatarios de dicha finca, al serle notificada la orden de embargo de acuerdo a la sentencia [...], trátase del alzamiento de 150 individuos que asaltaron al comisario Florentino Alfaro y dos agentes [...] produciéndose un choque sangriento [los atacantes estaban armados de palos y piedras] [16]

Frente a los levantamientos, y de manera similar al modo en que Álvarez Prado había procedido en la década de 1870, el gobernador Mateo Córdova pidió refuerzos a las fuerzas nacionales "para garantir el mantenimiento del

---

[15] AHJ. Expediente N° 24, fs. 12, 11 de julio de 1910. En Fandos y Fleitas (2011). En los documentos del Archivo Histórico de Jujuy abundan las solicitudes y denuncias de arrendatarios para la época. En un documento de 2012, ante las quejas por malos tratos y los arriendos excesivos de los dueños de cuatro rodeos en Cochinoca, el Fiscal General responde: "creer conveniente que los solicitantes ante los hechos que manifiestan deben recurrir a la Justicia Civil, aunque por otra parte mientras no haya excesos que alteren al orden público las condiciones que los propietarios impongan están comprendidas en los derechos inherentes al derecho de propiedad, por eso el P.E. es incompetente para modificar el precio de los arriendos que los propietarios exigen a sus actuales habitantes con calidad de arrendamientos" y manifiesta "que nadie les obliga arrendar o estar en esos terrenos" (AHJ. Expediente N° 124, E1.C2.A2)

[16] *La Opinión*, Jujuy, jueves 22 de marzo de 1923, Año V, N° 991. Publicado en Fleitas 2006.

orden de algunos departamentos de la Puna" (Fleitas 2006: 22), lo cual dio lugar al envío de un comisionado y a la intervención federal ordenada por el entonces presidente Alvear. Un año después, sin embargo, se produjo un nuevo levantamiento de arrendatarios de la Finca Cangrejillos, en el departamento puneño de Yavi. Cerca de trescientos hombres armados asaltaron la comisaría local y destruyeron el edificio; el saldo fue de numerosos heridos y tres muertos. Según la historiadora Silvia Fleitas, ambos episodios están en estrecha vinculación con el accionar político de Miguel Tanco en aquellos parajes. Quien lideró el asalto de 1924 fue el propio comisario rural de Cangrejillos, especie de representante de los "arrendatarios aborígenes" (Fleitas 2006: 23). La irrupción a la comisaría se dio a la viva voz de "¡Viva Tanco! ¡Viva Irigoyen! ¡Abajo los latifundistas!" (Fleitas 2006: 23), y ocurrió en pleno cierre de campaña de las elecciones a gobernador de ese año. El periódico conservador *El Día* "informa(ba) sobre un conato de revolución en Jujuy, aludiendo a un movimiento comunista planeado por elementos 'ácratas' combinados de Salta y Jujuy, que involucra a militares de los regimientos destacados de estas provincias y funcionarios públicos" (Abán 1974). Esta situación dio lugar en 1924 al envío de una Comisión provincial creada por la Ley N° 588, a fin de analizar la posible adquisición por parte del Estado Provincial de haciendas y fincas de Quebrada y Puna de Jujuy para su venta a los arrenderos. En el informe elevado al ministro de Hacienda de Jujuy, el Dr. Alberto Blas, la Comisión refería a lo acontecido en la Finca de Yavi: "Entre los pobladores [...] sólo han manifestado deseos de adquirir sus actuales arriendos en propiedad [...] el señor Escolástico Azapa, arrendero y pastajero de San Sana quien desea adquirir este en propiedad. Como en una reunión de más de cuarenta arrenderos que hizo la comisión en San Sana fuese el señor Apaza el único aspirante a propietario y [a la Comisión] le llamase este hecho la atención, procuró averiguar a los concurrentes a qué motivos obedecía esta actitud aislada" (Fuente: "Informe y Conclusiones a que se ha llegado en el estudio hecho sobre el terreno para la adquisición de la Quebrada y Puna, y su venta fraccionada a los actuales pobladores", 1925: 24-26).

En el marco de estas rebeliones, demandas y petitorios, y posicionándose como un adalid en la defensa de los derechos de propiedad de los indígenas sobre la tierra, Miguel Tanco fue construyendo su carrera política entre las décadas de 1910 y 1940. Cuando accedió al cargo de gobernador durante nueve meses en el año 1930, dictó una serie de leyes que, aunque derogadas por el posterior gobierno conservador, muestran la clara orientación de su gestión y la perseverancia en sus discursos expropiatorios y de mejoras laborales por más de una década.[17] Dos de estas leyes "tanquistas" regulaban la actividad de los conchabadores de peones, mientras que la Ley N° 880 disponía la compra o expropiación de latifundios en la provincia para ser cedidos en arriendo a sus pobladores (Fleitas y Kindgard 2006). Sin embargo, la derogación de la Ley 880 en el año 1930 y el cese de las sesiones parlamentarias por dos años luego del golpe de estado de ese año inaguraron un período de estancamiento en debates y proyectos legislativos de expropiación de latifundios que se extendió hasta mediados de la década de 1940, cuando ocurrió el llamado "Malón de la Paz".

A fines de agosto de 1943, el entonces ministro Perón nombró a Antonio Molinari como Director del Consejo Agrario Nacional (Kindgard 2003: 11). Molinari era uno de los propietarios del diario *Democracia*, que a fines de 1945 publicó en primera página el titular: "Se expropiarán un millón de hectáreas en la Puna de Atacama antes de fin de año". En este marco, el Consejo Agrario Nacional envió a Jujuy una comisión de ingenieros agrónomos para investigar los latifundios que debían ser expropiados. Como ha sido planteado por la historiadora Adriana Kindgard (2003), es posible suponer que los arrenderos que seis meses después emprendieron el Malón de la Paz tuviesen expectativas fundadas sobre la posibilidad concreta de que sus demandas encontrasen eco en el Gobierno nacional. Además, la campaña electoral del luego presidente Perón, con el lema "la tierra para quien la trabaje", actualizó los ininterrumpidos pedidos de los arrenderos puneños y quebradeños por las tierras que consideraban legítimamente propias. La reconfiguración política y social general del período hacía vislumbrar la posibilidad de contar con un gobierno que prestase atención a sus demandas.

El Malón de la Paz fue una caravana de "arrenderos indígenas collas" de Jujuy y Salta que, partiendo de la localidad de Abra Pampa en mayo de 1946 (Figuras 6 y 7), viajaron a pie y a caballo hasta Buenos Aires, con la expectativa de recibir del Gobierno nacional los títulos de propiedad de las tierras en que vivían. Tiempo antes, en agosto de 1945, un grupo de pobladores del departamento de Humahuaca había solicitado al Consejo Agrario Nacional que se restituyeran las tierras de sus comunidades, apelando a la Ley 880 de 1930 (la ley tanquista que disponía la compra o expropiación de latifundios en la provincia para ser cedidos en arriendo a sus pobladores) y a una ley del año 1835 que prohibía la venta de terrenos de comunidades indígenas hasta su regularización por ley, que mostraban una notable conciencia de continuidad jurídica por más de cien años. Decía la nota enviada:

---

[17] Cf. El papel de los populismos cuyanos para la misma época en las memorias huarpes en Escolar (2007, Capítulo 6).

Los pobladores que suscriben, de los distritos de Aparzo, Rodero y Negra Muerta, Departamento de Humahuaca, Provincia de Jujuy, fijando domicilio en Humahuaca, a los efectos de la correspondencia, se dirigen al Sr. Presidente solicitando, de acuerdo con lo que dispone la ley 880 del año 1930, que las tierras, por Ley 1835, pertenecen a las comunidades aborígenes. Los malos gobiernos oligarcas nos despojaron de la tierra, pasándolas a manos de gentes que muchas veces ni de vista conocemos. De padres a hijos las hemos trabajado desde tiempos inmemoriales, todas las mejoras introducidas en ellas son obra de aborígenes, en cuanto a los propietarios, viven de nuestro sudor, aumentando de año en año los arrendamientos. En épocas de zafra azucarera somos reclutados como esclavos y por más que se pretendía pagar con dinero los arrendamientos, no se nos recibe, y se nos impone, bajo pena de desalojo, ir a trabajar a los ingenios. Para nosotros no rige más ley que el desalojo y el garrote. Nuestros padres, al igual que los argentinos del resto de la República, han derramado su sangre por la causa de nuestra independencia. La Constitución Nacional no rige para nosotros los aborígenes. Desde que fuimos despojados de nuestras tierras hemos perdido toda condición de hombres libres: se utilizan nuestros servicios para votar como esclavos y como carne de cañón para enriquecer los latifundios y nos arrean como recuas a los ingenios azucareros. En nombre de Dios rogamos a Ud. que nos libre de la esclavitud, expropiando la tierra y devolviéndola para el uso y goce de las comunidades, como establece la ley de 1835. (Cometta Manzoni 1949: 21-23, en Lallana 2011)

Figura 6: Partida del Malón de la Paz desde Abra Pampa, Jujuy, 15 de mayo de 1946 (Foto: Archivo General de la Nación, publicada en Valko 2008: 338)

Figura 7: Leyenda en un carro del Malón de la Paz: "El Malón de la Paz por las rutas de la patria. Desde el Norte Argentino hasta la Cap. Federal" (Foto Diario La Época, *6/8/1945: 1, publicada en Valko 2008: 337)*

La caravana colla fue recibida por el presidente Perón y una extensa comitiva, e incluso fue objeto de un pomposo homenaje en la Cámara de Diputados de la Nación (Fidalgo 1996: 67). Sin embargo, pese a las expectativas generadas, los puneños fueron luego conducidos al Hotel de Inmigrantes, donde permanecieron hasta su violenta deportación en tren hacia finales del mes de agosto de 1946. "Volvían al altiplano con las manos vacías" (Kindgard 2002: 72).[18] Para entonces, el ya viejo caudillo Miguel Tanco había 'cooptado' el creciente movimiento popular con el aval del propio Juan Domingo Perón. Durante la segunda mitad de la década de 1940, la anticipada prédica de Tanco en favor de las expropiaciones de latifundios encontró eco en el marco de

---

[18] Para diferentes análisis del Malón de la Paz, ver los trabajos de Rutledge (1987), Tesler (1989), Martínez Sarasola (1992), Fidalgo (1996), Zapiola y Frites (2001), Kindgard (2003 y 2004), Schwittay (2003), Valko (2008) y Lenton (2014).

un gobierno que parecía comenzar a darle asidero.[19] En agosto de 1947, el entonces senador nacional presentó en Buenos Aires el proyecto de "Expropiación de terrenos de la provincia de Jujuy que pertenecieron a aborígenes". Finalmente, la fiscalización de latifundios ubicados en los departamentos de Tumbaya, Tilcara, Valle Grande, Cochinoca, Rinconada, Santa Catalina y Yavi se promulgó el 1° de agosto de 1949 a través del Decreto Nacional N° 18341. Según se indica en las sesiones del año 1946 de la Cámara de Diputados de la Nación, el entonces diputado por Jujuy Teodoro Saravia había presentado en el mes de septiembre un proyecto donde se autorizaba al Poder Ejecutivo la expropiación de las tierras de los latifundios de Cochinoca, Rinconada, Santa Catalina y Yavi para que mediante el Consejo Agrario fueran entregadas a "aquellos hombres, no como dádivas, sino en ventas a grandes plazos, a fin de que en diez o veinte años puedan pagar a los latifundistas el precio, y que luego sus hijos o sus nietos puedan sentirse dueños y vivir felices, tranquilos y contentos" (Documento I Sesiones de la Cámara de Diputados de la Nación, septiembre de 1946. En Sala 2005: 186). No hemos podido averiguar cuál fue el destino de este proyecto, aunque es de suponer que no siguiera su curso y que finalmente prosperase el decreto de Tanco. Este decreto declaraba sujetas a expropiación más de sesenta haciendas de las regiones de Puna, Quebrada de Humahuaca y Valles, y, aunque las fuentes no son claras sobre la expropiación de la hacienda de nombre "Tumbaya", hay indicios de que ésta estaba incluida en el decreto. En el decreto figuran uno a uno todos los nombres de las fincas a expropiar, excepto una propiedad sin nombre específico, a nombre de Arturo Álvarez Prado y Joaquina Álvarez Prado de Sánchez Bustamante, con una tasación fiscal de 4.000 pesos. Según lo relevado en Tumbaya con antiguos arrendatarios y administradores de la finca, Joaquina y Arturo León Álvarez Prado eran hermanos y los dos eran los propietarios de la finca, aunque quien vivía en Tumbaya y era el legítimo patrón era Arturo

---

[19] Hacia 1946 el panorama político provincial incluía a la Unión Cívica Radical –lideraba por el joven Horacio Guzmán– la Unión Cívica Radical Yigoyenista –liderada por Miguel Tanco- el Partido Laborista –peronista– y el Partido Demócrata Nacional, de raigambre conservadora. Entre los cuatro partidos no hubo acuerdos aliancistas para las elecciones, particularmente entre tanquistas y laboristas, de similares plataformas políticas. Según las historiadoras Fleitas y Kindgard, en enero de 1946 ambas líneas viajaron a Buenos Aires a legitimar sus plataformas buscando el aval del propio Perón, quien finalmente se pronunció a favor de Miguel Tanco, seguramente influido por el enorme prestigio de Tanco entre los sectores 'humildes' y la trayectoria política del líder jujeño de raigambre en las tierras altas. En las elecciones de febrero de 1946, las fuerzas de Tanco, quien desde entonces pasó a ser un referente central del peronismo jujeño, obtuvieron un triunfo arrollador en la provincia (Fleitas y Kindgard 2006: 206-210). En Tumbaya, el candidato conservador Carlos Bárcena perdió las elecciones, mientras que el radical tanquista Isaac Vilca permaneció durante todo el gobierno peronista en la intendencia del lugar. Jujuy fue, ese año, la única provincia del país donde las fuerzas antiperonistas no llevaron ningún representante a la Legislatura (Fleitas y Kindgard 2006: 208).

León. Éste no tuvo hijos, por lo que heredó una hija de Joaquina, quien se casó con Pablo Ángel Viviani, sobre quien en 1996 se hizo el juicio de expropiación de la finca.[20]

La expropiación total del Decreto N° 18341 sumaba aproximadamente 1.300.000 hectáreas de tierras, y su administración quedó en manos del Banco de la Nación Argentina. Este decreto, que tuvo consecuencias dispares en los distintos departamentos altiplánicos y quebradeños, orientó de modo diverso el destino de la propiedad de las fincas y los latifundios de la región.[21] Aunque no hubo ninguna derogación de la ley de expropiación del '49, muchos de estos embargos no se hicieron efectivos, entre ellos el de la Finca Tumbaya. Las memorias tumbayeñas refieren a que la expropiación no se llevó a cabo por cuestiones que se conceptualizan como *políticas*. La explicación local sobre el hecho de que en la práctica la expropiación nunca se hizo efectiva es que Álvarez Prado recibía *de chango* a José Alberto Iturbe, futuro gobernador de Jujuy, en la Finca Tumbaya, y que éste pasaba los fines de semana *andando a caballo y haciendo asados* por ser amigo de la familia del patrón. Y que en el '49, ya siendo Iturbe gobernador de Jujuy, éste *cajoneó* el expediente de Tumbaya, que en los hechos siguió siendo manejada por Álvarez Prado. Y que con el golpe del '55 se dejó sin efecto la expropiación por falta de fondos para pagarla y que en la práctica todo siguió igual, aunque con las modificaciones laborales introducidas por el estatuto del peón rural a mediados de los años 40.

Nueve años después del decreto de 1949, en 1958 y durante el gobierno de Arturo Frondizi, se promulgó la Ley 14551, por la cual la Nación transfirió a título gratuito a la provincia de Jujuy las tierras expropiadas por el Decreto 18341/49, que serían adjudicadas en propiedad y sin cargo a "sus ocupantes y/o arrendatarios". Según esta ley, las tierras debían ser adjudicadas en usufructo vitalicio a cada jefe de familia que trabajase la tierra, aunque la posesión de la tierra no era hereditaria y volvía al Estado provincial una vez fallecido el jefe de familia (Ontiveros 2006). Luego del decreto de expropiación de 1949, se sucedieron distintas leyes que fueron complejizando las tramas catastrales de la provincia, complejidad que ilustro con el caso que describo a continuación.

En el año 1969, Petronila Galián de Méndez recibió el título provisorio de propiedad del terreno en que vivía su familia desde hacía casi cien años (Figura 8). Hasta el año 1949, esos terrenos habían pertenecido a la finca Zegada –ubicada al oriente de la Finca Tumbaya–, donde la familia de Doña

---

[20] Proceso judicial sobre el que nos explayamos en el capítulo 4 de este libro.

[21] Puede decirse que existe un 'agujero negro' históriográfico respecto a cómo operó concretamente la política expropiadora del peronismo en la región (Cecilia Fandos, comunicación personal).

Petronila era arrendataria. La expropiación de esta finca fue una de las pocas que se había hecho efectiva con el decreto del año 1949, lo que liberó a sus arrendatarios de la obligación del pago del arriendo. La mayoría de las familias que hasta entonces habían sido arrenderas siguió ocupando sus tierras, ajustándose a la legislación que de allí en más operó sobre ellas, en condición de usufructuarios de tierras fiscales de dominio privado. El título de Doña Petronila fue adjudicado en virtud del Decreto Ley 44-H del año 1965, que regulaba el régimen de tierras fiscales. Este decreto fue derogado nueve años después por la Ley provincial 3169/74 de regulación de tierras fiscales. Con la llegada de la dictadura militar del año 1976, comenzó una etapa de inmovilidad en lo que a leyes sobre regulación de tierras se refiere. Durante la dictadura y aún después, la ley de regulación de tierras fiscales del año 1974 siguió vigente, con una breve modificación en el artículo 75 en el año 1990. Esta década de fin de siglo dio inicio a un nuevo capítulo de la historia agraria regional, del que nos ocupamos en el cuarto capítulo de este libro.

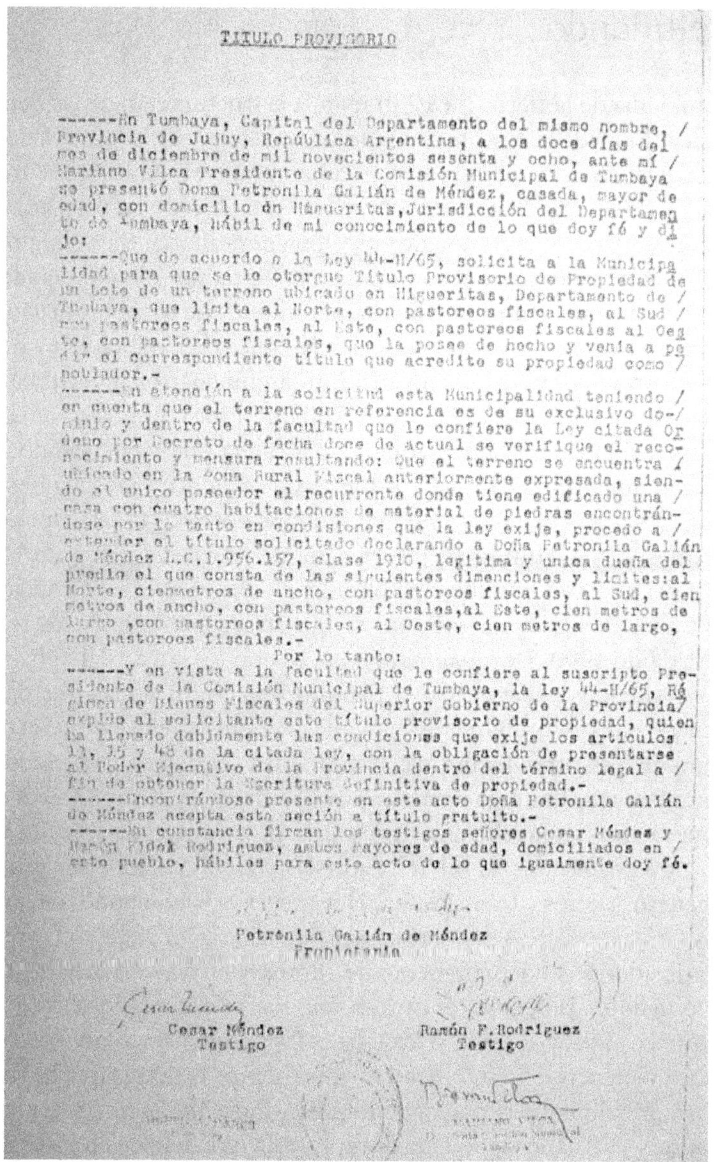

TITULO PROVISORIO

-------En Tumbaya, Capital del Departamento del mismo nombre, /
Provincia de Jujuy, República Argentina, a los doce días del
mes de diciembre de mil novecientos sesenta y ocho, ante mí /
Mariano Vilca Presidente de la Comisión Municipal de Tumbaya
se presentó Doña Petronila Galián de Méndez, casada, mayor de
edad, con domicilio en Hägueritas, Jurisdicción del Departamen
to de Tumbaya, hábil de mi conocimiento de lo que doy fé y di
jo:
-------Que de acuerdo a la Ley 44-H/65, solicita a la Municipa
lidad para que se le otorgue Título Provisorio de Propiedad de
un lote de un terreno ubicado en Higueritas, Departamento de /
Tumbaya, que limita al Norte, con pastoreos fiscales, al Sud /
con pastoreos fiscales, al Este, con pastoreos fiscales al Oes
te, con pastoreos fiscales, que la posee de hecho y venia a pe
dir el correspondiente título que acredite su propiedad como /
poblador.-
-------En atención a la solicitud esta Municipalidad teniendo /
en cuenta que el terreno en referencia es de su exclusivo do-/
minio y dentro de la facultad que le confiere la Ley citada Or
deno por Decreto de fecha doce de actual se verifique el reconocimiento y mensura resultando: Que el terreno se encuentra /
ubicado en la Zona Rural Fiscal anteriormente expresada, siendo el unico poseedor el recurrente donde tiene edificado una /
casa con cuatro habitaciones de material de piedras encontrán-
dose por lo tanto en condiciones que la ley exije, procedo a /
extender el título solicitado declarando a Doña Petronila Galián
de Méndez L.C.1.956.157, clase 1910, legitima y unica dueña del
predio el que consta de las siguientes dimenciones y limites:al
Norte, cienmetros de ancho, con pastoreos fiscales, al Sud, cien
metros de ancho, con pastoreos fiscales,al Este, cien metros de
largo ,con pastoreos fiscales, al Oeste, cien metros de largo,
con pastoreos fiscales.-
                    Por lo tanto:
-------Y en vista a la facultad que le confiere al suscripto Pre
sidente de la Comisión Municipal de Tumbaya, la ley 44-H/65, Ré
gimen de Tierras Fiscales del Superior Gobierno de la Provincia/
expido al solicitante este título provisorio de propiedad, quien
ha llenado debidamente las condiciones que exije los artículos
11, 35 y 48 de la citada ley, con la obligación de presentarse
al Poder Ejecutivo de la Provincia dentro del término legal a /
fin de obtener la Escritura definitiva de propiedad.-
-------Encontrándose presente en este acto Doña Petronila Galián
de Méndez acepta esta acción a título gratuito.-
-------En constancia firman los testigos señores Cesar Méndez y
Ramón Fidel Rodríguez, ambos mayores de edad, domiciliados en /
este pueblo, hábiles para este acto de lo que igualmente doy fé.

Figura 8: Título provisorio de propiedad adjudicado en Tumbaya por el
Decreto Ley 44-H del año 1965

Recapitulando

El 'problema de la tierra' fue central en la estructuración de las demandas y en la legitimidad de los procesos de organización de comunidades indígenas collas analizados en este libro. La expropiación de la Finca Tumbaya a mediados de la década de 1990 supuso el traspaso de su propiedad a sus antiguos arrendatarios en forma de posesión comunitaria. En los argumentos esgrimidos en el estatuto de la comunidad, la tierra, no sólo ponderada como un objeto en disputa, sino como figura metonímica de la subordinación y sujeción de los arrenderos a las históricas relaciones de explotación y despojo, fue el eje a través del cual se organizaron, argumentaron y legitimaron las memorias de la Comunidad Aborigen Kolla de Finca Tumbaya, apelándose a la recuperación de las tierras como: "una lucha que viene siendo llevada a cabo hace muchísimos años [...] donde ya no existirá más alguien quien nos ponga las reglas de juego sino que seremos nosotros los que lucharemos y forjaremos por un futuro mejor".[22] Aunque la expropiación de la Finca Tumbaya del año 1949 no fue efectivizada, el "Proyecto de expropiación de los latifundios de Quebrada y Puna" se fijó en las memorias y los reclamos de la década de 1990. De igual manera, el Malón de la Paz del año 1946 no tuvo los resultados esperados y la deportación de los collas por parte del Estado nacional fue brutalmente violenta, aunque el evento fue elaborado como uno de los antecedentes más importantes en las banderas de lucha de las comunidades collas organizadas en la década de 1990 en Jujuy. A su vez, la incorporación de aquellos eventos como precedentes de los procesos de organización de los años 90 fue fragmentaria y ambigua, toda vez que reprodujo y generó saberes y tramas subjetivas inciertas y emociones encontradas entre los ex arrendatarios. En conversaciones en 2007 y 2008 con arrenderos y otros pobladores del departamento de Tumbaya cuyas tierras habían estado sujetas a distintos procesos catastrales, me fue referida la idea de no haber sabido nunca, al fin y al cabo, si las tierras les pertenecían o no, producto de la histórica violencia e inestabilidad jurídica sobre las tierras que habitaban y trabajaban. Finalmente, la pugna de intereses entre indígenas, arrendatarios, hacendados y el Estado signó la historia agraria que delineé en este capítulo, aunque sus intereses muchas veces se encontraron, mezclaron y superpusieron, de modo que mostraron la porosidad y la hibridez de los roles en juego. El propio Tanco pedía en el año 1923 que se castigasen los crímenes de los que se titulan "capataces" o "caciques", superponiendo dos categorías que

---

[22] Discurso de Celestina Ábalos, coordinadora de la Comunidad Aborigen Kolla de Finca Tumbaya entre los años 1998 y 2016, en el marco de la declaración de la Quebrada de Humahuaca en el año 2003.

representaban intereses contrapuestos. O el caso de la rebelión de 1924 en Cangrejillos, donde quien lideró el asalto fue el comisario rural del lugar. Estos episodios nos revelan los papeles aparentemente ambiguos de funcionarios estatales concretos, con identificaciones compartidas y participación en trayectorias familiares y sociales superpuestas, cuyas prácticas nos permiten relativizar las nociones usualmente monolíticas y externas construidas sobre el Estado en espacios sociales como los aquí analizados, y la proliferación de roles sociales incapaces de ser adscriptos al mundo estatal o indígena como si fuesen mundos excluidos mutuamente.[23]

Como planteamos al inicio de este capítulo, según las perspectivas materialistas de la historiografía regional, la abolición de la propiedad comunal de las tierras entre mediados y fines del siglo XIX tuvo como una de sus principales consecuencias la dilución étnica de los indígenas de las tierras altas de Jujuy (Madrazo 1986). Esta "historia del despojo" (Bernal 1984) fue, como vimos, un elemento central en la fundamentación de las demandas de la década de 1990. Sin embargo, esta dimensión es tan sólo un aspecto, en gran medida ideológicamente construido, del proceso de desmarcación étnica de los pobladores de la Quebrada de Humahuaca. Como vimos en este capítulo, en los distintos episodios de demandas, petitorios y levantamientos en torno a la tierra, los reclamantes se posicionaron y fueron posicionados como indígenas, apelando a la potestad de sus derechos desde ese locus de identificación. En este contexto, "los indios dejaron de ser indios" (Madrazo 1986) no necesariamente por el despojo y la abolición de la propiedad comunitaria a principios del siglo XIX, sino fundamentalmente por los efectos simbólicos de nominación y negación de marcaciones indígenas de las poblaciones de las tierras altas de Jujuy en el marco de las medidas liberales que signaron el proceso de consolidación del Estado Nacional entre fines del siglo XIX y principios del XX, efectos que se extendieron a las perspectivas teóricas de los trabajos académicos que posteriormente se abocaron al estudio de las dinámicas socio-históricas de las poblaciones locales. De estos discursos, sus incorporaciones, efectos de autoridad y reciclajes, nos ocupamos en el próximo capítulo.

---

[23] Diego Escolar (2014) presenta un análisis sobre el rol articulador de conflictos de los "jueces laguneros" de Guanacache, Mendoza, a fines del siglo XIX.

CAPÍTULO 2

Los indios civilizados

En el año 1952, la Organización Internacional del Trabajo (OIT) creó el Programa Indigenista Andino, plan de desarrollo que tenía por objetivo brindar orientación técnica a las poblaciones indígenas de Bolivia, Perú, Ecuador y Colombia. Nueve años después, en la séptima Conferencia de la Organización de los Estados Americanos llevada a cabo en Buenos Aires en abril de 1961, se resolvió ampliar las acciones emprendidas por el Programa a las tierras altas de la provincia de Jujuy. En este marco nació el Plan Andino, antecedente central de la implementación de programas y proyectos de desarrollo rural en la región, constituido formalmente en el año 1962 luego de una misión exploratoria de la OIT que recorrió la zona entre fincs de 1961 y principios de 1962. "La Misión", formada por expertos internacionales y funcionarios argentinos,[1] tenía como objetivo hacer un diagnóstico de dos zonas del territorio jujeño: la región de la Puna y la Quebrada de Humahuaca. Sin embargo, después de unos días de investigación, la Misión decidió relegar la zona de la Quebrada y consagrar todos sus esfuerzos al análisis de la situación

---

[1] Quien recomendó la ejecución de la Misión fue el Dr. David Efrón, consejero de la OIT, quien en 1961 realizó un viaje preliminar de información en el Noroeste Argentino y sugirió una "misión de planificación encargada de establecer los fundamentos de una base de acción en dicha región" (Informe OIT: 3). El equipo argentino que integró la misión estaba compuesto además por M. Diharce de Álvarez, de la Dirección de Asistencia Social; el ingeniero Núñez Aguilar, del Consejo Agrario Nacional; el Sr. D. García Goyena, de la Dirección de Asuntos Indígenas; el Dr. Vera Ocampo, de la Secretaría Técnica de la Presidencia de la Nación; el profesor O. A. Bitzer, del Consejo Nacional de Enseñanza Primaria; el Dr. J. Carrillo, del Ministerio de Salud Pública de Jujuy; el ingeniero J. Kemmer, consejero en cuestiones forestales de Jujuy; el profesor C. P. Apaza, inspector de Enseñanza de Jujuy; el Dr. A. Remondegui, director de Fomento Rural de Jujuy; y el Dr. E. Conforti, quien asumió las funciones de adjunto del jefe de la misión, el profesor Arthur Doucy, presidente de la Escuela de Ciencias Políticas y Sociales y director del Instituto de Sociología de la Universidad de Bruselas (Informe OIT: 3-4).

puneña, debido a la "evidencia de que la Quebrada, de una extensión limitada, habitada por poblaciones blancas o mestizas, y muy integradas al resto del país, sólo [presenta] una relación parcial con los problemas que habían de encontrarse posteriormente en la zona de la Puna" (Informe OIT: 1962). Para los expertos de la OIT y los funcionarios argentinos que integraron la misión, los pobladores de la Quebrada no encajaban con el sujeto de desarrollo indígena que sí habitaba la Puna de Jujuy, y sobre cuyas condiciones de vida operaron los supuestos indigenistas y desarrollistas del Plan Andino hasta el fin de su ejecución en el año 1976. La Quebrada de Humahuaca, blanca y mestiza, fue pasada de largo en el camino hacia las tierras altiplánicas. Sin embargo, a pesar de esta declaración oficial de ausencia indígena en la Quebrada, poco menos de treinta años después la zona se convirtió en el escenario de la organización de casi cien comunidades autodenominadas y reconocidas como indígenas y/o aborígenes.[2] ¿Cómo se explica la paradoja de que tanto en documentos coloniales como al principio de la etapa republicana la gran mayoría de la población quebradeña haya sido caracterizada como indígena, que hacia la década de 1960 se haya negado oficialmente su aboriginalidad y que en la década de 1990 la organización de comunidades haya sacudido los cimientos étnicos de una región oficializada como blanca y mestiza?

En el capítulo anterior describimos la historia del despojo de tierras al que fueron sometidos los indígenas de las tierras altas de Jujuy desde tiempos coloniales, y anticipé la necesidad de descomponer la obligada correspondencia que se estableció entre este despojo y la afirmación de que en este proceso "los indios dejaron de ser indios" (Madrazo 1986: 8). El objetivo de este capítulo es entonces revelar el carácter teórico y político de esta afirmación, mostrando el modo en que funcionarios estatales, políticos y académicos –arqueólogos y antropólogos específicamente– se erigieron desde fines del siglo XIX en jueces nominadores de lo indígena (Viveiros de Castro 2013) y postularon su desaparición en el marco del ingreso de Jujuy a la modernidad. Este evento, parte de los intensos conflictos de posicionamiento de personas y grupos en la larga duración, es un aspecto del proceso de etnogénesis rastreable al menos hasta la Colonia temprana en las tierras altas de Jujuy (Zanolli 2005) y revela el modo en que, al igual que en otros países de la región, la exclusión de las poblaciones indígenas fue parte estructural del

---

[2] El Registro Provincial de Comunidades Aborígenes de Jujuy registra casi trescientas comunidades denominadas en su mayoría como "comunidad aborigen", aunque existe un número importante de casos registrados como "comunidad indígena".

sistema de ciudadanía que se estableció conforme se consolidaban los Estados liberales modernos a fines del siglo XIX.[3]

Este capítulo está organizado en tres partes. En primer lugar, muestro el trabajo cultural y político a través del cual, desde al menos la década de 1880, se comenzó a representar a la Quebrada como un lugar civilizado y desaboriginalizado, orientado por el esfuerzo en consagrar a la región como un lugar moderno de cara a la ideología liberal finisecular y a los intereses de agentes y agencias que lo instrumentalizaron de diversos modos. En segundo lugar, analizo cómo, en los discursos arqueológicos instituidos en los primeros años del siglo XX, se forjaron representaciones de los quebradeños como sobrevivientes de antiguas y heroicas civilizaciones, con lo cual se estableció una discontinuidad ontológica entre las poblaciones contemporáneas a los arqueólogos y aquellas del pasado regional. En tercer lugar, realizo una historización de la categoría colla y su racialización fenomítica (Escolar 2007) y muestro el modo en que aquellos discursos se recrearon interviniendo en la desindianización de la categoría colla.

Sagas del progreso y el mestizaje

A través del análisis de distintas fuentes, es posible sostener que, hasta al menos la segunda mitad del siglo XIX, la población de la Quebrada de Humahuaca fue clasificada en categorías étnicas. En el censo colonial del año 1779, más del 90% de la población de la región pertenecía a la categoría "indio" (tabla 1).

	Clérigos	Españoles	Indios	Mulatos, zambos y negros	Total
TUMBAYA	1	28	875	64	968
HUMAHUACA	1	32	1204	0	1237
TOTALES	2	60	2079	64	2195

Tabla 1: Población de los curatos de Tumbaya y Humahuaca (Censo colonial año 1779, en Carrizo 2009).

---

[3] Para diversos análisis del caso de Bolivia ver Platt (1982), Barragán (1999), Irurozqui (1999, 2007, 2008); para Ecuador, Guerrero (1997, 2000); para Perú, Pajuelo Tévez (2006), De la Cadena (1998).

Advertida de las precauciones metodológicas implicadas en el análisis de los censos, y atendiendo a que un estudio demográfico minucioso excede los objetivos de este libro,[4] mi interés en la presentación de estos datos es destacar la atribución étnica sin desagregación realizada sobre la población de la Quebrada de Humahuaca hacia finales de la Colonia. La definición de la categoría "indio" respondía entonces a criterios establecidos por el orden colonial, en relación con otras categorías socio-étnicas como las indicadas en la Tabla 1 para organizar administrativamente las colonias americanas: "[se] modificó compulsivamente la organización social y los sistemas culturales de los pueblos dominados, en la medida en que tales alteraciones fueron requeridas para el establecimiento, la consolidación y el crecimiento del orden colonial" (Bonfil Batalla 1972: 8).

Las relaciones entre grupos y adjudicaciones étnicas durante la Colonia fueron exploradas por varios etnohistoriadores que mostraron la complejidad de las clasificaciones y categorizaciones sociales en distintos lugares y momentos de la historia colonial de los Andes. Para el caso de la Quebrada de Humahuaca, uno de los pocos trabajos que se ha abocado a indagar en los usos y las transformaciones de las categorías étnicas durante el dominio español en la región es el de Carlos Zanolli (2005), desde el caso de la encomienda de Humahuaca. El autor analizó las transformaciones de identidades étnicas a una identidad colectiva entre los siglos XVI y XVII, abordando críticamente los antecedentes historiográficos que adjudicaron indistintamente a todos los indios encomendados la filiación étnica de "Humahuacas" u "Omaguacas", nombres con los que desde la etnohistoria y la arqueología se identificó a una supuesta macro-etnia con sede central en el actual pueblo de Humahuaca y con una activa participación en la resistencia contra los españoles al momento de la conquista. El autor plantea que a lo largo de los siglos XVI y XVII se observa en los documentos un proceso de transformación de una pluralidad de identidades étnicas a una identidad colectiva, y analiza esta situación como producto de la pertenencia de diversos grupos a un pueblo de reducción –Humahuaca– a la figura central de un cacique legítimo a los ojos coloniales y al tributo, todo lo cual contribuyó a la formación de tal identidad colectiva sustentada en la memoria histórica pero también en nuevos elementos coloniales de identificación (Zanolli 2005: 201-202).[5]

---

[4] Para una exposición detallada de los problemas metodológicos implicados en los datos censales de la región, ver los trabajos de Raquel Gil Montero (2008) para la Puna, y de Lorena Rodríguez (2008: 99-135) para los Valles Calchaquíes.

[5] Para análisis de procesos de clasificación étnica en otros lugares de los Andes, ver Natan Watchtel (2001) para los urus altiplánicos; Thierry Saignes (1987) para Charcas durante el siglo XVII; Ana María Lorandi (1992, 2000); Lorandi y Boixadós (1988) y Rodríguez (2008) para los Valles Calchaquíes en los siglos XVI, XVII y XVIII. Sobre los usos de las categorías étnicas coloniales en la etnohistoria regional, ver las discusiones entre Lorandi y Boixados

Durante los primeros años luego de la independencia nacional en 1816, el término *indio*, así como la categoría *indígena* se siguieron utilizando de manera oficial. Como vimos en el capítulo 1, en el marco del caótico inicio de la vida independiente en la región, la ciudad de Salta, de la que dependió la jurisdicción de Jujuy hasta 1834, invitó a los "indígenas" a prestar servicio en las milicias independentistas, a cambio de quedar exceptuados del pago de tributo. Sin embargo, junto a estas interpelaciones auspiciosas, el historiador Gustavo Paz registra para la misma época el uso de categorías étnicas de modo acusatorio y estigmatizado por parte de blancos y mestizos: 'indio', 'indio de mierda', 'cholo', 'cholo ladrón', eran insultos racialmente inscriptos, adjudicados por blancos a personas que habían cometido alguna infracción o delito.[6] La atribución estigmatizada y animalizada sobre el indio de las tierras altas puede verse en la siguiente cita del viajero norteamericano Andrews, que recorrió la región hacia 1825: "... El 27 de septiembre de 1825 [...] Este día descubrimos algunos pocos indios de aspecto bastante mísero, atisbando desde chozas apenas discernibles entre el follaje denso que las rodea. Nuestra atención fue atraída por el ladrido de unos perros negros de mala ralea; pero, al acercarnos a la puerta de una choza con esperanza de conseguir un poco de leche, hallamos los habitantes mal dispuestos para complacernos. La familia se componía de un indio, su esposa y una pareja de chicos y la abuela que, con la madre, huyeron de nosotros" (Andrews 1825 en Carrizo 2009 [1935]: 170). Aborrecidos como efigies de un salvajismo subhumano que conservaba modos de vida tradicionales, y requeridos a su vez como fuerza militar para la causa independentista, los indígenas de las tierras altas de Jujuy eran a un tiempo interpelados y excluidos como actores civiles legítimos.

Sin embargo, en la transición hacia los años de formación y consolidación del Estado nación a fines del siglo XIX, las categorías de "indio" e "indígena" desaparecieron de los registros y datos censales. Luego de los censos provinciales de los años 1839, 1843, 1851, 1855, 1859 y 1864, en el mes de septiembre del año 1869 se hizo el primer censo de la República Argentina. En él, la población de Jujuy quedó englobada en una única condición de ciudadanos clasificados por sexo, edad, tipo de residencia –rural o urbana– y nacionalidad, lo cual dio curso a la desaparición estadística de "indios" y "negros" (Otero 2006: 335). En un doble movimiento, el cada vez más fuerte y poderoso Estado nacional construía clasificando a su población en ciudadanos sin desagregaciones étnicas, proyectando el ideario de "una nación en la que nada sería superior a la nación misma" (Halperín Donghi 2005: 143).

(1988 y 2009), Boixados (2005), Giudicelli (2007) y Lorandi (2010).

[6] "Del otro lado del espectro social [...] en Jujuy y Salta los soldados locales, mayoritariamente indios y mestizos, acostumbraban llamar 'blanquillos' a los españoles" (Paz 1999: 211, en Karasik 2005: 130)

Como en el resto de la Argentina, la historia de Jujuy ente 1880 y 1920 "… es la de la lenta, paulatina y a veces violenta incorporación de la provincia a la Nación" (Paz 2006: 141). En este proceso, se fue configurando un inédito incremento de la participación activa del Estado nacional en lo local, a través de diversas agencias y agentes –escuelas, campañas militares, censos, trabajo político– que implicaron la incorporación efectiva de la provincia a la nación que se había iniciado en los tumultuosos años que siguieron a la independencia nacional. Durante este período se editaron diversas publicaciones que tenían como eje de sus relatos a la provincia, sus elites y sus sectores populares, como agentes activos de una historia en la que el Estado nacional tiene una esfera de gravitación creciente (Paz 2006: 142). Para el caso de la Quebrada de Humahuaca, en este marco de producción letrada se observa una transformación en la categorización social y legal de los quebradeños, producto del trabajo de la elite política y económica de Jujuy, quienes emplazan su labor guiados por un esfuerzo en presentar a la quebrada como un lugar civilizado en el marco de la liberalización de la economía regional. La obra fundante de estas publicaciones es el libro *Jujui. Provincia Federal Arjentina. Apuntes de su historia civil (con muchos documentos)* de Joaquín Carrillo[7], centrada en la elaboración de los mitos de origen de la provincia y su inserción en la nación (Chiaramonte 1993). Este libro fue publicado a poco más de un año de finalizada la violenta represión que con ayuda del ejército nacional, como vimos en el capítulo 1, terminó con el levantamiento de los indígenas arrendatarios de los departamentos puneños de Cochinoca y Casabindo, y cuyo desenlace significó un triunfo de la soberanía argentina sobre un vasto territorio que hasta ese momento escapaba a su control.[8] El

---

[7] Joaquín Carrillo (1853-1933) fue un jurista y político jujeño de gran influencia local en el contexto finisecular. La obra de Carrillo, dedicada por su autor al presidente de la República Nicolás Avellaneda, funda la saga de escritos de una elite que, de allí en más, se orientó a fijar y reforzar las coordenadas sociales y culturales de pertenencia provincial, y a cuyas letras se remitirían las sucesivas obras que tratarían sobre la historia de Jujuy hasta la actualidad. En el año 2012, en conmemoración del Éxodo Jujeño, la editorial de la Universidad Nacional de Jujuy reeditó la obra, presentándola como "la primera escrita sobre nuestra historia provincial, como un modo de aportar no sólo al conocimiento de nuestro pasado, sino también de homenajear a aquellos que asumieron la loable misión de registrarlo y transmitirlo, conservando para siempre los documentos y los relatos de los hechos que constituyeron la historia provincial desde sus inicios".

[8] A comienzos de 1877 la Suprema Corte de Justicia sentenció que las tierras de los departamentos de Cochinoca y Casabindo pertenecían a la provincia de Jujuy, contra el reclamo de Fernando Campero que alegaba su propiedad a partir de la posesión de un título de encomienda colonial. Según el historiador Gustavo Paz, el hecho de que las tierras colindasen con Bolivia y Campero fuese un ciudadano boliviano fue determinante para la resolución del conflicto a favor de la provincia de Jujuy, cuya soberanía sobre esos territorios le dio potestad para recaudar impuestos y arriendo y posteriormente beneficiarse de las ventas de las tierras declaradas fiscales (Paz 2006: 164-165).

autor plantea que Jujuy "no es un imperio, no es tampoco una gran provincia, ni se trata de una capital de primer órden; es un pueblo constituido en república i aliado a sus hermanos en sacrificios i tradiciones por una federación [...]: bajo el imperio del principio civilizador que ha servido de base a la constitución federalista, hai un ligamento que encadena las fracciones políticas del pais a un solo cuerpo, la Patria, unidad triunfante en la organización descentralista" (Carrillo 1958 [1877]: 15). Los orígenes imaginados por Carrillo se proyectaban a la dinámica de un presente en el que la soberanía del Estado nacional comenzaba a instalarse sobre las viejas y enclenques estructuras provinciales. La maquinaria soberana estaba en marcha, y Jujuy se sumó rápidamente al movimiento de sus fabulosos engranajes civilizadores. Carrillo estableció las mitologías jujeñas centrando sus relatos en una línea de continuidad que se inicia con la epopeya heroica de la resistencia indígena al dominio español, reactualizada en la gesta épica de la independencia nacional. En esta traza, el autor pondera la bravura de los "indígenas andinos", los omaguaca, en la defensa del territorio ante el avance español en el siglo XVI, erigiendo a los nativos como legítimos dueños de sus tierras, defensores justificados en el uso de su brío contra los españoles: "...aquellos guerreros salvajes no cedian ni a la doblez, ni a la seducción, ni a la fuerza de los advenedizos que pretendian arrojarlos de las tierras en que vivieron sus antepasados" (Carrillo 1958 [1877]: 41-42). A diferencia de los territorios de otras provincias como Catamarca y Salta, donde las imágenes de heroísmo y arrojo están construidas, aunque no exclusivamente, en torno a los españoles que lucharon contra los indígenas (Lafone Quevedo 1888; Quiroga 1923 [1897]; ver trabajos de Lanusse y Lázzari 2008; Rodríguez 2008), las representaciones del indígena de las tierras altas de Jujuy aparecen dotadas de caracteres positivos de resistencia al "invasor", adjetivo con el que se construye la imagen del conquistador español. Como ha sido planteado por Florencia Mallon (1996: 172), el discurso oficial del mestizaje muchas veces glorifica la imagen heroica del indígena prehispánico en el mismo movimiento de degradar y deshumanizar al indígena contemporáneo. Pero en uno y otro caso, construidos como villanos o como héroes, los indígenas aparecen finalmente derrotados, y el abono de sus restos cultivando los patios de la patria hacia fines del siglo XIX.[9] El mestizaje emerge aquí como un discurso ligado a la formación de las naciones y a un llamado a la autenticidad que se derivaría de este contexto de formación nacional poscolonial, que niega las jerarquías y la opresión racial y étnica coloniales, a través de la creación de

---

[9] Estas efigies positivas de bravura y resistencia se sobreponen a imágenes aterradoras sobre las gentes de Humahuaca: "...Humahuaca es un lugar ó provincia de gente muy belicosa y comedora de carne humana á quien los Ingas tuvieron siempre temor" (Alonso de Ovalle 1646, en Ambrosetti 1902).

un sujeto intermediario interpelado como "ciudadano". Más allá de la miscegenación que efectivamente se dio en la región, el mestizaje aparece como un discurso de control social construido implícitamente en contra de un "otro"; y es aquí donde emerge el indígena periférico, marginado y deshumanizado que a menudo desaparece en el proceso de construcción del discurso del mestizaje (Mallon 1996). En su análisis de la construcción de lo indígena en el período de consolidación de la nación argentina en los Valles Calchaquíes, Lorena Rodríguez plantea la hipótesis de que el ideario de la Argentina blanca pudo imponerse, en parte, gracias al particular uso político que se hizo de la noción de mestizaje, que fue –de modo implícito o explícito– sinónimo de la desaparición del indígena (Rodríguez 2008: 8). En esta dirección, para el caso de Jujuy y en una operación narrativa que subduce el pasado y el presente, Carrillo afirma que "...estos guerreros, hoy están formando las masas que nuestra civilización ha ennoblecido reconociéndoles derechos i prestándoles garantías; sus costumbres no difieren ya del común de nuestros campesinos, i se han llamado gauchos durante la guerra, haciéndose recomendables como milicianos o veteranos: son emprendedores, comerciantes, i principalmente pastores i agricultores, desplegando bastante talento i constancia" (Carrillo 1958 [1877]: 30).

La construcción de los quebradeños como parte de las masas civilizadas de la nueva nación se realiza desde argumentos que los colocan como el producto mixturado de la "unión de españoles i criollos" (Carrillo 1958 [1877]: 9), sobre la base de un indígena racialmente esbelto, de "piel más clara" que los que habitan –aún– en la Puna. Prestigiando la figura del indígena originario, Carrillo realiza una clasificación de sus "tribus" al momento de la Conquista para, sin solución de continuidad, describir a los humahuacas como "mas esbeltos, menos encorvados que los puneños; su color es mas claro, i mas suave su cútis; su talento es mas vivaz; hai en su corazón mas valor, porque han sido guerreros" (Carrillo 1958 [1877]: 30). De indígenas y gauchos guerreros, pasan a ser campesinos y nobles trabajadores. Estas representaciones racializadas contrastan con las aplicadas sobre los puneños, a quienes Carrillo clasifica como cochinhucas: "Eran i son, por conservarse aun casi intacta la raza, de regular estatura, de color cobrizo oscuro, de facciones bastante proporcionadas i pronunciándose mas bien la grosura e los labios i la estrechez de la frente, cubierta esta por un cabello renegrido i grueso que recortan por delante dejándolo crecer sobre el cuello. Su musculatura es fuerte, su naturaleza de fierro para la fatiga i las privaciones; tienen un temperamento sobrio [...] Aun hoi no está del todo vulgarizado entre ellos el idioma nacional, que solo pueden hablar adulterándolo completamente" (Carrillo 1958 [1877]: 30). Los puneños son posicionados por Carrillo varios estadios detrás de los quebradeños en el camino hacia la integración nacional, apenas modulando el idioma nacional, sin implicancias mestizas en su caracterización racializada.

Estos supuestos fueron profundizados por el autor en una obra escrita doce años después, en la que además pone de manifiesto de forma explícita el espejo europeo que refleja los destellos de la nación deseada: "En el nombre del país cuya figuración me ha sido encargada ante la Exposición Universal, le agradezco su valioso concurso, y me felicito del acierto en la elección que hice de Ud. para este trabajo, que mandaré publicar en número de quinientos ejemplares" (Carrillo 1889). Con estas palabras, el senador nacional Eugenio Tello agradecía el 6 de diciembre de 1888 a Joaquín Carrillo el cumplimiento de su pedido de cuarenta días antes, de elaborar una descripción de Jujuy para ser presentada a la Exposición de París del año 1889. Eugenio Tello era el vicepresidente de la Comisión Provincial para la Exposición y había encomendado a Carrillo la tarea de escribir el texto que sería publicado y enviado a Francia junto con los objetos que el propio Tello había acopiado para enviar a la exhibición que montarían las provincias argentinas en la capital gala. En la obra editada en 1889, *Descripción brevísima de Jujui. Provincia de la República Argentina*, Carrillo describe pormenorizadamente las potencialidades económicas de la Quebrada de Humahuaca haciendo una enumeración precisa de sus recursos naturales, industrias, sistema político, finanzas, educación, infraestructura, comercio, publicaciones, oficios y artes. Al igual que en su *Historia civil de Jujui*, en este compendio de encantos provinciales Carrillo insiste una y otra vez en la necesidad de la extensión del ramal ferroviario hacia tierras jujeñas. Afín a la tendencia finisecular que impulsaba el extendido de vías férreas como medio para lograr la unidad política de la Nación, Carrillo ya demandaba en su texto de 1877 "la realización inmediata de la rejeneración de ese territorio por el ferro-carril" (Carrillo 1958 [1877]: 10). Ya en el año 1852, Juan Bautista Alberdi declaraba: "El ferrocarril innova, reforma y cambia las cosas más difíciles, sin decretos ni asonadas. Él hará la unidad de la República Argentina mejor que todos los congresos. Los congresos podrán declarar *una e indivisible*; sin el camino de fierro que acerque sus extremos remotos, quedará siempre divisible y dividida contra todos los decretos legislativos. Sin el ferrocarril no tendréis unidad política en países donde la distancia hace imposible la acción del poder central" (Alberdi 1993 [1852]: 97, énfasis en el original). El servicio ferroviario hasta San Salvador de Jujuy llegó el 31 de enero de 1891; dos años después comenzaron las gestiones para extenderlo hasta la frontera boliviana en La Quiaca, donde arribó en el año 1907. El tren, fetiche del arribo de la civilización y del progreso de la Nación en su conjunto, se erigía en las palabras de Carrillo como un elemento imprescindible para la integración de Jujuy al colectivo nacional. El jurista responsabilizaba a la falta del tren por la casi nula colonización de la campaña con inmigrantes europeos, "ni por la acción del gobierno ni por el interés o iniciativa de particulares", propiciaba la inmigración y explicitaba que "los extranjeros [serían] admitidos á los empleos municipales i administrativos i por la naturalización à todos los empleos" (Carillo 1889: 110).[10]

La producción y la colaboración expertas de narrativas sobre los pobladores de la Quebrada de Humahuaca se (re)actualizaron a lo largo de varias décadas, y en su repetición performativa legitimaron sentidos de pertenencia y clasificaciones sociales e históricas en la larga duración.[11] En el año 1904, el Ministerio de Agricultura de la República Argentina publicó el informe *Investigación agrícola de la Provincia de Jujuy*, escrito por Eduardo Alejandro Holmberg (hijo). Al iniciar su informe, el autor explicita el objetivo de propaganda de la publicación, destinada a los extranjeros que quisieran radicarse en la provincia. Holmberg caracteriza al hombre jujeño como criollo, exceptuando una minoría india que se divide entre los puneños y los grupos del este de la provincia. Este criollo es conservador, y éste es, según el autor, su mal: "el criollo, acostumbrado a prácticas que aprendió por herencia, y que por lo tanto no se aparta de ellas sino muy difícilmente, necesita, ante todo, del ejemplo que el extranjero le trae, si es que se lo quiere separar de las antiguas rutas, para arrojarlo de lleno en la evolución que se impone, y que Jujuy no ha experimentado" (Holmberg 1988 [1904]: 59). La obsesión por la migración europea a tierras jujeñas como medio para mejorar la raza y la cultura se repite en otra obra publicada en 1907 por Eugenio Solari. En *Geografía de la Provincia de Jujuy*, el autor indica que para los años en que se hicieron los primeros censos nacionales –1869 y 1895– "los extranjeros existían en tan reducido número que no han podido modificar en nada los caracteres de la raza primitiva, reagravados con la inmigración boliviana, que ha contribuido á dar carácter estable á usos antiguos y rutinarios [...] Ninł guna manifestación progresista de esas que llaman la atención del sabio ó del viajero se ha operado en la población" (Solari 1990 [1907]: 28).

Los bosquejos con que Carrillo comenzó a insuflar el mito de la Argentina blanca y moderna en los paisajes de la Quebrada de Humahuaca a fines del siglo XIX y que fueron replicados por Holmberg y Solari poco se distinguen

---

[10] Como vimos en el capítulo anterior, los voraces imaginarios de progreso y modernidad venían siendo alimentados por tierras puestas a disposición del mercado a través de sucesivas leyes y decretos formulados a lo largo del siglo XIX. Aunque amenazados en su ejecución por las numerosas luchas y demandas locales que cuestionaron de modo sistemático las modernas relaciones de propiedad de la tierra, estos procesos de privatización y enajenación fueron amparados por las acciones represivas que las fuerzas del Estado y las elites locales emplearon sobre aquellas para construir la Jujuy moderna.

[11] Conclusiones en la misma dirección pueden verse en Chamosa (2008), quien analiza el funcionamiento del "mito de la Argentina blanca" en los Valles Calchaquíes de la provincia de Tucumán, y en el ya citado libro de Rodríguez (2008).

de los supuestos presentes en otra obra emblemática en la que, casi noventa años después, se describía a sus pobladores. En un libro de geografía editado en 1961 y usado en las escuelas locales hasta por lo menos la década de 1980, Teodoro Saravia describe a los pobladores de la Quebrada de Humahuaca desde criterios racialistas y culturalistas que prácticamente no difieren de los presentes en la obra del jurista decimonónico.[12] En el Capítulo XIX Saravia presenta el "estado actual del factor humano en la provincia" distinguiendo "dos elementos": 1) las razas primitivas prehispánicas y 2) la mestización/ elemento extranjero, y define a las primeras como "tipos autóctonos característicos". El autor plantea que a estos "elementos autóctonos" se les sumó la "raza conquistadora, la blanca" y que, terminada la conquista, ambos comenzaron a convivir "mezclando su sangre y cooperando en el progreso de la tierra jujeña" (Saravia 1961: 151). En este proceso, el criollo fue sustituyendo al blanco. El poblador resultante de esta mezcla, entre el que se encuentra el quebradeño, "forma [...] la mayoría de la población" (Saravia 1961: 194), y es "un elemento modesto, trabajador, honesto, muy pegado a la tierra, [que] conserva el culto a la fe católica y a las costumbres y tradiciones lugareñas". Si a fines del siglo XIX el talento y la constancia eran atribuidos por Carrillo a aquellos (los indígenas) que ya no diferían de los campesinos –"son emprendedores, comerciantes, i principalmente pastores i agricultores, desplegando bastante talento i constancia" (Carrillo 1958 [1877]: 30)–, en la década de 1960 Saravia les sumará la modestia y la honestidad como valores centrales de su ya para entonces asentada condición de trabajadores, junto a la necesidad de que los gobiernos intervengan para augurarles civilización y progreso: "el morador del altiplano es sencillo, sobrio, creyente, fervoroso, patriota sincero, trabajador infatigable, honesto, muy sufrido y resistente para las tareas rurales y el duro laboreo de las minas; con resignación, paciencia y gran estoicismo vive [...] esperando el resurgimiento de días mejores que la civilización y el adelanto, impulsados por gobiernos progresistas, puedan realizar para el bienestar y felicidad de estos pueblos" (Saravia 1961: 318). Los valores que se le atribuyen al "elemento local" son la materia prima con la que se moldea su caracterización mestiza y desaboriginalizada: la sangre

---

[12] Este libro, *Geografía de la Provincia de Jujuy*, fue editado en conmemoración de los 150 años de la Revolución de Mayo por el Gobierno de la provincia de Jujuy a través de la Comisión Asesora de Publicaciones Literarias e Históricas. La comisión se creó por Decreto N° 1903-G-(SG)-56 en el año 1956 y, anteriormente a la obra citada, había reeditado *Jujuy, Provincia Federal Argentina, Apuntes para su Historia Civil*, de Joaquín Carrillo, y el *Cancionero Popular de Jujuy*, recogido y anotado por Juan Alfonso Carrizo. El libro, "destinado a llenar el vacío editorial de un sistemático estudio de geografía provincial, fue destinado a ser de inapreciable utilidad [...] primordialmente para los maestros y alumnos, quienes podrán encontrar datos y mapas de gran valor didáctico que facilitarán el conocimiento y la preparación de clases sobre temas relacionados con el estudio geográfico integral de la Provincia de Jujuy" (Saravia 1961: VII).

mezclada se asocia al progreso y este deseo de mezcla sigue siendo un objetivo para 1960. Estas caracterizaciones se replican en la *Contribución al estudio de la guerra de la independencia en la frontera norte* de Emilio Bidondo (1968), quien describe al poblador de la Quebrada de Humahuaca como un mestizo mezcla del blanco y del indígena, "bajo, fuerte; completamente introvertido, lleva una vida dura y triste; sus cantos y su música reflejan este estado anímico [...] Su inteligencia es aguda y se caracteriza por su socarronería [...] Excelente soldado, gran caminante, su sobriedad y desprecio por la vida hacen de él un elemento indispensable para los sucesos que relatamos más adelante" (Bidondo 1968: 23). Vemos entonces que, sin constituir al mestizo como una categoría que distinga una pertenencia de nacionalidad, la mestización operó en estas narrativas como un significante vinculado a la dilución de la aboriginalidad, a un blanqueamiento discursivo vía mestizaje que intenta una y otra vez volver moderna y civilizada a una de las provincias con mayor cantidad de población indígena del país.

Pero estos escribas modernos no estaban solos en la tarea de consagrar la miscegenación y aculturación de las poblaciones otrora indígenas quebradeñas. En medio de los efluvios románticos con que despuntó el siglo XX, unos hombres de fajina, botas y sombrero montados sobre mulas llegaron a la región pertrechados con un completo surtido de palas, picos, baldes y cucharines. Al construir los cimientos de una empresa que llegaría para quedarse, estos hombres declararon la muerte oficial de los pueblos indígenas de la Quebrada de Humahuaca y legitimaron desde la ciencia los discursos que desde otros lugares de enunciación se encargaban paralelamente de forjar un país civilizado de cara a la Argentina del siglo XX.

Certificación de origen: un pueblo muerto

> *"La Provincia de Jujuy y la Comisión de Homenaje a los arqueólogos"*
>
> *JUAN B. AMBROSETTI   SALVADOR DEBENEDETTI*
> *1865-1917   1884-1930*
>
> *"De entre las cenizas milenarias de un pueblo muerto exhumaron las culturas de nuestros aborígenes dando eco al silencio"*
> *"El Museo Etnográfico, la cátedra y el libro resumen su obra. Sus nombres viven en el extranjero. En su patria se los respeta. Marzo 9 de 1935".*

Durante los casi cien años que transcurrieron entre las publicaciones de Joaquín Carrillo y Teodoro Saravia, apareció y se consolidó el campo arqueológico nacional. Coronando un proceso de más de treinta años de trabajo arqueológico en la Quebrada de Humahuaca, el 10 de marzo del año 1935 se inauguró un monumento a los arqueólogos Juan Bautista Ambrosetti y Salvador Debenedetti. El monumento, una pirámide de unos cuatro metros de alto que guardaba las cenizas de ambos investigadores –a las que posteriormente se sumaron las del investigador sueco Eric Boman–, se erigió en la cima del Pucará de Tilcara[13], el sitio arqueológico más conocido de la Quebrada de Humahuaca y uno de los más importantes del Noroeste Argentino.

Cincelando desde otros flancos la pluma romántica con que Joaquín Carrillo retrataba la incorporación de Jujuy a la nación argentina, la arqueología se fue erigiendo en la disciplina que legitimó los argumentos que, excavando la tierra y observando el presente desde sus entrañas, postularon la extinción de las poblaciones indígenas locales. El desarrollo de la arqueología regional fue parte del proceso más amplio de fundación de mitologías nacionales, en el que se consolidaron discursos y representaciones científicas de los quebradeños como sobrevivientes de antiguas civilizaciones, sumergidas al destino inexorable de la gesta civilizatoria iniciada en la Colonia. Con sabida presencia en los procesos de consolidación nacional, la arqueología participó activamente en la producción de discursos desde los que se generaron, validaron y legitimaron las representaciones extintas de los indígenas

---

[13] La placa reproducida al inicio de este acápite, hecha en homenaje a los arqueólogos, fue colocada en el frente de la pirámide en ocasión de su inauguración en el año 1935.

de las tierras altas de Jujuy. Para el caso de la Quebrada de Humahuaca, la plataforma más visible sobre la que se erigieron estos imaginarios regionales se estableció con "la apropiación material y simbólica del Pucará de Tilcara" (Karasik 1994, 2005). Ambrosetti, Debenedetti y posteriormente su discípulo Eduardo Casanova fueron los tres arqueólogos que sucesivamente coordinaron las campañas arqueológicas en el Pucará entre las décadas de 1900 y 1960. Los trabajos de los primeros dos arqueólogos propusieron la funcionalidad defensiva del sitio, construido por la "entidad cultural Humahuaca", que había resistido enconadamente la entrada de los españoles desde las atalayas de altura del Pucará (Debenedetti 1910, 1930; Ambrosetti 1912). Esta interpretación del sitio arqueológico como una construcción defensiva actualizó y reforzó las imágenes y representaciones heroicas y honoríficas construidas sobre los omaguacas, derrotados por las huestes españolas al iniciarse la conquista de la región a fines del siglo XVI. Esta visión, aunque posteriormente criticada y revisada por los arqueólogos que trabajaron en el Pucará a partir de la década de 1960 (como por ejemplo Krapovickas 1964), fue sedimentándose en las representaciones e imágenes del sitio, sujeto a una creciente patrimonialización académica y turística desde al menos la década de 1940 (Zaburlín 2009).[14] En este marco se pueden apreciar los efectos de autoridad de los discursos arqueológicos, que abonaron la percepción de los humahuacas u omaguacas[15] como "un pueblo muerto". Con la construcción de la pirámide en la cima del Pucará de Tilcara y la consagración de los arqueólogos en su fachada, se realizó una singular operación de sustitución simbólica. La gloria de los aborígenes, catapultada por discursos reproducidos por décadas, fue sobrevenida por la autoridad del saber arqueológico que, paradójicamente, sacando a la luz sus restos de la tierra, los terminó de enterrar en el pasado. Los pueblos indígenas fueron relegados a un tiempo

---

[14] A diferencia de las producciones académicas de Ambrosetti y Debenedetti, las publicaciones de Eduardo Casanova estaban dirigidas a un público amplio, y en ellas ponderaba el valor patrimonial del Pucará en el marco de la creciente afluencia de turismo a la región (Casanova 1950 y 1968, en Zaburlín 2009).

[15] Los discursos coloniales sobre la progresiva disolución de pluralidad de identidades étnicas y la "indianización" fueron incorporados a los trabajos arqueológicos e históricos que investigaron en la región. Con diversos matices, los investigadores que abordaron la Quebrada de Humahuaca a lo largo del siglo XX (Debenedetti 1910, 1930; Casanova 1936; Vergara 1965; González 1982; Canals Frau 1986 [1953]; Boman 1992 [1908]) lo hicieron desde teorías que vinculaban territorialidad con grupo étnico, en las que a la Quebrada de Humahuaca le correspondía la macroetnia humahuaca u omaguaca. Excepción hecha de Juan Bautista Ambrosetti, quien ubica a "los jujeños" –como denomina a los indígenas de las tierras altas del NOA– como parte de una entidad mayor, la civilización diaguito-calchaquí. Dentro de esta civilización se encontraban los omaguacas, omaguas, omahuacas o humahuacas (entre otras denominaciones), nombre que, según el autor, se había dado a los indios de las tierras altas de Jujuy durante la Colonia, "vanguardia de la nación calchaquí" (Ambrosetti 1902: 11-12).

pretérito, se instituyó su ruptura con las poblaciones contemporáneas a los arqueólogos y quedaron de este modo ligados al estudio de la ciencia.[16] Este acto de dislocación simbólica se materializaba en las obras académicas y los discursos publicados por aquellos años. En una publicación de 1917, decía Debenedetti: "lo muerto, muerto está, y sólo puede tener un lugar en los museos. El espíritu que presidió el desarrollo de extinguidas culturas no puede volver, y vano es todo esfuerzo para revivirlo. El indio terminó su cometido el día que por tierra americana cruzó el primer acero templado, y no habrá contendientes en el reparto de la herencia indígena: la Ciencia será su única y universal heredera" (Debenedetti 1917, en Karasik 2005).

Dos años después de la construcción de la pirámide en el Pucará de Tilcara, en 1937 se realizó en Buenos Aires el Tercer Congreso Nacional de Vialidad. Teodoro Sánchez de Bustamante (1937), representante de la Dirección Provincial de Vialidad de Jujuy, presentó una ponencia en la que realizó una descripción exaltada de la Quebrada de Humahuaca para atraer inversiones viales. En ella ponderaba el rol destacado de los quebradeños en la resistencia al español y en la independencia, realizando constantes referencias, entre otros, a las figuras de Salvador Debenedetti, Eduardo Casanova, Joaquín Carrillo y Benjamín Villafañe (Karasik 2005). Éste último, gobernador de la provincia entre 1924 y 1927, había pronunciado en calidad de senador nacional un discurso en la inauguración de la pirámide del Pucará de Tilcara, algunos de cuyos fragmentos Sánchez de Bustamante reprodujo en su ponencia, ubicando a los indígenas quebradeños en un pasado de gloria y valía, y reconociendo sólo la argentinidad de aquellos descendientes mezclados con los descendientes de los conquistadores. El rol de Benjamín Villafañe en la construcción de estos discursos fue analizado por Diana Lenton en su tesis doctoral, donde aborda la construcción del sujeto indígena argentino en los debates parlamentarios entre 1880 y 1970. En su trabajo, la autora

---

[16] En esta dirección apuntan los análisis de Diego Escolar sobre la ambigua discontinuidad cultural proyectada por los arqueólogos sobre las poblaciones contemporáneas en relación con los grupos aborígenes del área de Cuyo, en las provincias andinas argentinas de San Juan y Mendoza. En este caso, el autor muestra por ejemplo cómo, para Debenedetti (1917), esta discontinuidad fue argumentada con la "chilenización" de la región, cuando sin embargo el arqueólogo mostraría los constantes intercambios a uno y otro lado de la cordillera, tanto en el pasado como en su presente (Escolar 2003, 2007). Asimismo, Lorena Rodríguez denomina como "distopía calchaquí" al procedimiento discursivo por el cual los arqueólogos escindieron el sujeto indígena hacedor de las "magníficas" ruinas de los Valles Calchaquíes de los propios calchaquíes, quienes "habrían sido invasores de la región en épocas pre-coloniales" (Rodríguez 2008: 8). Éstos, a su vez, aparecen en las obras de los arqueólogos citados (Lafone Quevedo, Quiroga, Ambrosetti) como los antecesores directos de los indígenas con quienes tuvieron contacto, los cuales, sin embargo, son descriptos de modo divergente: mientras a los calchaquíes arqueológicos les son atribuidos caracteres de valía y heroicidad, a los calchaquíes etnográficos se los caracteriza como infantiles y supersticiosos (ver descripciones en Rodríguez 2008)

analiza el papel de Villafañe en estas construcciones, mostrando su esfuerzo de desetnización de las poblaciones indígenas de Jujuy, junto a su voluntad de otorgarles un rol protagónico en el mito de origen de la nación argentina, que define como criolla. En esta nación criolla, los quechuas ocupan "un lugar privilegiado como la única cultura nacional realmente endógena [...] siendo semilla y punto de inicio de la historia nacional [aunque] predomina en Villafañe la naturalización de la inferioridad atribuida, de tal manera que la participación plena del elemento indígena en la vida nacional se visualiza imposible" (Lenton 2014: 235-241-243).

Tan reveladoras como los discursos que declararon la muerte de los indígenas son las relaciones que los arqueólogos entablaron con los lugareños que contrataban como peones de sus campañas arqueológicas. En primer lugar, son significativas en términos de la ambigüedad con que los investigadores trazan la continuidad entre los naturales, quebradeños o serranos (como son llamados en los textos los peones contratados para las excavaciones), y los *pueblos* que los arqueólogos desentierran en los sitios arqueológicos. En segundo lugar, son indicadoras de los posicionamientos subjetivos de los peones respecto de las excavaciones arqueológicas, a partir de su identificación con los cuerpos y los objetos desenterrados. En los escritos de los padres de la arqueología argentina sobre sus trabajos de campo en los valles, quebradas y altiplanos del Noroeste Argentino, se puede observar el constante cotejo que realizan entre la cultura material y las prácticas de las poblaciones contemporáneas y las que les atribuyen a los pueblos aborígenes que asoman yermos sobre la superficie de la tierra que cavan y roturan. En sus reflexiones literarias, los arqueólogos indican la similitud de la cultura material arqueológica con los objetos y las prácticas de las poblaciones que viven cerca o entre los *antigales*.[17] Sin embargo, la observación de estas similitudes en la cultura material y en las prácticas atribuidas a los pueblos prehispánicos no implicó la traza de genealogías de continuidad con las poblaciones actuales. Aun en una descripción sentida sobre la impresión que les causa a los peones revolver los cuerpos de sus antepasados, Ambrosetti establece una relación ambigua entre la continuidad de ambos registros[18]: "Hubo un momento solemne [...] Nuestra alegría científica que nos lanzaba a una profanación contrastaba con la angustia visible en las caras de nuestros peones, a quienes les repugnaba el tener que revolver los huesos de sus antepasados. En sus movimientos y en sus rostros bronceados había como un grito de la sangre

---

[17] Nombre local dado a los sitios arqueológicos.

[18] Recordemos que Ambrosetti incluye a "los jujeños" –como denomina a los indígenas de las tierras altas del NOA– como parte de lo que llama civilización diaguito-calchaquí, y a quienes en su defensiva a la entrada de los españoles denomina "vanguardia de la nación calchaquí" (Ambrosetti 1902: 11-12)

calchaquí que protestaba [...] La primera sepultura quedó abierta y entonces [...] uno a uno nuestros peones desfilaron ante ella [...] pronunciando en quichua estas palabras ingenuas y sentidas que nunca olvidaré: 'Tata antiguo, toma y coquea, no te enojes, a nosotros nos ordenan'. Esta disculpa sencilla, esta confesión sincera y esta declaración de sumisión les dio ánimo [...] Los golpes de pico redoblaron, la tierra y las piedras derribadas sobre el borde de la loma caían en forma de lluvia continua, rebotando por los flancos hasta el fondo del precipicio [...] Aquellos huesos y cráneos que volvían a ver la luz después de tantos siglos [...] parecían decirnos: 'Fuimos los dueños de este suelo, fuimos un pueblo grande y numeroso, guerrero y artista, laborioso y viril, sufrido y tenaz; allí están nuestras pircas, nuestras fortalezas, nuestras piedras esculpidas, nuestros artefactos de bronce, nuestros trabajos de cerámica, nuestras pinturas en las grutas y nuestra sangre en las venas de los que aquí viven [...]. Lo demás, tú como todos los nacidos de esta tierra, lo saben bien; mucho antes nuestros ojos se cerraron para siempre" (Ambrosetti 2005 [1903]: 180-181). Del mismo modo que ha sido observado para los Valles Calchaquíes (Rodríguez 2008) y los huarpes en la región centro-oeste de la Argentina (Escolar 2007), "existe un marcado contraste [...] entre el modo mecánico en que son planteadas estas continuidades y la alteridad radical axiomáticamente establecida entre los aborígenes y pobladores actuales, en términos de adjudicación identitaria" (Escolar 2007: 44). A pesar de que en el relato de Ambrosetti se indica claramente la identificación de los peones con los enterratorios, el carácter casi sagrado con que el arqueólogo describe la solemnidad del ritual de los peones es truncado de manera abrupta por el redoble de los picos y cucharines que continúan, luego de la disculpada pausa pomposa, con su invulnerable ética y épica disciplinar. Ambrosetti, en un doble giro de autoridad, coloca voz a los cráneos, quienes interpelan al lector en primera persona certificando su propia muerte antes de "lo que se sabe". Un saber al que los indígenas no pudieron acceder, una historia de la que desaparecieron como actores y protagonistas. Ambrosetti asume explícitamente que lo que están realizando es una profanación. Los peones se disculpan ante los huesos diciendo que a ellos "les ordenan". La repugnancia sacrílega que les genera el desentierro de sus muertos no es suficiente para subvertir la autoridad y desacralizar la violencia presente en las excavaciones de los *antigales*. En un artículo sobre prácticas similares descriptas en las notas de viaje del francés Henry de La Vaulx a la Patagonia en 1896, Julio Vezub analiza las tensiones entre textos, imágenes y objetos mediante los cuales el explorador europeo vincula al paleolítico "gigante patagón" con los "gauchos" o "araucanos civilizados" y lo disocia de éstos alternativamente (Vezub 2009: 3). El propio La Vaulx tipifica como "criminal" sus prácticas de descuartizamiento y cocción de cuerpos patagónicos para ser trasladados a París, en aras de la "pasión etnográfica que excusa todos los excesos" (Heredia 1901 sobre La Vaulx, en Vezub 2009: 10). El autor muestra los modos en que las poblaciones tehuelche y mapuche se posicionaron de manera ambigua frente a estas profanaciones, señala que aun en el contexto de crisis y subalternidad, el francés debió respetar los permisos de caciques para desplazarse entre tolderías y relata incluso que un hombre intentó acuchillarlo por profanar "el suelo de los ancestros". Vezub expone, además, que los argumentos etnológicos fueron manipulados por los propios clasificados, con tal de alejar al "brujo" y evitar las profanaciones. En los escritos de Ambrosetti (2005 [1903]; 1902), Debenedetti (1910) y Casanova (1930) aparecen referencias sistemáticas al rechazo de los peones a desenterrar objetos y cuerpos. Ante las repetidas situaciones de huidas, negativas a otorgar información, resistencias a seguir excavando o realización de *corpachadas* ante la aparición de enterratorios, los arqueólogos tildarán a los peones como problemáticos, hoscos, desconfiados y ociosos. Aun apuntando su identificación con los cuerpos y materialidades enterradas, las reticencias y múltiples tácticas para no colaborar en las excavaciones arqueológicas no aparecen asumidas por Ambrosetti como formas de los peones de resistirse a las prácticas de profanación que para ellos significaban los desentierros. En todo caso, como analiza Lázzari para el caso de la tumba del Cacique Mariano Rosas, la profanación aparece inserta en una lógica ambigua, que la asume o la niega en su inscripción material. Por un lado, se hace evidente en la materialidad concreta de lo dado a través de una operación de identificación fetichista. Pero se niega el sentido de profanación al ocluirse la identificación, y se pasa a la dimensión del registro y la asimilación categorial de los restos (Lázzari 2008: 41). En las obras académicas de los arqueólogos, las evasivas, los subterfugios y los rituales propiciatorios de los lugareños en sus tareas de peonaje arqueológico quedaron circunscriptos al orden de las supersticiones y comprendidos como manifestaciones extemporáneas de una identificación con los antiguos y sus materialidades que se asumía a la vez que se clausuraba, al volverse, éstas últimas, objetos arqueológicos. A su vez, la afiliación indígena concedida por los arqueólogos a los peones se manifiesta en la irrigación sanguínea que "corre por las venas de los que aquí viven", y esta inscripción opera nuevamente de modo ambiguo, sobre rostros bronceados cuya "sangre calchaquí" protesta al mismo tiempo que cede ante los imperativos civilizatorios implicados en las exhumaciones.[19]

---

[19] Estas prácticas e interpretaciones de los arqueólogos siguieron vigentes hasta no hace mucho tiempo. En un trabajo sobre la patrimonialización del sitio arqueológico "Ciudad Sagrada de Quilmes" en la provincia de Tucumán y su reconstrucción con fines turísticos en la década de los setenta, Becerra *et al.* reconstruyen cómo la gente del lugar participaba "aportando ideas" o utilizando técnicas constructivas aplicadas en la construcción de sus propias viviendas, mostrando cómo las palabras de un arqueólogo que participó en la reconstrucción revelaban la

A la legitimación de estas narrativas realizada por la arqueología, se le sumó la influencia de los relatos folklóricos hasta por lo menos la década de 1970 (Bocco 2009), tiro de gracia de la consagración del carácter desaboriginalizado de los pobladores de la Quebrada de Humahuaca. El proyecto de rescate de los guiñapos culturales en vías de desaparecer se inició con la realización de una encuesta nacional de folklore ordenada por el Gobierno nacional en 1921.[20] La Encuesta Nacional de Folklore, auspiciada por el Ministerio de Educación de la Nación Argentina en el año 1921, asignó a los maestros rurales de las distintas regiones del país la misión de recolectar "material folklórico" presente en sus jurisdicciones, con el objetivo de inventariar el acervo cultural de las distintas regiones del país. Sus fundamentos patrióticos, orientados a sistematizar la evidencia del sustrato cultural común de la nación, consolidaron la caracterización desaboriginalizada de los pobladores quebradeños. Quien impulsó el proyecto, Juan Ramos, entonces vocal del Consejo Nacional de Educación, decía: "Esta recopilación [...] debe interesar al patriotismo nacional y local de cada uno. [...] Porque todos somos argentinos debemos aspirar a realizar una obra nacional, como es ésta que proyecto" (Croce y Espósito 2013). Como parte de este proceso de relevamiento, recolección y documentación de la década de 1920, entre los meses de noviembre de 1927 y marzo de 1928 el folklorista Juan Alfonso Carrizo recorrió la Quebrada de Humahuaca recopilando coplas. En su *Cancionero Popular Jujeño* que junto con los dedicados a otras provincias fueron definidos como las obras tutelares del folklore argentino de corte hispanizante (Chamosa 2008; Bocco 2009), Carrizo expone emblemáticamente una de las dos líneas establecidas para los estudios folklóricos, aquella que opera sobre el presupuesto de la matriz hispánica de lo que supone la cultura tradicional argentina, también fundamento de la Encuesta Nacional de Folklore.[21] En su obra Carrizo se refiere a los pobladores de la Quebrada con los términos de *campesinos, quebradeños* y *paisanos*, ponderando la raigambre hispánica de la

---

"concepción sobre los pobladores locales como herederos de un pasado estático e inmodificable y no como activos constructores de conocimiento; idea que, en varias ocasiones, los propios trabajadores pusieron en tensión al señalar la imposibilidad de reproducir exactamente la misma técnica que se utilizaba antaño" (Becerrra *et al.* 2013: 72)

[20] "Creo que el Consejo podría recoger, por intermedio de sus escuelas de la ley Láinez, todo el material disperso del folklore, de poesía y de música, que está en vías de desaparecer de nuestro país por el avance del cosmopolitismo" (Ramos, p. XI en Espósito y di Croce 2013)

[21] La otra línea, que aboga por el rescate del sustrato 'vivo' de lo aborigen presente en el folklore, está representada por las obras de Ricardo Rojas y Bernardo Canal Feijoó, entre otros (Bocco 2009: 33). Chamosa (2008) indica para el caso de los Valles Calchaquíes que los estudios de Carrizo fueron financiados por ingenios azucareros y que su insistencia en demostrar la blancura de los vallistos que trabajan en los ingenios estaba orientada a obtener la protección nacional contra el azúcar cubana y brasileña que competían con el azúcar tucumana a causa de la explotación de las "razas inferiores".

tradición coplera de la región: "El acervo poético-popular de La Quebrada está bien repartido entre los pobladores, todos saben cantos. No he notado diferencia ni en los temas ni en la ideología de las coplas, en León que está al sud y en Humahuaca, al norte" (Carrizo 2009 [1935]: 241).

Los collas

El modelo de mestizaje hispano-indígena operante en los discursos del Estado argentino –aun sin tener al mestizo como categoría étnica oficial– orientó la creación de numerosas categorías étnicas con distinto grado de lejanía al ideal mitológico de la Argentina blanca (Quijada 2000; Briones 2002; Chamosa 2008). En este esquema y en el marco de la producción, circulación e incorporación de los discursos hasta aquí analizados, el término *colla* comenzó a ser utilizado como etnónimo de los indígenas de las quebradas y los altiplanos del noroeste de Argentina, noreste de Chile y sur de Bolivia. El término, que no había designado ningún grupo étnico durante tiempos prehispánicos ni coloniales, comenzó a ser utilizado por políticos, intelectuales y viajeros en sus recorridos por la región desde mediados del siglo XIX. "Nos hallamos entre los descendientes de los antiguos Quichuas conocidos en las partes bajas del país por la denominación de Coyas" (Brackebusch 1883: 11). Esta frase, perteneciente al célebre geólogo alemán que recorrió Jujuy en la década de 1880, resume de algún modo la matriz de rasgos y atribuciones que se han aplicado y reproducido sobre los collas en su caracterización como indígenas. La propia etimología del término remite a los habitantes del Qullasuyu, una de las cuatro jurisdicciones geopolíticas en que se dividía el territorio del Tawantinsuyu, y esta raigambre territorial, asociada a un conjunto de prácticas y características fisonómicas atribuidas a los collas, ha sido uno de los principales elementos para caracterizar a quienes entonces se revelaban como los indígenas de las tierras altas de esta región de los Andes.

En las tempranas descripciones encontradas sobre los collas, éstos aparecen como los indios que habitan las regiones de puna, y les son atribuidas características que en términos evolutivos apenas los sitúan alcanzando los peldaños de la humanidad. En la década de 1920, el viajero español Ciro Bayo se refería a los collas como los indígenas que habitaban la Puna de Jujuy. En su obra *Por la América desconocida*, Bayo indica que los collas son los "descendientes de los primeros habitantes de esta región americana, que debieron venir de Perú, pues tienen en común, con los aborígenes de este país, tipo, idioma, alimentación y costumbre. Colla, entre los argentinos, es sinónimo de avaro, de miserable. La sinonimia es exacta (…) Diríase que la ola de la civilización, en llegando a la puna, la dio un rodeo y pasó de largo" (Bayo 1927: 60-61). En la misma década, el viajero Alberto Castellanos decía: "El indio, el autóctono o 'coya' como le dicen, en general es de talla mediana o baja, delgado, de tez bronceada, cabellos negros y rígidos, que más bien son cerdas, poquísima barba, reducida a veces a unos cuantos pelos arrolados en el mentón y el bigote, a otros pocos en las comisuras labiales; recuerdan a las vibrisas de las aves o a las cerdas del lomo de los chelcos viejos. Sus ojillos rajados traen a la memoria el ojo mogólico. Boca grande, dientes pequeños y negros casi siempre, labios delgados y más obscuros que el rostro, al abrirse dejan exhalar un hálito fétido, tal vez resultado de su continuo mascar coca con yista, cuyos residuos les quedan como muestra en los contornos […] De las piezas interiores de los vestidos, prefiero no detenerme porque es arriesgado indagarlo en un 'coya'. Seguramente que alguno de los múltiples parásitos se llevará el que así lo intente hacer, a pesar que, si bien es cierto felizmente no saltan y son lerdos para caminar, no por eso llegan a ser difíciles de contagiarse". (Castellanos 1928: 54-55-58). Estas caracterizaciones subhumanas elaboradas sobre los collas, similares a la cita de Andrews presentada en el acápite anterior, evocan a su vez otra descripción de los collas hecha por Brackebusch y citada en una obra de la década de 1970, donde el autor geólogo distingue a los collas de la comunidad humana: "'[En la Puna de Atacama] el hombre fue y es lo de menos, el paisaje frío e imponente es lo de más. ¡Pero qué habitantes! Collas, collas no más, con excepción de tres o cuatro hombres'", fue la textual definición demográfica que Brackebusch aplicó a la puna jujeña en 1883" (Aceñolaza 1971: 58, en Benedetti 2005).

En Jujuy, el término *colla* aparece aplicado además a las personas de origen boliviano. Luego de las independencias nacionales, la migración de personas de nacionalidad boliviana a la provincia fue una constante, con una tasa de crecimiento ininterrumpida desde mediados del siglo XIX hasta las décadas de 1940 y 1950, cuando alcanzó su pico máximo. Gabriela Karasik retoma la tesis de Seca (1989) sobre el hecho de que las elites locales, arrogándose el derecho sobre las tierras de la provincia, comenzaron a ver como un sector competidor a los bolivianos que llegaban a la provincia con profesiones –médicos, abogados, escribanos– y/o ciertos recursos económicos que les permitían insertarse exitosamente en la estructura socioeconómica local (Karasik 2005). Esto dio lugar a que desde mediados del siglo XIX se generalice la idea de los bolivianos como usurpadores, cuestión que remite además a los históricos problemas limítrofes entre Argentina y Bolivia por los territorios de Tarija y el Chaco hasta por lo menos el tratado internacional del año 1925. En esta dirección, tanto en Salta como en Jujuy Carrizo registró el uso del término *colla* en un sentido negativo y asimilado a lo boliviano: "La peor gente que tenemos/ son los collas de Bolivia/ pues son la mayor polilla/ que invaden nuestros terrenos [...] Son doctores y escribanos/ siendo estos los más villanos/ que invaden nuestros terrenos" (Carrizo 1987, en Mata de López 2001). "En chispa y medio en chispa/ y con la chispa chispiando/ con la boca como loro/ están los collas coquiando. En la plaza de Jujuy/ frente a la iglesia matriz/ se peliaron doce collas/ por una vaina de ají. ¡Cantá, viejita/ el oro y la troya/ ¡viva la patria/ mueran los collas!" (Carrizo 2009).

En el marco de las políticas sociales y laborales del peronismo, en las décadas de 1940 y 1950 se observa un aumento masivo de migrantes bolivianos y movimientos incesantes de población altiplánica hacia la producción primaria de la caña de azúcar y hacia las industrias locales –minería, ingenios, Altos Hornos Zapla–. En este contexto, lo colla se rearticuló en una categoría ambigua en sus definiciones étnicas a medida que los colectivos así nominados (pobladores de la Puna Jujeña) se iban incorporando al proceso provincial de formación de clases en una nueva articulación de subordinación socio-étnica (Karasik 2005; Lanusse 2007; Lanusse y Lázzari 2008). En el año 1945, el Consejo Agrario Nacional planteó las discrepancias en los criterios para determinar oficialmente la calidad de indígena de los collas: "En el norte se ha discutido la situación de ciertos *indígenas civilizados, como los collas*, pretendiendo negarles su carácter de aborígenes" (Consejo Agrario Nacional 1945: 55, citado en Karasik 2005, itálicas de nuestra autoría). En la presentación, se exhibieron informes de la Comisión Honoraria de Reducciones de Indios del año 1935, donde se mencionaba la negativa de los ingenios azucareros y de agentes parlamentarios del Estado provincial a reconocer la aboriginalidad de los collas: la discusión sobre si los collas eran o no indígenas se centró específicamente en los pobladores oriundos de la Quebrada de Humahuaca (Pardal 1945 [1936], en Karasik 2005). De la misma manera, luego del Malón de la Paz del año 1946, en la Cámara de Diputados de la Nación se generó un importante debate sobre la condición india de los maloneros, durante el cual llegó a afirmarse que en Jujuy no existían ni indios ni collas. Durante las sesiones de los días 12 y 13 de septiembre de 1946, y ante la solicitud de informes del diputado Alberto M. Candioti al Poder Ejecutivo sobre "la caravana de indígenas collas" que había arribado hacía poco a Capital Federal, el diputado Sarmiento interrumpió la alocución de Candioti y se generó el siguiente diálogo:

Señor Sarmiento: –¿Me permite una interrupción, señor diputado? Quiero pedirle al señor diputado que trate de no usar la palabra "indios". Los del norte no son indios: son aborígenes.

Señor Dellepiane: –Nosotros también somos aborígenes. (*Risas.*)

Señor Sarmiento: –Indio es otra cosa.

Señor Candioti: –Yo empleo la palabra "indio" en su sentido clásico. Indígena es el francés nacido en Francia, el yugoslavo nacido en Yugoslavia, y el argentino nacido en la República Argentina.

Señor Sarmiento: –Indio es el que no está ampliamente incorporado a la civilización: el del norte en realidad ya está incorporado legalmente, aunque en realidad muchas veces no sea así.

Señor Rubino: –Los que echaron de Buenos Aires, ¿eran indios o no eran indios?

Señor Sarmiento: –En realidad no son indios.

[…]

Señor Saravia: –Pido la palabra. Entro a este debate un tanto desprevenido: pero cuando se habla de ciudadanos argentinos que viven en mi provincia, Jujuy, no puedo quedar callado y protesto enérgicamente por el uso de los términos "collas" o "indios".

¡Muy bien!

¡En Jujuy no existen indios ni collas!

¡Todos son argentinos!

Se los puede llamar, sí, autóctonos o aborígenes, pero jamás collas o indios.

¡Muy bien! ¡Muy bien! (*Aplausos*).

(*Documento I Sesiones de la Cámara de Diputados de la Nación, septiembre de 1946. En Sala 2005: 179-180;184-185*)

En este contexto, la categoría colla comenzó a designar no sólo ya a los indígenas de la Puna, sino a aquellos residentes en la Quebrada de Humahuaca, de modo que se generalizó la marcación colla, aunque ya desindianizada, a las poblaciones oriundas de las tierras altas (Quebrada y Puna) en contraste con otras categorías étnicas en el sistema clasificatorio laboral de los ingenios azucareros según el lugar de origen de los trabajadores, como boliviano, catucho, toba, mataco, entre otros.[22] En un sentido similar Oscar Chamosa (2008: 99-100) muestra el modo en que la "criollización" de los Valles Calchaquíes operó en el marco de lo que el autor llama "la Industria blanca". La injerencia en los ingenios azucareros de la clase política, muchas veces asociada a sus intereses empresariales, jugó como una certera metáfora del mito de la Argentina blanca. De indios incivilizados, como Ciro Bayo describía a los collas apenas dos décadas atrás ("diríase que la ola de la civilización en llegando a la puna, le dio un rodeo y pasó de largo"), pasaron a oficializarse como "indios civilizados" según los discursos de diputados nacionales y del Consejo Agrario que, si bien como institución estatal no estaba dirigido específicamente a solucionar la problemática indígena, preveía en uno de sus artículos la organización de colonias que se iban a dar "en propiedad a los indígenas del país" (Lázzari 2004). En pleno auge de la industria azucarera en el oriente de la provincia, en 1939 el diputado Carlos Montagna hacía el siguiente planteo en el marco de la creación de la Comisión Nacional de Protección al Indígena: "Y no sólo debemos considerar el problema del indio por razones de humanidad y de orden moral superior, sino porque son seres fácilmente adaptables a nuestra civilización, útiles en el trabajo y de gran rendimiento cuando se les orienta, se los guía, se los encauza en sus primeros pasos de adaptación [como ha acontecido] […] allí en Napalpí, en Bartolomé de las Casas (…) y otras reducciones del Chaco y Formosa" (Consejo Agrario Nacional 1945: 221). Mientras los chaqueños –sobre cuya condición de indios no cabía ninguna duda– se constituyeron en la principal mano de obra indígena de los ingenios azucareros de Jujuy y Salta (Gordillo 2010), el despojo de atributos de aboriginalidad a la categoría colla fue propiciado y utilizado por los dueños y los capataces de los ingenios con fines de rentabilidad económica y seguridad social, siendo dicha aboriginalidad discutida en el marco de la posibilidad de que una eventual identificación indígena hiciera emerger reclamos por tierras en la región. En su trabajo sobre el primer censo indígena nacional, Diana Lenton presenta testimonios de dos censistas que en el año 1966 fueron a realizar sus registros al Ingenio Ledesma. Según la antropóloga, todos sus entrevistados coincidieron en señalar que allí es donde tuvieron el mayor problema en todo el trabajo de campo: "El problema mayor […] fue el que atravesaron dos censistas enviadas al Ingenio Ledesma en 1966 […] cuando el ingeniero Arrieta, propietario del ingenio, presionó […] para que a la población colla que vivía en el ingenio Ledesma se la discriminara de los matacos y guaraníes para no censarla. Los problemas comenzaron cuando los administradores del ingenio las denun-

---

[22] Para una descripción de las categorías laborales socio-étnicas en los ingenios de Jujuy ver Karasik (2005).

ciaron por 'hacer preguntas comunistas'. En realidad, la 'pregunta comunista' era aquella que inquiría: 'En el caso de tener un día mucha plata, ¿qué haría usted con ella?'. Esta pregunta tenía su razón de ser en el marco del interés que los diseñadores del CIN mantenían por los procesos de 'aculturación'. La respuesta unánime de los censados, que irritaba tanto a los Arrieta, era que de contar con los recursos necesarios, comprarían un terreno para dejar el ingenio y obtener su independencia económica y personal" (Lenton 2003: 201). A medio camino entre el ideal civilizatorio provincial –condensado en el hombre blanco, ilustrado y propietario– y el escollo principal para la consecución de ese ideal –los salvajes aborígenes del oriente provincial–, los collas quedaron despojados de sus atribuciones indígenas en contextos de uso oficial y empresarial, lo cual cimentó representaciones desaboriginalizadas de los pobladores de las tierras altas del Noroeste Argentino. Primero sometidos al poder colonial, y luego integrados de modo subalterno al poder de la nación y a los mercados e industrias del capitalismo regional, a los collas se les negó su condición de indios aunque (les) imprimieron en su piel la huella no-blanca de una historia otrificadora, signo de su subordinación en el marco del proceso de formación nacional de alteridad (Segato 2007).

Junto a la negación de la aboroginalidad de los collas, la polisemia de la categoría operó en otros sentidos. Lo colla fue construido como una alteridad indígena exhortada positivamente por parte de un grupo de intelectuales indígenas, cuyas principales reivindicaciones están expresadas en la obra y la militancia de Eulogio Frites. En el artículo "Los Collas" del año 1971, el autor realiza una caracterización de quienes constituyen la población asentada en la Puna, la Quebrada de Humahuaca, los Valles Orientales de Jujuy y Salta y los Valles Calchaquíes. Frites ubica a los collas como una nueva etnia con pautas culturales diferentes a otros grupos, producto sincrético de "los apatamas, los omaguacas y parte de los diaguito calchaquíes, en base a la afinidad de su cultura ándida" (Frites 1971: 376). Luego de esta breve descripción, el autor denuncia el fuerte racismo que en la década de 1970 opera contra el indio en general y el colla en particular por parte de blancos y mestizos. El autor plantea que las burlas socarronas que recibe el colla tienen por efecto que éste reniegue de su "personalidad" y, en un proceso de "trasculturación", "se atomice y se pierda como hombre" (Frites 1971: 378). En un interesante análisis sobre los subterfugios a los que se somete el colla para hacerse pasar por gaucho o "lugareño" en situaciones de discriminación, Frites concluye que "su rostro no lo deja mentir" y expone así la incorporación subalterna de aquello que Escolar denominó fenomitos, racializaciones feno-míticas, representaciones biológicas de alteridad que naturalizan prácticas sociales, experiencias y procesos históricos, "cuya historicidad y carácter social se borra para los actores precisamente en el proceso que las inscribe como rasgos fenotípicos de 'raza', es decir, como rasgos biológicos considerados esenciales que se traducen en marcas somáticas observables" (Escolar 2007: 79-80). La obra y la militancia de Frites y otros intelectuales indígenas dieron lugar a la creación de organizaciones como el CIRA (Centro Indígena de la República Argentina) en 1955, la AIRA (Asociación Indígena de la República Argentina) en 1975 y la CJIRA (Comisión de Juristas Indígenas en la República Argentina) en el año 1999 (Cruz 2017 ms.).

A pesar de la obra de Frites y de la militancia indianista e indígena que se desarrolló en el país a partir de la segunda mitad del siglo XX, la desindianización de los indígenas quebradeños fue reforzada desde las perspectivas teóricas materialistas con las que la Historia y la Antropología regionales interpretaron las relaciones entre la "clase" y la "etnicidad" de los grupos locales. Según estas perspectivas, al incorporarse como arrendatarios en las haciendas y fincas rurales o emplearse en las industrias regionales, los indígenas se convirtieron en campesinos y/o proletarios/semi-proletarios, y las identificaciones aboriginalizadas de los grupos quedaron como meros epifenómenos de su nueva condición de clase (Bratosevich 1992; Karasik 2005; 2009, 2010; Madrazo 1986; 1995; Hocsman 2011 para el caso salteño). Al respecto de estas miradas, y sin desconocer con esto su incalculable aporte a la historiografía regional[23], es paradigmático el trabajo del historiador Guillermo Madrazo, quien analiza el proceso de desestructuración de la sociedad indígena del Noroeste y su "completa transformación en una clase campesina" (Madrazo 1995: 131). El autor ubica el corolario de este largo proceso hacia fines del siglo XIX, producto de "una transición definitiva desde la etnia en posición de clase hacia la clase social propiamente dicha" (Madrazo 1995: 143). En el marco del proyecto liberal de desarticulación de las comunidades indígenas, de acuerdo a estrategias y etapas posibles de ser comparadas con las desarrolladas en otros lugares de los Andes, Madrazo enfatiza la inconmensurable conducta de resistencia que tuvieron las comunidades, lo cual no impidió la "desaparición final de la sociedad indígena [...] Los grupos étnicos que se hallaban en una situación de clase dentro de una relación colonial [...] se integraron al campo de las clases y pasaron a engrosar en el medio rural las filas del campesinado y de la clase asalariada. Pero todo esto no fue inocuo. Entre una y otra situación medió un proceso fuertemente inducido de pérdida de la identidad originaria y de desestructuración social [...] Las condiciones históricas y sociales del proceso de dominación colonial en el

---

[23] Como afirman las historiadoras Cecilia Fandos y Ana Teruel en una compilación dedicada a su memoria, el aporte de la obra de Guillermo Madrazo a la historiografía es fundamental en la historia del arte regional y una fuente incalculable de inspiración: "para comparar, para revisar, para discutir, para rebatir, para matizar, para proponer, para comprobar, para continuar..." (Fandos y Teruel 2014: 10).

Noroeste argentino condujeron a la sociedad indígena a un gran momento de desestructuración inicial desde fines del siglo XVI pero sobre todo a mediados del XVII, y a su desaparición definitiva en el XIX" (Madrazo 1995: 146-151).

Luego de la dictadura del año 1976, en el marco de la inserción de antropólogos de la Universidad de Buenos Aires en el Instituto Interdisciplinario de Tilcara y la inauguración de la Facultad de Humanidades y la carrera de Antropología en la Universidad Nacional de Jujuy, a mediados de la década de 1980 comenzaron a desarrollarse investigaciones que desde la Antropología estudiaron las poblaciones de las tierras altas jujeñas y su articulación en dinámicas sociales y económicas más amplias. La obra fundante de este momento es la compilación de Alejandro Isla titulada *Sociedad y Articulación en las tierras altas jujeñas* del año 1992. En esta obra Isla plantea que a pesar de la desestructuración socio-económica y la integración de los collas al mercado de productos y de trabajo, los puneños mantenían al interior de su privacidad familiar formas culturales originales que fundamentaban la preservación de una identidad difusa (Isla 1992). El trabajo de Isla coloca al Estado como un agente central en las dinámicas sociales locales de las tierras altas jujeñas, explicitando a su vez la necesidad de historizar los procesos e insertarlos en una perspectiva de economía política. El colla, sujeto que habita la Puna, aparece articulado al Estado y al mercado de trabajo regional, manteniendo a la vez formas culturales propias cuyo estudio es central, según plantea el autor, para comprender el tipo de inserción que tienen los collas en el sistema nacional (Isla 1992: 30). Aunque otros autores de la compilación hablan de la condición de proletarios o sub-proletarios rurales de los collas, Isla los describe como eventuales asalariados a partir de su incorporación en el sector público e informal, sugiriendo en todo caso su categorización como "semi-proletarios rurales". Esta compilación no acuerda con categorizar a los collas como una "cultura de clase", dado que "todavía existe una fuerte identidad [del colla] relacionada a 'lo local'". Sin considerar que los collas constituyan una clase social definida, Isla pondera uno de los artículos de la compilación (Bratosevich 1992), en el que se describe al colla como un "campesino capitalizado, fuertemente articulado al mercado (la venta de vacas en pie) pero al mismo tiempo [conservando] la cabra 'para mantener la parcela y [sembrando] lo que se puede'" (Isla 1992: 32). Dos años después de la publicación de Isla (1992), se publicó el compendio *Cultura e identidad en el Noroeste Argentino* de Gabriela Karasik (1994). Los estudios antropológicos sobre las dinámicas sociales de Jujuy aquí incluidos se orientaron al análisis de "los procesos de significación desplegados en torno a la 'heterogeneidad y desigualdad social y cultural en el Norte Argentino'" (Karasik 1994: 7). Aquí la autora plantea que "deben examinarse los procesos de reconocimiento e identificación sobre diferentes bases (étnico-cultural, regional, nacional, de clase) sin partir de la violencia simbólica de la nominación oficial, que plantea cuáles son 'las identidades' relevantes de la sociedad y cómo se definen" (Karasik 1994: 9). Aquí, los "sujetos étnicos" aparecen como objeto del discurso social, sin cuestionarse las condiciones de producción de las clasificaciones y categorizaciones sociales operadas sobre ellos: no se habla por ellos pero tampoco se ponen en entredicho las condiciones de su producción nominal. En esta perspectiva, las dimensiones étnicas se ubican como un epifenómeno de la clase social: "lo qolla, lo indio y lo criollo" son dimensiones ideológicas de las condiciones materiales de existencia de los grupos sociales, y lo colla queda encuadrado en el estudio de lo popular (Karasik 1994, 2005).

Alicia, sentada bajo el inclemente techo de chapa de su casa en una helada mañana de invierno, repetía como un mantra las palabras que le decía su abuelo cuando ella era chica: "mi mamá es una colla negra y fea –decía él– mi mamá era una colla negra y fea, y mi papá un gringo de ojos celestes, bien lindo, era español". Hugo explicaba: "con mi cara de colla yo aparentemente no parezco ser ingeniero, no parezco... somos portadores de rostro nosotros los collas, bien negritos del campo". Lo colla y lo indio o aborigen, asumidos con las características de feos, pobres y sucios, se contraponen a lo blanco, que encuentra en Tumbaya la particular asociación con lo español, lo bello y lo rico. Apenas empezado mi trabajo de campo en Tumbaya, Celestina me advertía: "Acá fíjate que hay como dos polos de personas [...]. En el pueblo está bien claro quiénes son unos y otros, están los ricos y los pobres, los Bustamante, los Martiarena, los Machaca, los Cheli, ellos son las familias ricas del pueblo. Vos te das cuenta, ¿no? Como españoles y no españoles. Ellos son todos de apellidos españoles, no son aborígenes. Yo me acuerdo cuando iba a la escuela las diferencias, yo iba a la escuela con bolsas de fideos llevando los útiles, los demás iban con mochilas, y me acuerdo la diferencia que hacían los maestros entre unos y otros". En Tumbaya estas representaciones relegan lo aborigen al campo, mientras que el pueblo se dota de 'españolidad' y civilización. Además de estas citas de entrevistas, mi propia presencia en el lugar era ubicada desde mi lugar de "gringa del sur" en contraste con "los collas de acá, que bien morenitos somos". En el marco de la historización de los usos de la categoría colla en Jujuy, vemos que ésta operó como un estigma (Goffman 1991) desde al menos mediados del siglo XIX, intercambiable con la de indio y boliviano. Uno de los usos del término en Jujuy se esgrime aún en la actualidad en un insulto, un oprobio degradante para quien se dirige la nominación, estando generalmente acompañada en sus usos por diversos apelativos descalificadores: colla de mierda, colla sucio, colla vago. El agravio acude a una marcación cargada de connotaciones racistas, realizada en el marco de una operatoria discursiva donde la raza actúa efectivamente inscribiendo las diferencias, generando exclusiones y ontologizando diferencias sociológicas (Briones 2000; Segato 2007).

Recapitulando

> *Señor presidente (Pontieri): –Se continuará tratando el proyecto que quedó pendiente ayer, según informará el señor secretario.*
>
> *Señor secretario (Zavalla Carbó): –En la sesión de ayer quedó pendiente de consideración el artículo 1º del proyecto de resolución del señor diputado Candioti sobre la caravana de indígenas llegada a esta Capital. Se había propuesto sustituir el término "collas" por "aborígenes", en la votación en particular.*
>
> *Señor Candioti: –He propuesto la sustitución de la palabra "collas" por la de "aborígenes".*
>
> *Señor Bustos Fierro: –La palabra aborigen significa simplemente "natural del suelo".*
>
> *Señor presidente (Pontieri): –Entonces queda sancionado el proyecto.*
> (Documento I Sesiones de la Cámara de Diputados de la Nación, septiembre de 1946. En Sala 2005: 187)

En este capítulo analicé la producción letrada de intelectuales, académicos, políticos y funcionarios estatales cuyas obras y discursos intervinieron en la conformación de representaciones e imaginarios étnicamente alternos sobre los pobladores de la Quebrada de Humahuaca, así como los complejos reacomodamientos de éstos a aquellas interpelaciones en la larga duración. Las narrativas analizadas postularon con diversos argumentos la desmarcación indígena de los quebradeños desatendiendo al menos tres aspectos. En primer lugar, los discursos de intelectuales y organizaciones indianistas collas que a partir de la década de 1970 pusieron en tensión y disputaron los discursos extincionistas; en segundo lugar, las representaciones, las memorias y los sentidos de identificación y pertenencia aboriginalizadas de los forasteros y arrendatarios de haciendas, así como las múltiples demandas y conflictos en los que éstos se definieron y fueron definidos como indígenas en distintos momentos del siglo XX como vimos en el capítulo 1; y en tercer lugar, los poderosos y conflictivos efectos que tuvieron aquellos procesos de clasificación sobre los grupos de las tierras altas de Jujuy de fines del siglo XIX en términos de identificación y constitución de subjetividades sociales indias. En los periódicos levantamientos que protagonizaron los arrendatarios de hacienda desde fines del siglo XIX, los grupos adscribieron y fueron adscriptos como "campesinos indígenas", "naturales", "indígenas" e incluso como 'antiguos comuneros indígenas'. Del mismo modo, en nuestras investigaciones etnográficas los relatos y las memorias establecen la hilación de fragmentados sentidos de pertenencia, inscriptos en experiencias colectivas de identificaciones aboriginalizadas, más allá y a pesar de los discursos extincionistas (Espósito y Da Silva Catela 2013; Espósito 2014a). En esta dirección, Thierry Saignes (1988) muestra los modos en que durante la colonización española en el actual territorio boliviano, las haciendas de arrendatarios muchas veces funcionaron como protectoras de las instituciones andinas y sentidos de identificación étnica, en contextos de profunda desestructuración económica y social. Sin embargo, en el caso de Jujuy y en sintonía con lo analizado en otros grupos del territorio nacional, un aspecto ineludible en el análisis de la etnogénesis indígena colla es el poderoso carácter estigmatizado de las categorías indio, indígena o aborigen en general y colla en particular, con efectos concretos en los precarios e inestables procesos de autoadscripción a esta grilla clasificatoria étnica socialmente desacreditada. Junto a la fuerte carga estigmatizada de una eventual pertenencia indígena, los lentes teóricos e ideológicos de los trabajos académicos sobre aquellos procesos de des-etnificación opacaron en gran medida la comprensión de los procesos de etnogénesis locales, de modo que existe hasta la actualidad una llamativa ausencia de trabajos etnográficos e historiográficos sobre estos procesos. Efectivamente, hacia la década de 1960 no había indios en la Quebrada de Humahuaca, tal como lo había decretado la UNESCO en aquel decenio, producto del sostenido trabajo cultural y político de desmarcación indígena que se venía realizando sobre sus pobladores desde hacía más de un siglo. En este proceso, los collas fueron construidos como una categoría compleja, cambiante y ambigua, 1) negada en su aboriginalidad por un Estado provincial históricamente afín a los intereses del capitalismo empresarial –avance del ferrocarril e ingenios azucareros sobre todo–; 2) reproducida como una categoría de clase por las perspectivas materialistas con las que se la comprendió desde las disciplinas históricas y antropológicas; y 3) racializada fenotípicamente en sus usos y formas de adscripción e identificación indígena, y convertida en un estigma. Sin embargo, en la década de 1990 estas representaciones fueron resignificadas, incorporadas y complejizadas en sus usos, plagadas de silencios, elipsis discursivas e identificaciones ambiguas, como insumo simbólico (Escolar 2007) de las comunidades que adscribieron colectivamente a "la identidad indígena colla", así como por los agentes religiosos y estatales que participaron activamente en este proceso.

Apenas treinta años después de la Misión de la OIT, la emergencia indígena colla en la Quebrada de Humahuaca irrumpió en el marco de procesos de larga duración en los que intervinieron los discursos analizados en este capítulo, aunque, en el caso de los arrenderos de la Finca Tumbaya, articuladas a prácticas, experiencias históricas y memorias colectivas de las que nos ocupamos en el próximo capítulo.

Capítulo 3

Las memorias arrenderas

En octubre de 2014 organicé dos talleres en Tumbaya y Tumbaya Grande con las familias que quisieran participar en la elaboración de un mapa colectivo. El hilo del debate entre los tumbayeños transcurrió no tanto en la definición de puntos geográficos en el plano bidimensional del papel, sino en torno a discutir cuáles eran los espacios legítimos de ocupación de cada familia en el campo –dónde estaban las casas, puestos y estancias de cada quien–, legitimidad establecida por el hecho de que éstas vivieran actualmente en el lugar y tuvieran trayectoria familiar arrendataria. Los fibrones pasaban de mano en mano, y entre anécdotas, chistes y evocaciones de hechos y personas, se iban imprimiendo en el mapa trazos que, una vez terminados, apenas dejarían entrever el rico y complejo mundo de socialidades, memorias y prácticas que enraizan lo que ese día se intentó plasmar en el papel. Para los tumbayeños, una experiencia estructurante de sus subjetividades y memorias colectivas está contituida por el arriendo. En Tumbaya, el haber sido o no arrendero de la finca es un criterio primario de identificación, desde donde se describen y explican pertenencias y prácticas en torno a las cosas del campo, como locus significante de las trayectorias grupales de quienes sí lo fueron. Lo que hace a la Comunidad Aborigen Kolla de Finca Tumbaya un grupo es sobre todo la experiencia arrendera, definida por las trayectorias familiares de sus miembros en el sistema de producción y explotación del sistema arrendatario. Pero además, esas trayectorias y experiencias se articulan en términos de las profusas relaciones entre las familias, entre éstas, los patrones y la política, y con elementos que configuran socialidades donde intervienen lugares y entidades múltiples como corrales, animales salvajes, la *almita ñusta*, la hacienda, ojitos de agua, plantas, rastrojos, pozos, cerros y abras, entre otras. Además de recordarse como un lugar de explotación y despojo, la experiencia del arriendo en Tumbaya hace proliferar otros sentidos donde la finca aparece como un lugar de apego[1] (Grossberg 1996; Ramos 2010) articulado por la gramática de la reciprocidad (Cavalcanti Schiel 2015).

Inspirada en la categoría de Guillermo Madrazo de "finca de arrenderos" (1982), en este capítulo analizo lo que denomino "memorias arrenderas". Este capítulo aborda un aspecto central de aquello que actualizó las condiciones de posibilidad de la organización de las familias de la finca como comunidad indígena en los 90. Aquí, las memorias arrenderas adquieren la forma de una estructura narrativa compuesta por una multiplicidad de voces, experiencias y prácticas a través de las cuales enhebramos una historia que se inicia cuando las personas llegaron a la Quebrada de Tumbaya Grande entre mediados y fines del siglo XIX y se instalaron como arrendatarios del primer patrón, Juan Álvarez Prado. Un segundo momento está conformado por las memorias sobre la coerción y violencia política vivida en torno a las tensiones entre el conservador Partido Demócrata –los *orejudos*– y el Partido Radical, que al interior de la finca tomaron la forma de disputas de lealtad entre los arrenderos y el segundo patrón, Don Pablo Álvarez Prado. Un tercer momento está marcado por los cambios laborales ocurridos al interior de la Finca durante los gobiernos de Juan Domingo Perón (1945-1955), momento que se evoca reiteradamente con la frase "cuando llegó Perón", y en el que *las ocho horas* sitúan un enclave discursivo de las memorias locales. Finalmente, un cuarto momento irrumpe en los relatos cuando la finca pasa de manos del tercer patrón, León Arturo Álvarez Prado, a Don Ángel Pablo Viviani a mediados de la década de 1970. Este traspaso marcó un cambio de juego, así como el fin de una gran etapa signada por las relaciones paternalistas que, durante aproximadamente un siglo, regularon la vida entre los arrenderos y los sucesivos Álvarez Prado en la Finca Tumbaya.

---

[1] Según plantea Grossberg citando a Meaghan Morris (1988), estos lugares no preexisten como orígenes sino que se vinculan con la movilidad estructurada mediante la cual los individuos tienen acceso a determinados tipos de lugares y a los caminos que les permiten desplazarse desde y hacia ellos. Los modos de pertenencia que actúan en el plano de la subjetividad definen clases de personas en relación con los tipos de experiencia de que disponen, constituyendo "hogares" como lugares de afecto: "lugares y espacios específicos que definen formas particulares de agencia y dan poder a poblaciones particulares" (Grossberg 1996: 172-173).

El contrato arrendero y las ayudas entre familias

Cuando en el año 1996 comenzaron los juicios de expropiación de la Finca Tumbaya, sus dimensiones eran de 24.469 hectáreas.[2] Para entonces, hacía más de cien años que la finca conformaba uno de los latifundios que coexistía con otras fincas, tierras fiscales y las numerosas pequeñas parcelas que salpicaban el paisaje agrario de la Quebrada de Humahuaca, compartiendo las características de las "haciendas de arrenderos" definidas por Madrazo para la Puna (1982). En entrevistas con tumbayeños de la Quebrada de Tumbaya Grande, sus relatos *circa* 2010 se sumergían a fines del siglo XIX para dar cuenta del momento en que sus *abuelos y anteabuelos*[3] se instalaron como arrendatarios en la finca. Los anteabuelos de muchas de las personas que en la primera década del siglo XXI vivían en la Quebrada de Tumbaya Grande migraron desde la Puna en el marco de los convulsionados procesos políticos y las transformaciones económicas que signaron las últimas décadas del 1800 de la región altiplánica: "los anteabuelos vinieron del norte".

G: −¿Y usted el otro día me contaba que sus abuelos habían venido de Ecuador?

Don Armando: −De Ecuador, en realidad el abuelo de mi papá trabajaba como correo a mula [...] él recorría desde Humahuaca hasta Jujuy a lomo de mula [...] Y como él trabajaba para el correo ya conocía al dueño de estas tierras, Álvarez Prado. Como eran amigos, es que le ha dicho "¿dónde te vas, Pablo?", "me voy para abajo" dice, arrió todas sus ovejas, sus vacas, todo, entonces dice que le ha dicho: "no, aquí tengo tierras desocupadas" y entonces ahí nomás frenó él con todo y se vino aquí al Chañi, y ahí se quedaron...

---

[2] En un documento hallado en el Archivo Histórico Provincial de Jujuy, se indica que en el año 1918 Pablo Álvarez Prado vendió una fracción de terreno de la finca en Est. Purmamarca a la empresa norteamericana The Cuevitas Trading Company por un valor de 3.500 pesos, por lo que el avalúo de la finca pasó de 28.000 a 24.500 pesos (AHJ Catastro territorial años 1915 a 1919, Dpto. Tumbaya [rural], N° de catastro 215 y 278).

[3] Las categorías de abuelos/as y de anteabuelos son muy usadas en la región. Los abuelos y abuelas designan a hombres y mujeres identificables que pueden estar vivos o haber fallecido, depositarios de saberes, experiencias y conocimientos que se tienen por tradicionales, y a quienes faltarles el respeto supone una fuerte sanción moral. Las abuelas y los abuelos en Tumbaya parecen ajustarse a la categoría de "guardianes de la memoria" que proponen Harris y Bouysse-Cassagne (1998) para referirse a las personas que, en las sociedades aymaras, se encargan de mantener las estructuras colectivas en términos del cómputo del tiempo, historia, mitología, de un conjunto de saberes y saber-haceres. Por otro lado, la categoría de anteabuelos designa de modo impersonal a los antepasados familiares que en un horizonte temporal difuso, de entre tres o cuatro generaciones, se asentaron en el lugar y establecieron los lugares más antiguos vinculados a la producción y a la vida cotidiana. Ocasionalmente se usa el término *abuelo* en el sentido de anteabuelo.

G: —¿Esto para qué año sería?

Don Armando: —Y, sería... debe ser antes del novecientos, mil ochocientos noventa, ochenta, por ahí debe ser [...] Pero aquí todos vinieron del norte". (Armando Cruz, 60 años, Tumbaya Grande 2008)

G: —¿Y sus padres dónde nacieron?

Don Borja: —Mi madre era de aquí nomás, y mi padre ha venido de Abra Pampa, de Cochinoca, de ahí ha venido [...] Y ya mi papá se ha venido para aquí ya, ya ha conseguido el arriendito éste que le ha dado el patrón. (Don Borja Tapia, 80 años, Tumbaya Grande 2008)

G: —Ajá. ¿Y cómo fue que su papá vino para acá?

Doña Nelly: —Con su mamá ya se han venido del norte, toda gente que venían del norte, que han venido ya todos estos años, porque esta gente que viven aquí todos son del norte, son del Aguilar, son de Cochinoca [...] Ya con tropas los mandaban ya de chico, ya de más grandes a Bolivia, había, dice que había muchos burros aquí en esta finca, y juntaban los animales ya de veinte, treinta y ya los mandaban a Bolivia ya, así por tierra nomás arriaban los animales... eso habrá sido para el 1800, al final del 1800, o un poco antes, por ahí". (Doña Nelly Sajama, 80 años, Tumbaya Grande 2007)

Cuando los ex arrenderos hablan sobre las trayectorias y las situaciones que derivaron en la instalación de sus familiares en la finca, resaltan la posibilidad que tuvieron de *recibir* un arriendo: "los abuelos se vendrían a trabajar pues, acá tendrían arriendo para dar; los Sajama, los Flores, ya vivían aquí, pero no había casi gente más antes". Los pocos recuerdos sobre lo que los abuelos contaban de *Don Juan Álvarez* subrayan el hecho de que éste no cobraba el arriendo en dinero. Quien es recordado como el primer patrón era, según Doña Nelly, "un hombre de bien, un hombre bueno que no cobraba plata, la finca estaba vacía para entonces y el patrón podía dar arriendos". El sistema de arriendo en la Finca Tumbaya funcionó a través de un conjunto de prácticas, convenios y acuerdos de palabra entre los arrenderos y los patrones, que incidieron en la organización de las familias y en alguna medida establecieron las condiciones de reproducción de las relaciones entre los arrenderos entre sí y entre éstos y el patrón por más de un siglo.[4] El *acuerdo de*

---

[4] Realicé una reconstrucción del sistema de arriendo en la Finca Tumbaya hasta por lo menos la década de 1920 a través de entrevistas a ex arrendatarios que en la primera década del 2000 tenían entre cuarenta y ochenta y cinco años aproximadamente. Una tarde del año 2007 conversé Don Mariano Vilca, quien entonces tenía 84 años. Don Mariano fue administrador

palabra al que se refieren los tumbayeños cuando hablan de cómo se establecía el contrato de arrendamiento con el patrón implicaba en primer lugar que éste le entregaba al arrendero una serie de unidades que podríamos llamar productivas –en tanto involucraban tierra, trabajo, capital y tecnología orientados a generar productos– que le permitía garantizar su autosubsistencia y generar un excedente que ocasionalmente trocaba y/o vendía en ferias de la Quebrada y San Salvador de Jujuy de modo directo o a través de intermediarios. Aunque la descripción de estas unidades (re)productivas se articula con la descripción del sistema arrendatario en Tumbaya, es importante remarcar que las categorías locales que las designan –*pastoreos, puestos, estancias, rastrojos, chacras, casas*, entre otras– operan y remiten a prácticas centrales que organizan la vida de los tumbayeños en la actualidad.[5]

Las tierras otorgadas en arriendo involucraban un área de pastoreo, en el cerro o en el campo circundante a las casas principales, conformadas en el primer caso por pastos sin irrigación artificial, puestos y/o estancias y eventualmente aguadas (Figura 10). La práctica de pastoreo puede involucrar ciclos de movilidad de animales en busca de pastos en épocas específicas del año, prácticas llamadas *invernada* y *veranada* según la estación. Las estancias o puestos suelen estar compuestos por una sola habitación techada, utilizada como refugio, cocina y pernocte de quienes pastorean la hacienda –generalmente mujeres–, con uno o más corrales para los animales, y en algunos casos rastrojos donde se cultivan distintas plantas. Las tierras de pastoreo cubren la necesidad de pastaje y engorde de los animales, en tanto la cercanía de los puestos asegura que "la haciendita no se canse por caminar demasiado cada día, y la carne no se haga dura".

---

de la finca durante algunos años cuando estaba Don Arturo Álvarez Prado como patrón, y me describió pormenorizadamente los *hermosos libros y archivos* que había en la Sala de la finca, que según él se remontaban al 1600, con listas de las familias arrenderas, los lugares que cada una ocupaba, las tareas, los jornales, entre otras. Según Don Mariano, cuando se murió Álvarez Prado y se hizo cargo Viviani, éste quemó todos estos *papeles* que durante décadas habían registrado el sistema de arriendo de la Finca Tumbaya. La reconstrucción que hago en este capítulo sobre las formas podría probablemente haberse enriquecido con esta información. No obstante, en este capítulo me interesa precisar las memorias arrenderas atendiendo a los modos en que son construidas desde su propia perspectiva.

[5] De allí que en este acápite realicemos su descripción alternando los tiempos verbales pasado y presente.

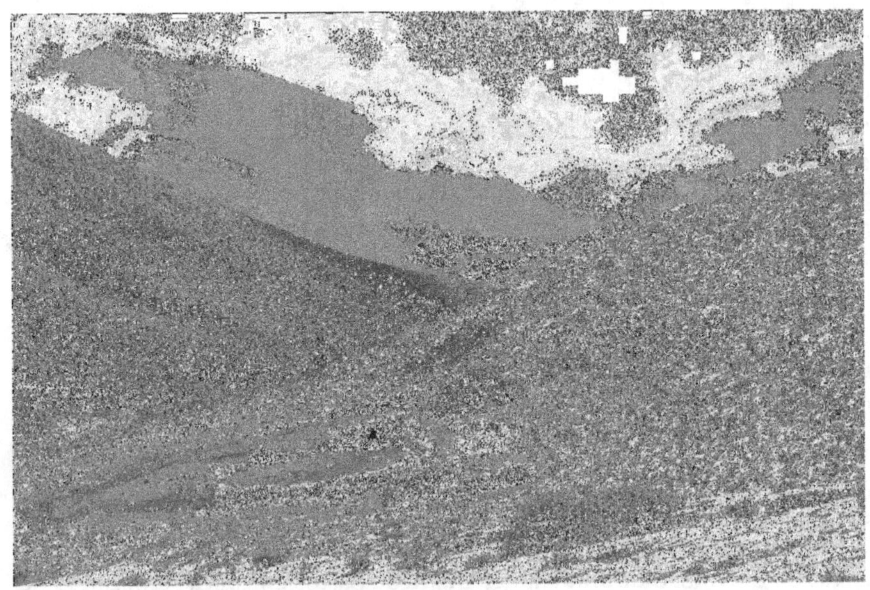

Figura 9: Estancia en Chañi Chico, con el puesto y los corrales para la hacienda (Familia Tinte)

El arriendo involucraba además terrenos de cultivo llamados rastrojos –alguno de ellos, "tierras de pan llevar"–, fracciones de tierra ubicadas en las zonas circundantes a la casa principal o en los puestos y estancias en el cerro, pertenecientes a cada unidad doméstica que gestionaba su control (Figura 11). En algunos casos, entonces, los puestos y las estancias tenían terrenos de cultivos en sus adyacencias, principalmente dedicados al cultivo de habas, papas y ocasionalmente arvejas en las zonas más altas de la finca. Los cultivos más comunes en los rastrojos eran maíz –cultivos llamados *chacras*–, ajo, cebolla, tomates, pimientos y chauchas, entre otras hortalizas, frutales –duraznos, peras y manzanas principalmente–, alfalfa –*alfa*– y en menor medida cebada para alimentar a los animales, habiéndose incorporado en los últimos años la quinoa, producida en gran medida para su comercialización (Figura 12). Como durante el sistema de arriendo, los animales que se tienen actualmente en Tumbaya son en su mayoría chivos y ovejas, a los que la gente llama hacienda, o cariñosamente "la haciendita". Algunas pocas familias del campo tienen además vacas y/o gallinas, y la mayoría posee al menos un caballo o burro utilizado como animal de carga. En tiempos pasados la gente de la zona de Chañi Chico pastoreaba llamas, aunque para el momento de mi trabajo de campo en Tumbaya sólo los más ancianos recordaban la existencia de estos animales en las zonas más altas de la finca.[6]

Figura 10: Casa principal de la familia de Don Borja Tapia en la Quebrada de Tumbaya Grande, con sus rastrojos y corrales

La relación de arrendamiento se podía establecer entre el arrendero y el patrón de manera directa, o los arrenderos podían crear diversos convenios con otras personas o familias que no tenían necesariamente un contrato con el patrón. La posibilidad de generar relaciones de sub-arrendamiento dio lugar a diferentes categorías al interior de la Finca Tumbaya: *arrenderos directos* o *arrendatarios, arrenderos de tercera, yerbajeros* o *pastajeros* y *peones*. Los arrenderos directos trabajaban sus rastrojos y pastaban su hacienda en las áreas de pastoreo y tenían obligaciones de pago directas con el patrón.

---

[6] Para ahondar en las prácticas asociadas al pastoreo en las tierras altas de Jujuy, ver los trabajos de Göebel (1998, 2002) y Tomasi (2011, 2014).

*Figura 11: Chacras de maíz en Tumbaya Grande (Familia de
Don Elías Cruz)*

Quienes subarrendaban parcelas a los arrenderos directos eran llamados *arrenderos de tercera*. Éstos tenían un contrato con los arrenderos directos, con quienes solían establecer contratos *al partir*. Los contratos al partir no eran exclusivos de las relaciones entre ambos, sino que podían darse entre cualquier arrendero e incluso entre éstos y el patrón, y se siguen realizando en la actualidad entre tumbayeños que los establezcan. En términos de producción, los contratos al partir implican que las dos partes involucradas 'comparten' la inversión y los riesgos, establecidos sobre la base de un acuerdo mutuo de reciprocidad. Una de las partes dispone la tierra, los rastrojos y en ocasiones parte de la hacienda; la otra parte, la fuerza de trabajo. En el caso de las actividades agrícolas, las semillas son en general aportadas por el propietario de la tierra (arrenderos directos en caso de contratos al partir con arrenderos de tercera durante el sistema de arriendo). En el caso del pastoreo, una de las partes pastorea una parte o la totalidad de la hacienda del otro y al cabo del año se reparten en partes iguales los animales nacidos durante ese período. Los contratos al partir establecidos entre los arrenderos y el patrón significaban un gran beneficio para éste último, ya que podía aumentar su producción sin demasiada inversión en dinero, tecnología y mano de obra,

112

situación que le resultaba altamente rentable. Además de las dos categorías de arrenderos descriptas, algunas personas que vivían en zonas lindantes a la finca sin ser arrendatarios de Álvarez Prado podían pastar sus animales dentro de los límites de la finca, por lo que pagaban al patrón una *cuenta* o *cuota de yerbaje*. Estos *yerbajeros, pastajeros* o *pastoreros* –tales los nombres dados a estos pastores que no residían dentro de los límites de la finca pero podían pastorear allí su hacienda– podían criar además la hacienda del patrón o de los arrenderos. Tanto los arrenderos directos como los arrenderos de tercera podían tener *peones*, a quienes también se los llamaba *arrenderos pobres*. Éstos no tenían acceso a terrenos de cultivo, y en algunas ocasiones arrendaban tierras de pastaje y ampliaban sus ingresos con las ventas derivadas de la posesión de unos pocos animales. Los peones realizaban una variada cantidad de actividades, tales como pastorear la hacienda de los arrenderos o del patrón; mantener y/o arreglar acequias y canales, huertas, pircas y caminos; carnear animales; limpiar, acondicionar y mantener los rastrojos, las casas, las capillas y los puestos, entre otras muchas tareas a las que estaban dedicados. En ocasiones, los peones eran la mano de obra que cumplía el pago en trabajo que les correspondía a los arrenderos directos, debiendo ir a trabajar a la *Sala* o *Casa hacienda*, como era llamada la residencia del patrón.

Como contraparte de la entrega de un arriendo, los arrenderos de la Finca Tumbaya debían efectuar un pago. Las formas que adquirió este pago fueron variando según la época y podían combinarse según las eventuales disponibilidades del arrendero y la buena voluntad del patrón, de modo más o menos coercitivo: fuerza de trabajo de los propios arrenderos o de sus peones, entrega de hacienda –ovejas o chivos– y en menor medida dinero, principalmente durante las dos últimas décadas del sistema de arriendo. Hasta mediados de la década de 1940, los arrenderos con su familia tenían la obligación de prestar servicios personales durante un mes al año en la Sala. El *servir en la Sala* era obligatorio y estaba organizado por turnos a través de los cuales las familias se trasladaban a la casa del patrón durante un mes al año. Las tareas en la Sala muchas veces eran realizadas a través del trabajo conjunto de varias familias que convivían en calidad de sirvientes del patrón. Allí los hombres se encargaban generalmente de las tareas agrícolas, como sembrar y cuidar los cultivos de los rastrojos, podar, talar, acondicionar acequias y canales, levantar la cosecha y hachar leña. Las mujeres cumplían distintas tareas domésticas, como cocinar, lavar la casa y los patios, ordenar, lavar y coser ropa, tejer y, generalmente junto a los niños, pastorear la hacienda del patrón. La *servidumbre* en *la Sala*, también llamada en Tumbaya *servicio, obligación, mensual* y *gratuito*, era un deber que las personas tenían que cumplir a condición de poder seguir en su situación de arrenderos de la finca. Ante mi pregunta de qué pasaba si alguien se negaba a ir a la Sala a *hacer el servicio*, Doña Nelly me decía que "ya lo sacaba de aquí pues, lo despachaba, que se vaya... 'busquen adonde irse' [...] Era un deber de los arrenderos, es como un trabajo, si vos no cumplís, vos te vas. '¿Ya no le cumplen? Lloviendo piedras se van', así decía mi papá". Las obligaciones surgidas por el contrato de arriendo implicaban también el mantenimiento de los caminos, las tomas de agua y de acequias y canales al interior de la finca. Estas actividades eran ejecutadas por los mismos arrenderos, quienes se organizaban colectivamente para arreglar los caminos, particularmente cuando éstos eran arruinados por las lluvias estivales o los *volcanes* –mezcla de agua, piedras y lodo– que arrasaban con todo a su paso después de alguna lluvia torrencial. De igual manera se arreglaban y limpiaban periódicamente las tomas de agua, acequias y canales, partes del sistema de irrigación con el que se regaban los rastrojos bajo un estricto sistema de turnos organizado por las distintas unidades domésticas.[7]

En la Finca Tumbaya, cada unidad doméstica hacía su pago al patrón por sus parcelas de cultivo y sus áreas de pastoreo de las que se decían *dueños*. Esta categoría nativa, que a primeras vistas suena paradójica en tanto evoca un sentido de propiedad sobre la tierra, tiene sin embargo un significado que vincula un lugar al apellido de la familia que lo ocupa, y la expresión traduce aún en la actualidad la práctica de residir en el lugar o, si ya no se vive en el campo, tener trayectoria familiar arrendataria. Durante el sistema de arriendo, las relaciones entre las familias estaban reguladas por prácticas reciprocitarias altamente valorizadas por un sentido positivo de pertenencia grupal: "...más que nada era sembrar, cada uno, y juntarse a arreglar los caminos y también en las señaladas, bien *unidos* y *compartidos* se éramos antes", recordaba Don Gregorio. O como me decía Doña Nelly: "Uy, antes se éramos bien *unidos*, bien fuertes, nos colaborábamos, los arrenderos, sí que sabían ser *unidos*". Estos sentidos colectivos se actualizaban en las tareas que los arrenderos realizaban periódicamente en la finca, reguladas por las relaciones de parentesco y vecindad que vinculaban a las familias. Tanto en la vida cotidiana como en contextos rituales y festivos, la solidaridad y los intercambios entre familias articulaban derechos y obligaciones vinculantes que lubricaban la vida social en la finca. Estas ayudas engranadas en sistemas de reciprocidad ente vecinos y parientes, potentes y eficaces en el sostenimiento cotidiano de las socialidades locales, encontraban su sentido además en contextos rituales como las señaladas y marcadas, llevadas a cabo entre los meses de febrero y marzo, al final de la época de lluvias (Figura 13). En

---

[7] Estas prácticas colectivas realizadas por las familias arrenderas son las que se invocan cuando los tumbayeños hablan de sí mismos como una verdadera comunidad. En el capítulo 5 analizo estas memorias sobre las ayudas y reciprocidades familiares, y su invocación nostálgica cuando se habla de la *desunión* que sobrevino luego de organizada la comunidad aborigen a mediados de la década de 1990.

estos eventos participan los miembros de la unidad doméstica *dueña* de la hacienda, así como parientes y vecinos que ayudan en las distintas actividades involucradas, y quienes reciben ayuda quedan comprometidos a ayudar en la señalada y marcada de aquellos que les brindan colaboración.

Figura 12: Flores y chimpes en los lomos de las ovejas de Don Elías Cruz durante la señalada de su hacienda en Tumbaya Grande.

Durante el sistema de arriendo, los arrenderos solían realizar intercambios y trueques con productores de la Puna, de quienes recibían sal, chalona y charqui[8], quesos, sogas de cuero y telas artesanales. De los intercambios efectuados con productores *del bajo*, como se llama a quienes viven en los valles y las yungas del oriente y del sur provincial y salteño, los arrenderos accedían principalmente a mercaderías no perecederas, frutas tropicales y

---

[8] Carnes deshidratadas de cordero u oveja.

maíz.[9] Este maíz era molido en los molinos que aún se encuentran a la vera del Río Grande en la Quebrada de Humahuaca, desde donde subían a la Puna con el cultivo transformado en harina, *frangollo* o *afrecho*.[10] Los arrenderos de Tumbaya Grande procesaban este maíz en el molino de la familia Galián en Tumbaya, en *la banda*[11] frente al pueblo, a través de un sistema de turnos con el que se organizaba la molienda, dada la cantidad de burros cargados –"había veces en las que había cientos y cientos de burros haciendo fila", como me decía Don Federico Galián– que llegaban del sur y del oriente rumbo a las tierras altas. Las ventas y los intercambios se efectuaban en la localidad o en ferias y mercados de San Salvador de Jujuy y en otros lugares de la Quebrada y de la Puna como Humahuaca, Abra Pampa y la Quiaca.[12]

Como relatan los propios ex arrenderos, la vida en la Finca Tumbaya durante el sistema arrendatario se desarrolló en el marco de relaciones opresivas, coercitivas, materializadas en prácticas violentas ejercidas por los patrones hacia los arrenderos, así como en la obligación del servicio en la Sala de la que dimos cuenta en este apartado. Sin embargo, al articularse esta historia estructuralmente opresiva con un análisis de las memorias colectivas durante *la vida con los patrones*, surge el afecto (Grossberg 1992) en tanto elemento que reconfigura la Finca Tumbaya y la experiencia arrendataria como lugares que habilitan el compromiso y la acción (Ramos 2010: 38). Las memorias arrenderas son constitutivas de los sentidos de pertenencia e identificación grupal de los tumbayeños, así como de sus trayectorias personales y grupales como sujetos políticos, habilitadoras de los procesos de los años 90.

---

[9] Para un análisis de las relaciones de intercambio y trueque en la Puna a fines del período colonial, ver Palomeque (1995). Para el período comprendido entre principios del siglo XIX y mediados del XX, ver Madrazo (1981). Para estos intercambios en distintos momentos del siglo XX, ver el trabajo de Karasik (1984).

[10] Para un análisis de los molinos harineros de la Quebrada de Humahuaca durante los siglos XIX y XX, ver Bugallo y Mamani (2014).

[11] Del otro lado del río.

[12] En el capítulo 1 incorporé documentos de 1910 presentados por Fandos y Fleitas (2011) en los que arrendatarios de Cochinoca, Llamerías y Tumbaya denunciaban a los patrones por intimidaciones y amenazas. En el marco de estas demandas, otros documentos refieren a la dificultad que les significaba a los arrenderos la prohibición, por parte de los patrones, de vender o intercambiar sus productos fuera de los límites de las fincas.

Las memorias políticas

¿Habrá conocido Miguel Tanco a Don Lauro Lamas, el abuelo de Don Gerónimo, y a su Código Civil? Promediando la década de 1920, el político Miguel Tanco describía a los pobladores de la Puna y Quebrada de Humahuaca como amantes de los códigos y las leyes. "Conocen de memoria la Constitución Nacional, que para ellos es algo así como un catecismo; la preocupación por el estudio de la legislación, sin duda emana, de la idea fija de reivindicar sus tierras, que está encarada en todos ellos desde que tienen uso de razón" (Tanco 1924: 32). Apenas dos años después, en 1926, el político e historiador Bernardo González Arrilli escribía sobre los pobladores de la Quebrada de Humahuaca: "Sabido es que entre los 'coyas' existe madera excelente para tallar leguleyos. Ninguno, sin saber leer, aunque sea deletreando, ha dejado de comprar una recopilación de códigos y aprendérselos de memoria. Tiene gran predilección por la ley, y sorprenden a más de uno con preguntas o citas que sólo pueden responderse con el Código en la mano" (González Arrilli 1926: 194). Estas referencias de Arrilli y Tanco son presentadas por Cecilia Fandos y Silvia Fleitas en un trabajo donde las autoras muestran cómo, asomando el siglo XX, en las denuncias y los petitorios de arrenderos de los departamentos de Cochinoca, Casabindo y Tumbaya se apelaba a la citación de la legislación nacional, especialmente la Constitución Nacional y el Código Civil para reclamar por sus derechos territoriales y civiles (Fandos y Fleitas 2011).

A fines de los años 20 y con mayor fuerza en los primeros años de la década de 1930, a la sujeción por trabajo servil se le articuló una particular manera de regular las relaciones de arriendo en la Finca Tumbaya. Hacia 1920, la finca había pasado a manos del segundo patrón, Don Pablo Álvarez Prado, hijo de Don Juan. A diferencia de las memorias construidas desde los relatos que los anteabuelos hacían sobre el primer patrón, los recuerdos sobre Don Pablo provenían de experiencias directas vividas por las personas de mayor edad con las que hablé en Tumbaya, nacidas entre las décadas de 1920 y 1940, o de los hijos de esa generación. Las narrativas sobre aquel período vinculan dos experiencias: la violencia sufrida por los arrenderos a consecuencia de las disputas políticas entre radicales y conservadores –los *orejudos*– y sus primeras experiencias como ciudadanos sufragantes, en las que los arrenderos ubican *el tiempo en que empezó la política*. Como ha sido abordado por numerosos historiadores, hacia mediados de la década de 1910 se dio en la Argentina un giro en los procesos de incorporación política, ciudadana y laboral de los sectores populares y subalternos (Cantón *et al.* 1972; De Lucía 1997; Botana 1985). La intermediación de los partidos políticos transformó las relaciones entre los ciudadanos y el Estado, con una injerencia creciente de éste en el tutelaje del bienestar social y económico de su población.[13] Estos procesos, impulsados en torno a la Ley Sáenz Peña de 1912 y el inicio de la era del radicalismo, tuvieron en Jujuy una oficiosidad particular, una vez finalizado el poder del autonomismo roquista encarnado en la figura de Domingo T. Pérez (Sánchez de Bustamante 1995 [1957]; Paz 2006). Tras un largo período de disputas entre el viejo orden conservador y el creciente radicalismo, una intervención federal de 1917 puso fin a la "lógica notabiliar" (Fleitas y Kindgard 2006: 187) que había primado en la política jujeña hasta entonces. Los cargos públicos dejaron de ser ocupados por la elite tradicional, que desde entonces debió comenzar a acomodarse al juego de la competencia electoral, con lo cual hicieron su aparición "los profesionales de la política".[14] A través de la filiación, la militancia y la carrera partidaria en la UCR (Fleitas y Kindgard 2006: 188), los políticos establecieron nuevas formas en las relaciones con el nuevo sujeto que suponía el electorado. Como vimos en el capítulo 1, el radicalismo jujeño tuvo un ala que anticipó el estado de bienestar peronista, encarnada en la figura de Miguel Tanco, quien inauguró una forma de liderazgo novedosa, preludiando formas que se volverían política de Estado con la llegada al poder de Juan Domingo Perón en 1945.[15]

---

[13] La imbricación de dimensiones políticas y económicas en estos procesos de incorporación ciudadana queda clara en un decreto del presidente Sáenz Peña del 27 de octubre de 1911. En el marco del auge de la industria azucarera del oriente de Jujuy, en 1911 las fuerzas nacionales avanzaron sobre el Gran Chaco y comenzaron su inminente 'pacificación'. En el decreto por el cual se establecía que los indígenas chaqueños serían ubicados en una reducción de indios, el Poder Ejecutivo explicitaba que "uno de los principales objetivos de la campaña del Chaco era la obtención de una abundante provisión de mano de obra indígena" (Rutledge 1987: 177). Para un análisis de las memorias de los procesos de incorporación laboral de poblaciones tobas del oeste de la provincia de Formosa, ver los trabajos de Gastón Gordillo (2006 y 2010).

[14] La reorientación del Estado provincial frente a los sectores populares entre las décadas de 1910 y 1920 condujo en Jujuy a una modernización a través de obras públicas, acompañadas por la promulgación de leyes sociales. Entre otras, en 1918 se sancionó la Ley de Jubilaciones, y en 1921 se creó la Caja de Jubilaciones, Pensiones y Préstamos y se sancionó la Ley de Accidentes de Trabajo. Las obras públicas realizadas durante esos años abarcaron la extensión y reparación de caminos, el asfaltado de calles, la instalación de estaciones sanitarias y cañerías de cloacas, la construcción de edificios públicos como el Banco de la Nación, el Banco Hipotecario, el Colegio Nacional, la cárcel de San Pedrito, obras alentadas con fondos nacionales, que intensificaban la inserción de la nación a la provincia (Paz 2006).

[15] Los hermanos Aldo y Federico Cantoni, de San Juan, y Carlos Washington Lencinas, de Mendoza, poseen trayectorias e ideologías políticas similares a las descriptas para Miguel Tanco, de Jujuy. Gobernantes de orientación populista, durante la década de 1920 intervinieron activamente en la promoción de derechos y mejora de las condiciones laborales de los sectores populares, de forma que anticiparon la construcción del estado de bienestar que

Las primeras experiencias sufragantes de los arrenderos de Tumbaya se enmarcan en las disputas entre los *orejudos* o *demócratas* y los radicales.[16] Don Federico Galián recordaba lo que le contaba su abuelo Isaac Vilca sobre aquellos años en Tumbaya: "Venían como setenta personas montadas a caballo, y en 1922 se agarraron a tiros aquí en el abra, mi abuelo Isaac que era candidato radical había ido a esperar a la gente aquí del abra, para traer a los de San Bernardo y a los demás de la zona. Y ahí llegaron los Bustamante, los Tejerina que eran los demócratas, que les decían los *orejudos*, y lo corrieron a mi abuelo Isaac a tiros. Y se trajeron ellos la gente acá, y con esa gente los *orejudos* ganaron las elecciones. Pero en el '28 mi abuelo Isaac les ganó de mano. Él hizo la campaña acá en el pueblo y dejó a la gente, se fue a San Bernardo tres días antes. Y el día de la elección él se vino de San Bernardo con la gente. Llegó aquí con las alforjas llena de documentos (risas). Los Bustamante dicen que los llevaron al otro comité y cuando quisieron votar no tenían documentos. Entonces forzosamente han tenido que ir allá y de ahí han salido y han votado, y mi abuelo ganó las elecciones". Cuando entrevistaba a los ex arrenderos en Tumbaya en la primera década del siglo XXI, los relatos de la llegada de sus familias a la finca a fines del siglo XIX eran truncados de manera abrupta por descripciones sobre las experiencias de amenazas y desalojos que habían vivido durante aquellos años. Las luchas políticas que a nivel provincial se daban entre *orejudos* y radicales en la finca tomaban cuerpo en términos de disputas de lealtad para con el patrón. Don Mariano Vilca, nacido de una familia arrendataria, tenía siete años cuando su familia fue echada de la finca: "A mis padres, los gringos han borrado con nosotros, nos han echado por radicales en la década del año 1930, nos tiraron allá *en la playa*. A mi padre lo han echado de la finca por radical. Y así varios han echado ahí, a todos los radicales han echado a la playa. Entonces, manejaban los demócratas, los decían los *orejudos*, ellos ahí manejaban los municipios, al intendente, al juez, a todas las autoridades de la policía manejaban ellos. Los patrones ordenaban a las autoridades 'bueno, hacé esto' y listo. [...] Los orejudos no reconocían trabajo, nada". La restauración conservadora en Jujuy en 1930, luego de la experiencia radical de más de una década, asumió la forma de una arbitraria intransigencia en torno a cualquier actividad que atis-

---

se profundizaría con los gobiernos peronistas dos décadas después. Para un análisis del rol de ambos en los procesos de incorporación ciudadana y política de los sectores subalternos sanjuaninos y mendocinos, ver Escolar (2007) y las referencias bibliográficas propuestas por el autor (2007: 182).

[16] Como mencionamos en el capítulo 1, la UCR, al igual que en el resto del país, no era entonces una fuerza homogénea con identidad de intereses; los *azules*, anti-yrigoyenistas o anti-personalistas, representaban la continuidad de intereses de la elite tradicional, mientras que los *rojos*, personalistas, alineados con Yrigoyen, representaban al ala popular que canalizaba las aspiraciones de sectores sociales postergados (Fleitas y Kindgard 2006: 190).

base rasgos de movilización política (Kindgard 2003). Esta situación, en el marco de la dependencia del Estado provincial de los aportes financieros de la industria del azúcar desde los tempranos años 20, no se orientó solamente a neutralizar de manera implacable la acción política de cuadros dirigentes de los militantes yrigoyenistas, así como tampoco se limitó a reprimir los intentos de movilización obrera en los ingenios azucareros.[17] La apelación a argumentos de índole partidario a la hora de promover intereses sectoriales se extendió a las industrias del tabaco, la minería y, como muestran los relatos de los tumbayeños, a las fincas de arrenderos. Me decía Don Magín Cruz: "Álvarez Prado por supuesto, era orejudo, y venían de Purmamarca y hacían un novillito, como se dice, un buen asado, sí, y había muchos, la mayoría, todos políticos, y uno comía asado pues". El desalojo como una medida de los patrones para 'resolver' distintas situaciones con sus arrenderos fue una estrategia adoptada en otras fincas de Jujuy y en otros lugares de los Andes. Para el mismo período que tratamos en Jujuy, Adriana Kindgard presenta una carta que de manera retrospectiva envía Eleuterio Alancay en el año 1946 al gobernador de la provincia: "… el poblador que suscrive de este Distrito Aguilar Departamento de Humahuaca de la Provincia de Jujuy […] el año de 1934, mes de febrero me desalojaron de mi Domisilio Pisungo la compañía minera Aguilar porque noy querido rreconocerles de Propietario y me dijeron que *a uste sele desaloja porque es rradical alosrradicales aique matarlos de ambre y a palos* […] pedimos una Comición que pase aesta que venga aver estos atropellos injustos acostas de la Compañía …" (Archivo Histórico de la provincia de Jujuy, exp. 122, 17.12.1946. En Kindgard 2003: 10, itálicas de mi autoría). La práctica de expulsión de arrendatarios, sin embargo, no se inauguró en la región en la década de 1930. En su análisis de la generalización de la protesta de arrendatarios a otras haciendas en el marco de los sucesos desatados en los departamentos de Cochinoca y Casabindo en la década de 1870, Cecilia Fandos relata el caso de la hacienda de Tejeda-Cóndor y Cofradía, cuyos arrenderos denunciaron la ilegitimidad de la propiedad de la familia Rocha, así como la propia práctica del arriendo: "excesiva, opresiva, coercitiva dado los montos de los mismos, la violencia física ejercida y la obligatoriedad de trabajo servil en 'obras públicas'" (Fandos 2015: 13). Esto dio lugar a la expulsión de doce familias, quienes debieron irse de la hacienda, "bajo pretexto de moras en el pago de arriendos y el ser perjudicial y peligrosa la presencia de éstos" (Fandos 2015: 13). La práctica de la expulsión de campesinos e indígenas arrendatarios de haciendas y fincas recorre

---

[17] El sistema de partidos y la vida política provincial se debatirían a partir de los años 20 en torno a las lealtades y las oposiciones a la influencia de los ingenios azucareros en las estructuras estatales, lo que crearía de allí en más una crónica situación de dependencia del estado provincial respecto a los aportes financieros del sector (Kindgard 2003: 2).

toda la historia rural latinoamericana, dada la expansión del sistema arrendatario en la región. Desde los trabajos pioneros de Borah y Chevalier en la
década de 1950 (Fandos 2014: 2), han proliferado los estudios de casos, que
muestran una amplia diversidad de matices y formas históricas. Karin Apel
(1996) presenta el caso de cómo, frente a la Ley de Yanaconaje promulgada
en 1947 en Perú para reglamentar las relaciones laborales entre hacendados
y arrendatarios yanaconas, la expulsión fue una medida usual utilizada por
los primeros, junto a la negación de recibir el pago o de renovar sus contratos
de arriendo. En el caso de la Sierra de Piura en el Perú, otra forma que utili-
zaron los hacendados frente a la Ley de Yanaconazgo fue la negación de que
los arrendatarios trabajasen en condición de yanaconas. Los yanaconas eran
campesinos que hasta el año 1934 tenían la "obligación de prestar trabajos o
'fainas' a la Hacienda sin retribución específica" (Apel 1996: 68). En Colombia, Salomón Kalmanovitz muestra cómo el desalojo también fue una medida
aplicada a los arrendatarios de haciendas cafeteras en la agitada segunda mitad de la década de 1920, en la que en varias regiones rurales se desataron
grandes movimientos de arrendatarios que exigían el cese de las obligaciones
laborales gratuitas, el derecho a sembrar cultivos comerciales y café dentro de
sus parcelas y la abolición del sistema de fichas (tienda de raya) y de endeu-
damiento arbitrario, entre otras demandas (Kalmanovitz 1982).

Terminada la década de 1930, la progresiva promulgación de leyes sociales en Jujuy, constituyentes de sujetos de derecho, comenzó a poner en jaque
el sistema de renta articulado en servidumbre, que a pesar de la promulgación del Código de Trabajo Rural del año 1915 permanecía incólume en la
Finca Tumbaya. Este Código de Trabajo Rural, que tuvo vigencia hasta 1944,
estipulaba jornadas laborales de 10 a 12 horas, el descanso dominical y las
modalidades de la paga a destajo, aunque en la finca continuaba la obligación
del mes de trabajo en la Sala, así como los variados convenios entre los arrenderos y entre éstos y el patrón que describimos en el acápite anterior. Desde
este terreno de experiencias, emerge la política como una categoría central
que coloca a los arrenderos en un nuevo giro en la dialéctica entre sujeción
y subjetivación ciudadana. Este nuevo campo de prácticas, articuladas a las
relaciones de autoritarismo y paternalismo que vivían con el patrón, es el
contexto en el que los tumbayeños ubican la irrupción de la política en sus
vidas: "ya con el patrón hacían una política digamos para los demócratas...
y ya hacían política pues, ¿y qué sabíamos nosotros de política? Nada, y ahí
empezó eso ya, sabíamos ir a preparar asados... ya estaba ahí la política". En
Tumbaya, la política, que llegó para instalarse en las memorias tumbayeñas
hacia la década de 1920, comenzó a intervenir en la subjetivación política
de los arrendatarios y se convirtió en uno de los mecanismos centrales de la
regulación de las relaciones entre éstos y el patrón y de las familias entre sí.

Luego de la interpelación ciudadana de la década de 1920 y de las experiencias de amenazas y desalojos de la finca en la década de 1930, la llegada del peronismo a la escena nacional y provincial marcó a fuego los sentidos locales de pertenencia política en términos de incorporación de derechos laborales, de real impacto en las relaciones de los arrenderos de Tumbaya. En 1944, bajo el gobierno de Edelmiro Farrell, se estableció por primera vez en el país una regulación del trabajo rural adecuada a los principios del Derecho Laboral. Desde la Secretaría de Trabajo y Previsión, Juan Domingo Perón avaló el proyecto, con lo cual quedó establecido el Estatuto del Peón Rural mediante el Decreto del Poder Ejecutivo N° 28160/44 (ratificado luego por Ley 12921). El estatuto estableció un conjunto de condiciones laborales para los asalariados rurales no transitorios: salarios mínimos, descanso dominical, condiciones de higiene en viviendas salubres, vacaciones pagas y estabilidad laboral.[18] En una entrevista con Doña Nelly, me contaba que:

> N: –…así era la vida antes, no nos mandaban a la escuela, nada, por tener que cuidar los animales en la casa (silencio). Y el patrón ya bastaba con que le sirvan a él. En los años en que él ya ha caído cuando ya ha entrado el general Perón de presidente (silencio).

> G: –¿Y cómo fue cuando ha entrado Perón de presidente?

> N: –Y ése es el que nos ha salvado a todos ¿ve? Y entonces ya lo han obligado que el patrón ya pague lo que corresponde pagar a los peones, y si no ya no vayan a servirle nadie, ya no íbamos a servir ya, pero el arriendo igual teníamos que pagar lo mismo. Pero cuando vino Perón igual no pagaba Don Álvarez, pero ya estaban las ocho horas. Desde ahí que entonces ya todo tirado estaba, hasta ahora todo está tirado en la Sala ¿no ve? Se dejó de ir.

"El tiempo de Perón" y "las ocho horas" aparecen como un clivaje en las memorias de los ex arrenderos de Tumbaya, fundamentalmente porque gracias al Estatuto del Peón Rural, cuya autoría y puesta en funcionamiento en la finca se atribuye a Juan Domingo Perón, dejaron de estar obligados a ir a la Sala a servir al patrón, no obstante lo cual, como veremos, esta práctica, aunque flexibilizada, siguió operando en la Finca Tumbaya. En Jujuy, el *estatuto del peón* significó un nuevo intento de desarticular un sistema de

---

[18] Artículo 1: "El presente estatuto rige las condiciones del trabajo rural en todo el país, su retribución, las normas de su desenvolvimiento, higiene, alojamiento, alimentación, descanso, reglas de disciplina y se aplica a aquellas tareas que, aunque participen de características comerciales o industriales propiamente dichas, utilicen obreros del campo o se desarrollen en los medios rurales, montañas, bosques o ríos" (Estatuto del Peón. Decreto-Ley 28160/44 [Ley 12921]. Un análisis del Estatuto del Peón y la perdurabilidad de sus efectos en las memorias en grupos arrendatarios e indígenas chiriguanos de Salta puede verse en Muñoz (1964).

servidumbre de prosapia colonial que, aunque prohibido por ley en varias ocasiones desde mediados del siglo XIX, continuaba operando en las fincas hacia la década de 1940. Desde su promulgación, y como contraparte de la prohibición del pago del arriendo en trabajo, los arrenderos de Tumbaya comenzaron a tener que abonar un canon de arriendo por las tierras. Para cada unidad familiar quedó establecido un "pago de cuota por pastoreo o pastaje" que debía cobrarse anualmente en función de la cantidad de animales que poseía cada unidad doméstica, así como un "pago de cuota por rastrojo". Sin embargo, en Tumbaya todos coinciden en afirmar que para aquellos tiempos el monto que se pagaba era insignificante. Según Don Gregorio Arjona, León Arturo Álvarez Prado les decía: "yo no les cobro mucho porque yo estoy en la ley prohibida". Según Don Gregorio, con estar en "la ley prohibida", el patrón se refería a otra de las leyes del 'tiempo de Perón': la ley de fiscalización de la finca del año 1949 que había decretado la expropiación y fiscalización de la finca, aunque como vimos en el capítulo 1, esto no se llevó a la práctica y León Arturo Álvarez Prado siguió administrando la finca y viviendo en la Sala como patrón.

A mediados de la década de 1950 comenzó a explotarse una mina de dolomita situada en la quebrada de Tumbaya Grande. Esta mina era regenteada por una compañía minera que, a través de un contrato, pagaba regalías a Álvarez Prado a cambio del permiso de explotación.[19] Unos veinte arrendatarios de la finca trabajaron en la mina, y su fuerza de trabajo operó por muchos años como forma de pago del arriendo sin percibir ningún tipo de remuneración. Según Don Magín, quien trabajó durante más de veinte años extrayendo minerales, "al principio los patrones no pagaban salario, nada, por muchos años pues, eso era el arriendo pues". En la década de 1970, unos pocos arrendatarios fueron blanqueados y comenzaron a percibir un salario y a gozar de los beneficios sociales laborales.[20] Sin embargo, además del trabajo en la mina y a pesar de haberse prohibido el sistema de turnos de trabajo en la Sala, los arrenderos recordaban que siguieron yendo a trabajar a la casa del patrón como forma de pago del arriendo, pero "ya no por turnos, ya era más liviano porque apenas íbamos ya". A pesar de los cambios introducidos con el Estatuto del Peón, las relaciones entre León Arturo Álvarez Prado y sus arrenderos siguieron articuladas durante más de cuarenta años en una lógica

---

[19] Los ex arrendatarios recordaban que el dueño de la mina era un hombre salteño de apellido Romero, hermano o primo de quien fuera en dos oportunidades gobernador de la provincia de Salta desde la década de 1990. A pesar de una sostenida búsqueda de datos, no encontré ningún tipo de información sobre la empresa que explotaba la mina de dolomita en Tumbaya.

[20] En el año 2007, gracias a la posesión de algunos recibos de sueldo de esos años, los ex arrendatarios que habían trabajado en la cantera de dolomita pudieron gestionar el cobro de una jubilación.

de explotación compuesta por diversos mecanismos de sujeción y formas de pago en las que prácticamente no intervenía el dinero como valor de cambio. A pesar de la prohibición de los servicios personales, éstos siguieron operando en Tumbaya hasta por lo menos fines de la década de 1970: "hasta con el viejito último del Álvarez Prado seguimos sin pagar los arriendos con plata". Los relatos coinciden en ponderar la figura del último Álvarez Prado como un hombre bueno, que les daba frutas, papa, maíz, y en cuya finca "uno ya era prácticamente como dueño de verdad". Las relaciones con el patrón se recrearon dentro de una lógica paternalista fuertemente cimentada en los lazos personales y afectivos que unían a los arrenderos con León Arturo Álvarez Prado. Esta lógica premiaba o castigaba según las circunstancias, y estaba articulada a diversas formas de relaciones, prebendas e intercambios entre ellos. Sin embargo, la lógica del arriendo que con variados matices imperó durante un siglo en la Finca Tumbaya fue alterada drásticamente cuando, a fines de la década de 1970, la propiedad fue heredada por una sobrina de Álvarez Prado y su marido, Ángel Pablo Viviani. En los relatos de los arrenderos, la llegada de Viviani "cambió todo y ya la cosa no dio para más".

El fin de una era

Invierno de 2007. Habían pasado más de ocho meses del último Todos Santos.[21] Las flores de papel se retorcían tortuosas bajo el seco sol de invierno en el cementerio de Tumbaya. Enredada en una cruz de madera, una tira de papel crepé se agitaba disparatada sobre la modesta tumba al ras del suelo de Reymundo Vilca. Levantando la mirada, mi atención se posó sobre el nombre que, grabado en mármol a la altura de mis ojos, identificaba el eterno descanso de León Arturo Álvarez Prado. Su tumba, de ladrillo y cemento, se erguía casi dos metros sobre el suelo, rematando visualmente las sepulturas en tierra de la familia Vilca, arrendatarios de la Finca Tumbaya desde fines del siglo XIX. Al día siguiente, Don Mariano Vilca, para entonces de ochenta y cuatro años, me contó que él mismo, junto con otro grupo de arrenderos, había re-enterrado el cuerpo del patrón Don Arturo unos años después de su muerte en el año 1985, para darle digna sepultura: "Viviani ha enterrado a Don Arturo en un cajón de madera de la más barata, al ras del suelo, como un miserable. ¡Un hombre tan distinguido como Don Arturo, enterrado como

---

[21] Festejo del Día de los Muertos y de los Santos Difuntos, los días 1 y 2 de noviembre, también llamado Día de las Almas. El día 2 se sube al cementerio y, entre otras actividades, se renuevan las flores de papel que adornan las tumbas, que se llenan de color.

124

un perro!". Cuando va a juntar leña para el lado del cementerio, Don Mariano le lleva flores. Para él, el patrón ha sido bueno: "el patrón era exigente y me buscaba. Yo había estudiado y sabía escribir a máquina, siempre me buscaba para los papeles, por cuentas, por cosas: 'vení, te necesito', pero nunca veía un peso. 'Sacá fruta, llevate esto, llevate maíz, tengo esto, llevate...' pero plata no veía nunca. Nosotros tampoco teníamos qué darle... pero el viejo siempre daba algo".

Los patrones Juan Álvarez Prado, Pablo Álvarez Prado y León Arturo Álvarez Prado vivieron siempre en la Finca Tumbaya. Sus arrenderos mantenían vínculos cotidianos con ellos; sus relaciones se cimentaban en lazos estrechos y circuitos habituales de cooperación e intercambios de lo más variados. Los patrones conocían los vastos territorios de las más de 24.000 hectáreas que conformaban la finca; a golpe de látigo sus caballos los trasladaban por los múltiples caminos de los cerros tumbayeños, apeándose en las casas y puestos de los arrenderos, quienes los recibían con orgullosa resignación. Los recuerdos de quienes vivieron con León Arturo Álvarez Prado como patrón subrayan su generosidad y benevolencia: "...a veces el patrón nos perdonaba el arriendo. Él nos cobraba poco, apenas con algunos animales, Don Arturo era bueno, guapo pero bueno". El patrón era quien habilitaba la entrada de nuevos arrenderos y peones, otorgándoles un pedazo de tierra: el patrón proveía, a cambio de un pago que involucraba la lealtad y la gratitud como monedas irrevocables. Los viejos patrones eran parte, aunque de modo asimétrico, del sistema de reciprocidades estructurante de las socialidades locales, integración que posibilitó la reproducción del arriendo durante más de un siglo. Los Álvarez Prado eran elegidos padrinos de los niños en bautismos y confirmaciones, testigos de casamientos, aportaban mercadería para los funerales y compartían y colaboraban en eventos como las señaladas y las marcadas de hacienda y los festejos del carnaval: "Don Arturo ayudaba y colaboraba siempre, a lo último mandaba peones capaz, pero siempre estaba". A pesar de los matices con que mis interlocutores en Tumbaya distinguían a los sucesivos patrones Álvarez Prado, tanto Juan como Pablo y León Arturo compartían la particularidad de ser caracterizados de manera contradictoria y ambigua, del modo en que han sido descriptos los finqueros y hacendados en otros lugares de los Andes (Nickel 1989; Dávalos 1999, 2005; Becker y Tutillo 2009). George Foster ha sido uno de los antropólogos precursores en los análisis de lo que denominó relaciones patrón- cliente, entre las que incluía al "patrón de hacienda" (Foster 1961). Según el autor, un patrón puede tener gestos de benevolencia y generosidad, que siempre son paternalistas y autoritarios. Como me decía la abuela Doña Lucía: "el viejo [Álvarez Prado] era cascarrabias por andar solo. Era de castigar, guapo, siempre con un facón en el cinto". Encarnación del poder y la autoridad, en los recuerdos surgen episodios que incluyen la violencia física: "Don Pablo castigaba con látigo" a quienes rehuían del trabajo en la Sala. "Por ejemplo… tenían qué sé yo… levantar dos hectáreas a las piedras y lo tenían que hacer hoy y no dejar para mañana, era muy recto, ¿cómo te puedo decir? muy que le gustaba mandonear a la gente, y así lo tenía a todos, azoteaba, sí… yo le comento lo que mi abuelo me comentaba, que Pablo Álvarez Prado los azoteaba con látigo". En su investigación sobre las haciendas de las tierras altas jujeñas, Madrazo (1982) enfatiza que la arbitrariedad y la impunidad de los patrones (hacendados) se vinculaban a la jerarquización étnica legislada durante la Colonia, que obligaba a los indígenas a dar su fuerza de trabajo a los encomenderos y otorgaba a éste el derecho a utilizarla.[22] En este sentido, Andrés Guerrero analiza el modo en que en las haciendas ecuatorianas, luego del cese del tributo a mediados del siglo XIX, el velo de la aparente igualdad ciudadana recubrió la vigencia de un mecanismo que era "una suerte de delegación de la soberanía republicana a un 'patrón ciudadano' para el gobierno de las poblaciones agrupadas en comunidades de hacienda arraigadas en su propiedad privada" (Guerrero 2000: 15). En la misma dirección, Pablo Dávalos plantea que el patrón de la hacienda ecuatoriana era una figura paternal que condensaba relaciones de poder secular y sagrado, económico y productivo, que se trasladaban a la esfera de la política (Dávalos 2005). Como me decía Inés Aramayo: "Venía el patrón a mi casa en un buen caballo, bien ensillado, yo era chica, y le decía a mi mamá, '¡Petrona, mañana vas a ir a cocinar a las 5 de la mañana… y si no me mandás peón, vos tenés que ir!' y mi mamá no contestaba nada, 'sí señor' le decía, nada más [silencio]".

Luego de la seguidilla de Álvarez Prado, la llegada de Pablo Ángel Viviani implicó una transformación de las relaciones sociales al interior de la finca. A diferencia de los Álvarez Prado, Viviani era un patrón ausentista que residía en San Salvador de Jujuy y apenas iba a la finca en compañía de su familia o de amigos algunos fines de semana, durante los cuales hacía asados y administraba sus animales y cultivos de las hectáreas circundantes a la Sala, y es recordado por el modo con el que trataba a los arrendatarios de la finca: *siempre se las agarraba con los arrenderos*. El nuevo patrón no participaba de la lógica de intercambios locales, sólo extraía renta. Bajo el patronazgo de Viviani, el control de la finca comenzó a hacerse a través de administradores locales que recorrían las casas de los arrenderos para cobrar el arriendo al

---

[22] Historiadores que trabajaron las relaciones establecidas durante la Colonia entre comunidades indígenas, curacas y el Estado colonial enfatizaron en esta dirección el modo en que la reciprocidad daba significado cultural a los acuerdos más formales que requerían de los indígenas prestar servicios y tributos al Estado colonial a cambio de acceso a derechos y recursos que les permitían mantener su forma de vida (Platt 1982; Larson 1991, en Pinedo 2005: 246).

finalizar el año. A diferencia de las formas de pago vigentes durante los Álvarez Prado, Viviani sistematizó el pago del arriendo en dinero. Por tierras de pastaje y espacios de cultivo, los arrenderos se vieron obligados a pagar cánones fijos por tamaños de parcela y cantidad de animales. En muchos de los encuentros en las casas de los ex arrendatarios, en algún momento de la charla me mostraban los recibos que Viviani les entregaba por el pago de los arriendos (Figura 14). Los relatos repetían sistemáticamente los altos precios que debieron empezar a pagar y el descontento y los apremios económicos que esto les supuso a las familias. Como me contaba Don Magín Cruz, ex arrendero de ochenta años: "Pablo Viviani se ha puesto fuerte, 'aquí me paga mil pesos por hectárea', y bueno, ese año Pablo Viviani me ha embargado, si yo ya no le pagaba, si ya no me alcanzaba… [silencio] …él se quedaba con tooooodos los animales de uno si uno no podía pagar".

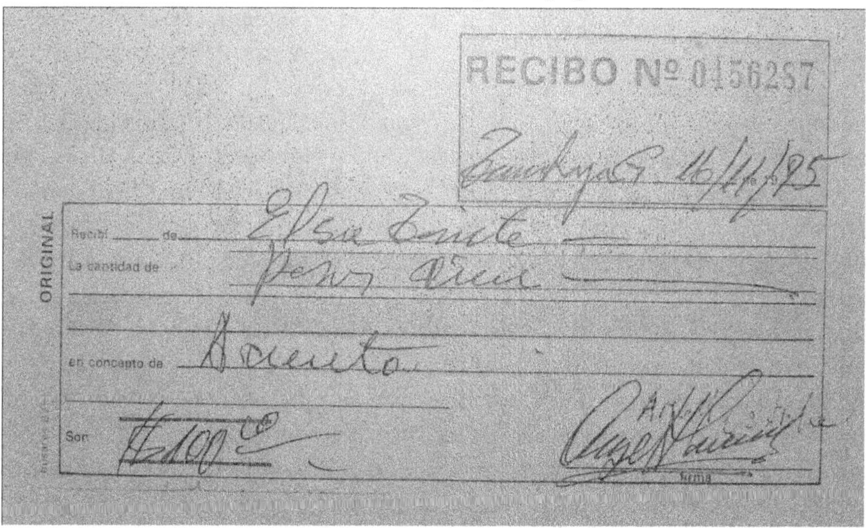

Figura 13: Recibo de arriendo en la Finca Tumbaya del año 1995 (Gentileza de Elsa Tinte)

Don Magín fue uno de los arrenderos a quienes Pablo Viviani les embargó los animales. Sin tener dinero para pagar su arriendo, debió entregar todas sus ovejas al patrón, con lo cual se quedó sin uno de los elementos fundamentales de su (re)producción familiar. Este hecho desestructuró no sólo las relaciones recíprocas que, aunque asimétricas y perpetuadas por frágiles y desiguales negociaciones, habían prevalecido entre los arrenderos y los patrones durante generaciones, sino que desestabilizó la propia continuidad de la existencia de Don Magín y su familia. Pablo Ángel Viviani es recordado también por extorsionar a los arrenderos, intercambiándoles una quita en el monto adeudado por un encargo expreso de que no concurrieran a las reuniones que, ya entrados los años 80, comenzaban a cuestionar cada vez con más fuerza el sistema de arriendo. La obligación del pago en dinero y las amenazas de embargo de la hacienda se asocian a recuerdos de tristeza e impotencia. Durante los meses del verano, cuando las unidades familiares estaban mejor abastecidas de animales y productos agrícolas, el mismo Viviani o intermediarios locales "…pasaban por la casa a cobrar, y era duro, porque si no tenías dinero te sacaba la haciendita, y como era tan pero tan duro con el pago, muchas personas le han entregado la hacienda y se han tenido que ir de la finca". Aquellos que no pagaban el arriendo recibían cartas documento que exigían el pago. Me decía Isabel: "Para 1993, me acuerdo bien el año, nosotros dejamos de pagar. No había plata, no salía nada de la venta y Viviani le arremetía con las cartas documento para que le paguemos, y éramos varios los que nos habíamos puesto firmes". En los recuerdos de los arrenderos, a Viviani no le importaba incluso si la falta o exceso de lluvias les habían arruinado la cosecha o si la hacienda no se había multiplicado lo suficiente: había que pagar, bajo cualquier circunstancia. Marina Weinberg trabajó el caso de la organización étnica y política de los arrendatarios de la Finca Santiago en la provincia de Salta, durante la década de 1990. En su trabajo, Weinberg (2004) registra que el tema de los altos precios que les implicaba a las familias el pago del arriendo fue central en los argumentos de expropiación y organización de la comunidad de Finca Santiago. A diferencia de Tumbaya, en Finca Santiago el canon de cada arrendero se modificaba, además, por las mejoras hechas en cada unidad doméstica[23], aunque tanto en Finca Santiago como en Tumbaya se evocan recuerdos similares sobre la escasa colaboración y ayuda que brindaba el patrón durante los últimos años del sistema arrendatario. Don René, uno de los principales referentes de las acciones orientadas a la expropiación de la finca en los 90, me contaba: "…si yo hacía una parcela para sembrar, yo la tenía que limpiar, le tenía que construir al lado de los ríos, a los costados para que no se me la lleve, el sacrificio era mucho, pero no era lo más grave eso, eso era lógico, era una cosa linda trabajar y tener para venderlo. ¿Pero qué era lo que hacíamos? Sacábamos la plata ¿para qué? Era para pagar a una sola persona ¿quién cosechaba? El patrón. Hagamos una supuesta, si yo tenía diez pesos, ocho pesos era para el patrón y a nosotros nos quedaba dos pesos, y esos dos pesos únicamente era para mantenerse". Las quejas por la introducción compulsiva del dinero como único medio de pago del arriendo se suman al carácter ilegítimo que se le atribuye al patronazgo de

---

[23] Como veremos en el Capítulo 4, representantes de la Finca Santiago coordinaron con el INAI talleres de capacitación a la Comunidad Aborigen Kolla de Finca Tumbaya en el año 1997.

Viviani: "Viviani le robó la finca al viejo. Álvarez Prado no tenía hijos, tenía hijos pero no sé, vinieron un tiempo, no sé... Entonces heredó una sobrina, su marido era Viviani, que de arriba se lo llevó [...]. Y él le hizo firmar, así, las dos manos tenía, *fuerrrrte* le agarraba la mano al viejo para que la firma sea clarita". Cuando en Tumbaya hablan de Pablo Ángel Viviani, dicen que éste se convirtió en patrón de la noche a la mañana. Los ex arrenderos describen a un León Arturo Álvarez Prado trémulo y agónico en su lecho de muerte, firmando el traspaso de la finca al marido de su sobrina. En muchas de las narraciones sobre cómo Viviani heredó la finca, éste aparece con sus dos manos ocupadas: con una sosteniendo un papel, y con la otra sosteniendo fuerte la mano derecha de Álvarez Prado, para que el trazo de la lapicera que firmaba el traspaso de la finca a su nombre fuese claro y firme. En el marco de las transformaciones que supuso el ingreso de Viviani como patrón de la Finca Tumbaya, la presión económica sobre el arriendo implicó la intensificación de la venta de la fuerza de trabajo de los arrenderos en distintos mercados regionales, tomando la forma de movimientos estacionales o el traslado definitivo a ciudades como San Salvador, Tucumán, Córdoba y Buenos Aires. Al momento de mi trabajo de campo en Tumbaya, todas las familias de Tumbaya Grande tenían varios familiares que habían migrado a estas ciudades durante las década de 1980 y 1990.[24] El carácter ilegítimo atribuido al patrón Pablo Ángel Viviani y los altos precios que debieron comenzar a pagar por sus arriendos son, junto a la invocación de la propiedad legítima de las tierras, las razones que los ex arrenderos exponen para explicar por qué comenzaron la lucha por las tierras en Tumbaya.

Recapitulando

A pesar de que durante el sistema de arriendo un porcentaje de lo producido se destinaba a la renta, los excedentes obtenidos operaban además en relaciones de distinción de los arrenderos entre sí, aunque fundamentalmente en relación con la gente del pueblo. Me decía José Maurín: "Cuando éramos jóvenes, cuando organizábamos un baile en el pueblo era fundamental, era decisivo si venía gente de Tumbaya Grande o no, porque esa gente venía con plata, los de acá eran todos empleados así que lo menos posible se gastaba, el sueldo era fijo y chau. En cambio en Tumbaya Grande no, ¡era gente con una dignidad!, aunque le pagaban a Álvarez Prado su arriendo,

---

[24] En el Capítulo 5 introduzco el análisis sobre las particularidades locales del impacto de la economía neoliberal de la década de 1990 en Tumbaya.

tenían para comer, tenían para vivir, porque se cultivaba mucho, mucho, muchísimo". En las palabras y gestos de los ex arrenderos, los tiempos de "cuando las familias eran unidas" se vinculan a sentidos de abundancia y de prodigalidad. Como me decía Elvira: "Yo me acuerdo cuando era chica, desde Tumbaya Grande hasta la zona viste de arriba, todo eso, todo eso era sembrado. Sembrado, sembrado, sembrado. Yo te digo, es como un sueño que tuve, era todo un vergel, era todo plantación, todo, permanentemente todo, toda esa zona era todo quinta y cultivos. A nosotros se nos caían los árboles del peso de los duraznos". Junto a los recuerdos de una vida de abundancia de cultivos, lo relatado sobre la unión en la que vivían las familias arrenderas resalta el hecho de que en la finca "nadie quería ser más que nadie". Esto puede sonar extraño si recordamos las categorías que distinguían entre sí a los arrenderos, como el arriendo de tercera y el peonaje, categorías elocuentes respecto a que no todos los arrenderos eran iguales: "los Arjona han quedado mucho porque el patrón les daba a cuidar a ellos su hacienda, y era todo 'al partir', por eso los Arjona han alcanzado a tener mucha tropa [...] yo he ido a vivir con ellos un tiempo, cuidando la hacienda del patrón, pero que era de ellos ya, así iba yo pues" (Elsa Tinte, 45 años, Chañi Chico). Junto a las diversas categorías de arriendo y la posesión de más o menos hacienda, ciertos capitales como la lectura, la escritura y el saber escribir a máquina les permitían a algunos arrenderos realizar trabajos para el patrón que los distinguían de los demás. Aunque la evocación de la unión entre las familias es recurrente en las memorias arrenderas, emergen en los relatos permanentes conflictos y enfrentamientos por disputas por zonas de pastoreo e intentos por frenar los procesos de privilegios y acumulación relativa de algunas familias. Sin embargo, al igual que lo que Alejandro Isla (2009) observó en Amaicha del Valle, las prácticas de acumulación diferenciada en términos de tenencia de ganados, mayor porcentaje de tierras para pastaje o cultivos, así como la contratación informal de mano de obra calificada, no parecieran haber constituido un clivaje de diferenciación social entre las familias de Tumbaya Grande. En su crítica a los estudios clásicos, Isla señala que "la diferenciación es producida por variables no previstas como centrales en los trabajos sobre campesinado o productores agropecuarios, pues señalan hacia otras dimensiones significativas [...]: el trabajo asalariado permanente [...], los beneficios sociales [...] y el capital educativo y el sistema de disposiciones que lo acompaña" (Isla 2009: 238). En este sentido, a pesar de la heterogeneidad de las categorías de arriendo y la eventual contratación informal calificada, las familias participaban de un mundo común donde, aun existiendo una siempre relativa y oscilante capacidad de acumulación y distinción simbólica entre ellas, la relación de dominación estructural del sistema de arriendo inhibía el desarrollo de formas consolidadas de diferenciación en clases. El sentido primordial de la comunidad y de la unidad entre las familias estaba constituido por la experiencia arrendera: "Bien comunitario era antes, siempre ha sido así, comunitario, si había que arreglar una acequia se comunicaban todos, bien unidos se era: 'tal día vamos a ir a arreglar la acequia' y se salía, era en grupo, salían todos. Igual en las fiestas era lo mismo, tenían que poner todos, todos ponían un poco de carne, un poquito de verduras, lo que sea para invitar a la gente, lo que se hace digamos en todas las fiestitas acá, todos ponían un poco, en ese sentido siempre, siempre fue comunitario" (Ariel y Cristina Cruz, Tumbaya, 2008). Los incipientes procesos de diferenciación social y el inicio de la percepción generalizada sobre la desunión, como veremos, se rearticularon a partir de la organización institucional de la Comunidad Aborigen Kolla de Finca Tumbaya.

En la estructura general de dominación que supuso el sistema de arriendo en las tierras altas de Jujuy desde mediados del siglo XIX, los arrenderos articularon prácticas de cooperación y ayudas entre las familias y memorias de unidad y solidaridad grupal. La mención recurrente a que durante el sistema de arriendo *las familias eran unidas* fue un elemento omnipresente de los relatos de los arrenderos y de los sentidos de identificación y pertenencia grupal. Con el "ser unidos" como valor aglutinador de sus experiencias de socialización intra e inter familiar en la finca, los ex arrendatarios construyeron sus relatos subjetivos sobre los patrones y la política, en el marco de las condiciones históricas y las habilitaciones discursivas de las que dimos cuenta en los capítulos 1 y 2. En esta larga duración de más de un siglo, nuevos elementos comenzaron a sumarse para encauzar un proceso que desembocaría en la institucionalización de la Comunidad Aborigen Kolla de Finca Tumbaya en la década de 1990, de lo que nos ocupamos en el capítulo que sigue.

Capítulo 4

La Comunidad Aborigen Kolla de Finca Tumbaya

Piden títulos de tierras

Comunidades indígenas continúan con los cortes de ruta en Purmamarca[1]

Martes, 11 de Octubre de 2011 21: 44

---

[1] Diario *Jujuy Noticias*, 11 de octubre de 2011. Disponible en http://www.diariojujuy.com/contenidos/index.php?option=com_content&view=article&id=13838:.comunidades-indigenas-continuan-con-los-cortes-de-ruta-en-purmamarca-&catid=16:locales&Itemid=70

Las comunidades indígenas de Jujuy, anunciaron que profundizarán los cortes sobre el cruce de las rutas nacionales N° 9 y 52: "Nos quedaremos en la ruta todo el tiempo que sea necesario, hasta que nos entreguen los títulos comunitarios de nuestras tierras".

Con la presencia de representantes de 92 Comunidades aborígenes integrantes del Pueblo Kolla de Jujuy, se mantienen por tiempo indeterminado en el corte sobre las rutas nacionales n° 9 y 52, a la altura del cruce a Purmamarca, en la provincia de Jujuy, hasta que el gobierno provincial entregue los títulos comunitarios de sus tierras.

El Secretario de Derechos Humanos de la Provincia de Jujuy, Pablo Lozano, se entrevistó con los dirigentes y les dijo que analizó el petitorio presentado y que iban a dar cumplimiento, proponiendo analizar los expedientes de las 69 comunidades aborígenes que hace 15 años esperan la entrega de títulos. Ante esta situación, la asamblea de comunidades aborígenes del Pueblo kolla, resolvió exigir la presencia del gobernador de la provincia y la entrega real de los títulos, "y basta de falsas promesas".

"Han pasado más de 15 años de reiterados fracasos, desde que se iniciaron los diferentes programas para la entrega de títulos a las comunidades aborígenes (PRATPAJ; PREDAJ; RETECI), y solamente se entregó un 15% del total de los títulos prometidos".

"En el marco de nuestros derechos consagrados en el art. 75 inc.17 de la Constitución Nacional, y de la lucha incansable por la restitución territorial de nuestras comunidades de los Departamentos de Santa Catalina, Yavi, Cochinoca, Rinconada, Tumbaya, Tilcara y Humahuaca, y luego de haber agotado todas las instancias de diálogo con un gobierno provincial que sólo apuesta

> al avasallamiento de la gran minería, estamos presentes en la ruta para hacer escuchar nuestra voz.
>
> El petitorio incluye, entre otros puntos:
>
> 1. Entrega de los Títulos Comunitarios
>
> 2. Entrega de los remanentes de Territorios que fueron dejados a un lado del Programa PRATPAJ.
>
> 3. Que el INAI dicte Resolución reconociendo la posesión de los Territorios.
>
> 4. Que se respete la Decisión de las Comunidades sobre los Territorios en la Regularización.
>
> 5. Una Ley de eximición del impuesto a las Comunidades que ya tienen Títulos Comunitarios

Hace treinta años esta nota periodística era impensable. Cuando a mediados de la década de 1980 Alejandro Isla y equipo (1992) realizaron sus trabajos etnográficos en las tierras altas de Jujuy, nadie se llamaba a sí mismo colla; "salvo en los muy pocos autodenominados dirigentes, no existía discurso desde un sujeto colectivo indígena" (Karasik 2005). Sin embargo, desde el año 1997 hasta hoy, fueron inscriptas casi trescientas comunidades en el Registro Provincial de Comunidades Aborígenes de Jujuy. De ellas, más de cien lo hicieron a partir de su identificación con la etnia colla. La Comunidad Aborigen Kolla de Finca Tumbaya fue una de ellas.

En este capítulo abordo las condiciones históricas que hicieron posible la emergencia de las comunidades aborígenes en Jujuy en la década de 1990, desde el caso de la comunidad de Finca Tumbaya. ¿Cuáles fueron estas condiciones?; ¿qué agentes e instituciones intervinieron?; ¿cuáles fueron los elementos centrales en la legitimación del proceso? Según la tesis que planteamos en la introducción de este libro, en esta coyuntura de fin de siglo se combinaron elementos de larga y corta duración: 1) la apelación a la historia del despojo de las tierras de comunidad coloniales junto a la elaboración social de otras experiencias vinculadas a las demandas por tierras; 2) los relatos sobre la extinción de los indígenas quebradeños junto a la contradictoria enunciación de marcas de identificación colectiva aboriginalizadas; y 3) la agencia de religiosos, funcionarios y políticos que legitimaron el proceso de emergencia indígena, instalando marcas y tropos étnicos, raciales y sociales de clasificación. En este proceso convergió la búsqueda de un doble reconocimiento: el de la aboriginalidad de los collas, omaguacas, ocloyas, tilianes, atacamas y demás pueblos que se organizaron en comunidades en territorio jujeño y el de la propiedad de las tierras que les fueran sustraídas desde la Colonia. En este marco, la irrupción en la arena pública de miles de personas nucleadas en tres centenas de comunidades indígenas y organizaciones indigenistas significó un nuevo giro en el constante acontecer de luchas por tierras y reconocimiento étnico, que buscó revertir el doble despojo de tierras y de aboriginalidad sufrido durante casi dos siglos de historia nacional.

En este capítulo describo y analizo las condiciones y las agencias que posibilitaron la organización de comunidades indígenas en la Quebrada de Humahuaca y sus demandas por tierras en los últimos treinta años iluminando el análisis desde el caso de la Finca Tumbaya, enfatizando su inscripción en la larga historia regional y en el juego de disputas e intereses en que se inscriben hasta la actualidad sus demandas por tierras y reconocimiento.

Miedo al comunismo

Entre los meses de julio y octubre de 1976, hubo tres episodios de secuestros en Tumbaya. En uno de ellos la policía se llevó a veinte hombres, todos acusados de ser comunistas. Seis de ellos aún siguen desaparecidos. Tres de los desaparecidos eran arrenderos de Álvarez Prado, al igual que la mayoría de los hombres que fueron secuestrados por la policía y liberados poco tiempo después.

En un análisis sobre las desapariciones en Tumbaya en el año 1976, Da Silva Catela (2007) pondera dos elementos que se conjugan en los relatos de los tumbayeños. El primero es el uso constante de la violencia por parte de las elites, que durante el tiempo del terrorismo de Estado fue acompañado del uso sistemático de las fuerzas represivas estatales al servicio de sus intereses. En la memoria de aquellos que sufrieron la violencia tanto del Estado como de las elites económicas locales no hay una diferenciación entre ambas. El uso de la violencia aparece como un *continuum* en la regulación de las relaciones sociales en Tumbaya, y esto conforma parte central de las memorias locales que refieren a las intimidaciones y las violencias ejercidas por los patrones, como vimos en el capítulo 3. El segundo elemento que aparece de forma recurrente son las reiteradas referencias a personas que durante este período vinieron de afuera, desconocidos que "contaminaron" los lugares con sus ideas subversivas (Da Silva Catela 2007: 10, comillas en el original).

En el año 1976, Carlos Jeczmieniowski, administrador de la empresa que entonces explotaba la mina de dolomita en Tumbaya Grande, se hizo cargo de la Comisión Municipal en calidad de interventor. El argumento de la intervención fue la "amenaza comunista" que rondaba en los imaginarios sobre Tumbaya, y fue uno de los argumentos principales para ejecutar la represión por parte de los agentes que llevaron adelante el autodenominado Proceso de Reorganización Nacional a partir del golpe de Estado de 1976. En un momento de extrema violencia como el de 1976, con parte de su población masculina afiliada al Partido Comunista, Tumbaya fue bautizada por el interventor como la "Tucumán chiquita"[2]: "Jeczmieniowski, que fue el capataz de la mina y luego el interventor en Tumbaya, le ha puesto el nombre de Tucumán chiquita, así le decían a Tumbaya. Él decía que se había arriado la bandera del Partido Comunista acá en Tumbaya, que habíamos izado nosotros, y nosotros nunca la habíamos izado. Pero él lo dijo en un discurso, que aquí se había arriado la bandera del Partido Comunista. Y fue él el que ha entregado a los changos, él los ha entregado. Él fue quien los entregó". Don Lamas, trabajador en la mina de dolomita, traza una indudable relación entre el capataz de la mina y la acusación de comunista cuando relata su propio secuestro en 1976: "La policía me acusaba de comunismo, de... 'usted era del comunismo', 'usted tiene armas' me decían. ¿Para qué? Nada, nos han sacado y no nos han comprobado nada [...] Era terrible trabajar en la mina: ni la ropa nos daban, no nos pagaban el salario, nos trataban como a animales. Por eso digo, ellos tenían que llevarse directamente a Carlos Jeczmieniowski adentro, porque él ha usurpado mucho con los obreros, no nos ha pagado las horas, no nos han dado la ropa. Exactamente hemos trabajado diez horas y no nos ha dado ni una horita de descanso, al menos".

Los ex arrendatarios de la Finca Tumbaya sitúan los primeros años de la década de 1980 como el momento en que comenzaron a agitarse las aguas sobre el tema de la expropiación de la finca. En este contexto, los relatos coinciden de forma inexorable en señalar el miedo que les provocaba siquiera pensar en hacer alguna demanda al patrón. Este miedo estaba fundado en eventos concretos y extremos experimentados por los tumbayeños: secuestros, desapariciones y finalmente la intervención de la comunidad por agentes estatales, principalmente policías, algunos de los cuales eran conocidos por

---

[2] Esta expresión de Tumbaya como "la Tucumán chiquita" evoca a la provincia de Tucumán, que durante la década de 1970 fue centro de operaciones del Ejército Revolucionario del Pueblo (ERP), guerrilla de ideología comunista.

las familias de los secuestrados ya que eran agentes de los pueblos vecinos.[3] En entrevistas realizadas durante los años 2007 y 2008, los recuerdos sobre el miedo experimentado durante aquellos años se asociaban a la ominosa posibilidad de sufrir lo mismo que les había pasado a los comunistas desaparecidos en caso de que comenzasen a *mover el avispero* en torno a los costosos precios del arriendo. Me decía Don René, uno de los principales arrenderos que impulsó el proceso que condujo a la expropiación de la Finca Tumbaya:

> R:–Hay muchas veces que uno no ve el círculo completo ¿por qué? porque es una idea de una sola persona [...] pero yo me he reunido con los más abuelos, muchas veces había muchos abuelos que estaban para hacer esto, pero tenían miedo, tenían mucho, muchísimo miedo.
>
> G:–¿Y cuál era el miedo que tenían?
>
> R:–Ellos el miedo que ellos tenían era de que cómo tantos años que ellos han vivido, que el último día de su vida vengan a tener una muerte de éstas que se hacían en la guerrilla, ellos pensaban eso. Ellos no querían ser como los guerrilleros. Como por años ellos pasaron por esto, que alguien se matemos, que haya una guerra, ellos no querían.

Con el miedo a cuestas, y a pesar de la reticencia de gran parte de los abuelos, hacia 1981 algunos arrenderos de Tumbaya comenzaron a reunirse entre familias, entre hermanos, para pensar de qué manera se podía salir adelante. Como vimos en el capítulo 3, con el último patrón los arriendos se habían tornado costosos y la situación no daba para más.

Politización y judicialización de las demandas

Lo ocurrido en la década de 1990 en Tumbaya no fue un caso aislado. Desde mediados de la década de 1980 se dio a lo largo y ancho del país un proceso de "emergencia" indígena que puso en cuestión las narrativas

---

[3] Hasta hace algunos años perduraba en Tumbaya una serie de placas de metal en la plaza y la Iglesia que materializaban la intervención de la dictadura. Una de ellas rezaba: "Dios, Patria, Hogar. Proceso de Reorganización Nacional. 1979". En ocasión de la conmemoración de los treinta años del golpe de Estado del año 1976, organizaciones de derechos humanos de Jujuy hicieron un acto en la plaza de Tumbaya en memoria de los seis desaparecidos del pueblo. Ese día, a pedido de los miembros de las organizaciones, un sobrino de dos hermanos desaparecidos de Tumbaya extrajo con una barra de metal esta placa y puso en su lugar una plancha de cemento sobre la que se puede leer en letras de plástico: "A los 6 desaparecidos y sobrevivientes de Tumbaya. Memoria, Verdad, Justicia. 24 de marzo de 2006. BXMJ".

dominantes que aseguraban que Argentina era un país blanco y culturalmente homogéneo. Los indios, cuya invisibilización no fue suficiente para borrarlos por completo de los imaginarios nacionales sino que los contuvo como una "'presencia no visible', latente y culturalmente constitutiva de formas hegemónicas de nacionalidad" (Briones 2002; Lázzari 2003, en Gordillo y Hirsch 2010: 6), se posicionaron públicamente en un proceso de creciente judicialización que los ponderó como sujetos de derecho a la diferencia cultural (Briones 2008: 9). En este marco, los reclamos y las reivindicaciones que iban instalando la cuestión indígena en la arena pública en todo el país llevaron a que se derogasen disposiciones constitucionales consideradas discriminatorias por la comisión que sesionó previamente a la Reforma de la Constitución Nacional en el año 1994. En esta reforma, la introducción más significativa en este sentido fue la modificación del Artículo 75, Inciso 17, que dictaminó que:

> Son atribuciones del Congreso: reconocer la preexistencia étnica y cultural de los pueblos indígenas argentinos; garantizar el respeto a la identidad y el derecho a una educación bilingüe e intercultural; reconocer la personería jurídica de las comunidades, la posesión y propiedad comunitaria de las tierras que tradicionalmente ocupan; regular la entrega de otras aptas y suficientes para el desarrollo humano. Ninguna de ellas será enajenable, transmisible ni susceptible de gravámenes y embargo. Asegurar su participación en la gestión referida a sus recursos naturales y a los demás intereses que la afecten. Las provincias pueden ejercer concurrentemente estas atribuciones.[4]

Desde fines de la década de 1980, en la Quebrada de Humahuaca y zonas aledañas, la participación creciente en espacios rurales de técnicos y expertos, así como también de funcionarios de la Iglesia y del Estado provincial, había comenzado a encaminar las movilizaciones y las demandas territoriales hacia formas crecientes de organización y judicialización. Terminando la dictadura militar, en los dos primeros años de la década de 1980, el Equipo Nacional de Pastoral Aborigen (ENDEPA)[5] y la Obra Claretiana para el

---

[4] Un completo tratado sobre la legislación indígena internacional hasta el año 2000 puede verse en Bengoa (2000). Un compendio de la legislación argentina en materia de derecho indígena, también hasta el año 2000, puede consultarse en Carrasco (2000). Ver también Althabe *et al.* (1995).

[5] El Equipo Nacional de Pastoral Aborigen es el organismo ejecutivo de la Comisión Episcopal de Pastoral Aborigen de la Conferencia Episcopal Argentina. ENDEPA realiza actividades de acompañamiento y apoyo a cuatrocientas setenta comunidades indígenas en áreas tales como: educación bilingüe intercultural, producción, capacitación no formal de jóvenes y/o mujeres, salud, vivienda, derechos indígenas, defensa del medio ambiente, catequesis y liturgia

Desarrollo (OCLADE)[6] comenzaron a tener una presencia creciente en la región, a través de un trabajo orientado por la idea del "fortalecimiento comunitario". Una figura central de estas actividades fueron los *animadores comunitarios*, personas instituidas por la Iglesia católica que en cada pueblo y paraje rural comenzaron a llevar adelante las actividades del culto religioso y la promoción y el fortalecimiento de las comunidades locales. Para ENDEPA, el proyecto de base consistía en "crear organizaciones populares aborígenes fuertes, con una ideología bien definida de autonomía, fundamentalmente económica y política, rescatando las identidades indígenas aculturizadas" (Entrevista a José Maurín, diácono de Tumbaya e integrante de ENDEPA durante la década de 1980). Los objetivos de intensificar la producción, el autoabastecimiento y la generación de excedentes, de modo tal de desligar la dependencia de las familias a los gobiernos y los patrones, eran difíciles de cumplir en el marco de una situación donde el 80% de las tierras de las comunidades eran latifundios y tierras fiscales que no les garantizaban ningún tipo de seguridad jurídica. De esta manera se empezó a trabajar *el tema tierras*, a través del asesoramiento de abogados en ENDEPA y OCLADE: "...fue más que todo acompañar desde el punto de vista legal, fue un proceso muy fuerte de capacitación y de acompañamiento, y después cuando se [empezó a pensar lo de la] expropiación, dimos todos los talleres para explicar qué significaba la expropiación y toda esta cuestión, para toda la gente que no te creía, que no entendía cómo venía la mano" (Entrevista a Enrique Oyharzábal, abogado de varias de las comunidades indígenas que se organizaron en esos tiempos en la región).

En el año 1968, la Congregación del Verbo Divino se había hecho cargo de la Parroquia de Tumbaya, que, al igual que en la actualidad, tenía entonces bajo su órbita a todos los pueblos, parajes y comunidades dispersos por el departamento. En cada uno de estos lugares, las celebraciones y demás actividades de la Iglesia eran coordinadas por los animadores y los ministros extraordinarios de la Eucaristía quienes suplían al cura que residía en la

---

inculturada, formación bíblica. Lo conforman trece Equipos Diocesanos de diez provincias de Argentina, con sesenta equipos locales constituidos por indígenas y no indígenas que en su condición de laicos/as o religiosos/as viven en las comunidades o muy cerca de ellas. Fuente: http://www.endepa.org.ar/

[6] La Obra Claretiana para el Desarrollo es una fundación sin fines de lucro dependiente de la Prelatura de Humahuaca que se creó en el año 1983. OCLADE surgió en la II Asamblea de la Prelatura realizada en 1982, impulsada por las reacciones ante la extrema pobreza en la que se encontraba la mayoría de las poblaciones de las zonas de Quebrada y Puna pertenecientes a la Prelatura. En la III Asamblea de la Prelatura del año 1996 se resaltó el agravamiento de las condiciones de pobreza de las poblaciones, por lo que se profundizaron las metas institucionales de promoción humanitaria de la fundación, entre las que se encontraba el acompañamiento y fortalecimiento de las comunidades aborígenes organizadas a lo largo de los años 90 en la región. Fuente: http://usuarios.multimania.es/procladebetica/oclade.htm

parroquia de Tumbaya y viajaba a cada lugar a dar misa una vez al mes. Un evento reiteradamente citado en los relatos de los tumbayeños es la llegada del Padre Carlos en el año 1979. Este sacerdote es recordado por impulsar la figura de los animadores culturales, que articulaban la liturgia con actividades de capacitación y fortalecimiento comunitario en cada localidad. Pero "¿cómo íbamos a trabajar un proyecto de liberación, con gente que estaba toda como arrenderos? –me decía José Maurín– Era una contradicción, así que teníamos que empezar por ahí, y bueno, ahí es que empezamos a trabajar fuerte el tema de tierras, pedimos a ENDEPA que nos mande asesores, un abogado del Chaco que se consiguió en ese tiempo". Las primeras reuniones en Tumbaya Grande se hicieron entre muy pocos vecinos, y se orientaron a "compartir experiencias y crear conciencia entre los arrenderos". El interés de la Iglesia se articuló rápidamente al descontento y la presión que sentían los arrendatarios por los altos precios que habían empezado a pagar por sus arriendos y de este modo, hacia los primeros años de la década de 1990, comenzaron a tomar fuerza explícita los discursos de expropiación de la Finca Tumbaya. Esto se dio en un contexto de sostenido crecimiento de las organizaciones indígenas que, tanto en Jujuy como en el resto del país, visibilizaban sus demandas sostenidas por prácticas de gobierno que a nivel nacional iban encauzando el proceso bajo la órbita del multiculturalismo. O como se dice en Tumbaya, *aparecieron los políticos*, que empezaron a imprimirle un giro definitivo al proceso de organización de comunidades en Jujuy.

En el año 1989 se constituyó el Consejo de Organizaciones Aborígenes de Jujuy (COAJ) a partir de una autoconvocatoria de los "descendientes y miembros" de comunidades aborígenes *kollas* de la provincia, a la que luego se le irían incorporando los pueblos guaraní, ocloya, quechua, omaguaca y atacama.[7] El COAJ comenzó a promover la *defensa* y el *desarrollo* de las comunidades aborígenes, mediando entre los pueblos y el Estado provincial y absorbiendo hasta la actualidad diversas competencias que lo posicionan

---

[7] El COAJ está constituido por una Comisión Ejecutiva, que dirige la Institución, siendo el Coordinador General el representante legal (por Estatuto) y existiendo a su vez una asamblea de delegados que se reúne periódicamente. Los objetivos del COAJ se orientan a "promover la defensa y el desarrollo de las comunidades aborígenes en todos sus aspectos: espirituales, filosóficos, económicos, sociales, sanitarios, lingüísticos y jurídicos, y lograr la aplicación efectiva de programas económicos, sanitarios, educacionales, sociales, culturales, de seguridad y previsionales, adecuados a las pautas culturales de cada comunidad, respetando su tecnología apropiada; promover la mejora de los niveles de ingresos, empleos y productividad, propiciando el acceso a mejores niveles tecnológicos, al financiamiento y la mejora en los niveles de gestión y organización productiva y empresarial; y propiciar, gestionar y colaborar con las entidades y organizaciones financieras y de cooperación técnicas nacionales e internacionales, para la canalización de recursos económicos, financieros y de asistencia técnica en beneficio de las comunidades aborígenes de la Provincia". Fuente: http://coaj-jujuy.blogspot.com.ar/2009/09/institucional_28.html

como la institución indigenista más visible en la gestión de la cuestión indígena en la provincia. Poco tiempo después de su creación, en el año 1992 comenzó a gestarse en el ámbito de la Fiscalía de Estado un registro de comunidades aborígenes de la provincia, que se creó a través del Decreto 3346/92. Por esos años, el otorgamiento de las personerías jurídicas se hacía bajo las figuras de las asociaciones civiles –cooperativas, asociaciones vecinales– y para su concesión se requería el aval del COAJ. Fue recién en el año 1996 cuando se adecuó un modelo de personería jurídica específico para las comunidades aborígenes de Argentina a través de la Resolución 4811/96, a la que la provincia de Jujuy adhirió en el año 1997 a través de la firma de un convenio con el Instituto Nacional de Asuntos Indígenas (INAI) para la creación del Registro Provincial de Comunidades Aborígenes (Decreto 3371-G-97). En el año 1998, a través del Decreto 6256-BS-98, se instrumentó la transferencia y organización del Registro Nacional de Comunidades Indígenas (RENACI) que validó las personerías jurídicas que de allí en más se hicieron a nivel provincial, aunque algunas comunidades, entre ellas la de Tumbaya, mantuvieron la personería jurídica nacional. De este modo, a través de la intermediación creciente de instituciones, técnicos, expertos, funcionarios y políticos sostenidos por esta panoplia jurídica, fue tomando forma real la posibilidad de que la Finca Tumbaya fuese expropiada, y los arrendatarios dejasen así de pagar sus onerosos arriendos. Según afirman una y otra vez los ex arrenderos: "fueron los políticos quienes más estuvieron en la organización de la comunidad".

En este contexto de creciente amparo legal, a fines de los años 80 comenzó a trabajar en la escuela de Tumbaya Grande Ismael Vilte, evocado como una de las personas que más hizo por la comunidad de Tumbaya. *El maestro Vilte* es recordado entre otras cosas por ser quien les leyó por primera vez la Ley N° 23302 del año 1985. Esta ley, llamada "Sobre política indígena y apoyo a las comunidades aborígenes de Argentina" y conocida como "ley De la Rúa"[8], es de algún modo una ley matriz del posicionamiento contemporáneo del Estado argentino frente a la cuestión indígena. Esta ley cimentó el marco jurídico en el que se articularon los reclamos del nuevo sujeto indígena que emergió en esos años en Argentina y, entre otras disposiciones, reglamentó la creación del Instituto Nacional de Asuntos Indígenas (INAI). En torno a la figura del Maestro Vilte y con el asesoramiento de ENDEPA y el COAJ, los arrenderos se organizaron en el año 1993 como "Organización Comunitaria Aborigen de Tumbaya Grande". La constitución de la OCA con personería jurídica de asociación vecinal –recordemos que en 1993 no existía todavía

---

[8] Los principales autores de esta ley fueron Eulogio Frites y Rogelio Guanuco, y fue ingresada al Congreso de la Nación por el entonces senador nacional Fernando de la Rúa.

la figura jurídica de "comunidad aborigen"– les permitió a los arrenderos canalizar pedidos de asistencia al Gobierno provincial, en el marco de la situación crítica que habían comenzado a sufrir desde la llegada de Viviani a la administración de la finca. Las peticiones eran principalmente de ayuda para el arreglo de caminos y para el mejoramiento de las condiciones locales de producción. Sin embargo, esas cartas tuvieron siempre una respuesta negativa por parte del Gobierno, quien alegaba que las tierras de la finca eran privadas y que nada podían hacer sobre ellas[9] (Anexo 1: Cartas de la Organización Comunitaria Aborigen de Tumbaya Grande al Gobierno Provincial).

En el marco de articulación creciente entre los arrenderos y los políticos, en el año 1993 el diputado provincial por el Radicalismo Lino Arjona, oriundo de la localidad de Volcán y conocedor –*caminador*– de la zona, invitó a Buenos Aires a Don René Vilca, quien presidía la Organización Comunitaria Aborigen de Tumbaya Grande. Ese viaje a Buenos Aires tuvo la finalidad de hacer un pedido concreto de expropiación en el Congreso de la Nación, que sin embargo no tuvo asidero entre los legisladores representantes de Jujuy. Dos años después, en pleno fervor reformista de la Constitución Nacional, el entonces senador nacional Guillermo Snopek le prometió a Don René *hacerse cargo de las tierras de Tumbaya*. El 'caudillo' Guillermo Snopek, miembro de una de las familias tradicionales del peronismo provincial, fue clave en las gestiones de expropiación de la Finca Tumbaya. Estas gestiones fueron articuladas a nivel local por diversos intermediarios del Gobierno de San Salvador de Jujuy. Uno de ellos fue el diputado provincial Valentín Ramos, quien en ese marco le solicitó al presidente de la OCA de Tumbaya una serie de datos para la elaboración del proyecto de ley de expropiación de la finca: "Don Valentín nos pidió información urgente de la finca para sacar el proyecto de expropiación, censos, que cuánta gente éramos, la hacienda, los pastos, los cultivos, todo para tener los datos para hacer el proyecto. Yo ya tenía bastante de esa información. Entonces viajamos a Jujuy en una tarde y esa noche hemos hecho el proyecto de ley; [...] él al otro día se iba a Buenos Aires a presentarlo, y ha ido y lo ha presentado y a los 14 días tengo información concreta que me llegó diciendo que había entrado al Senado de la Nación, y que están viendo y que ha pasado a otra sesión, digamos, y entonces había ya más esperanza". Una vez que el proyecto entró en el Senado, según René Vilca "la cosa quedó detenida por un tiempo". Este tiempo de más de un año *de espera* en el cerro, sin embargo, fue a contrapunto de los tiempos del trabajo jurídico en la ciudad, activado por los técnicos y funcionarios de OCLADE, el COAJ y del INAI que movilizaban sus capitales e influencias para que no

---

[9] Sin embargo, el municipio sí colaboraba; por ejemplo, con el acondicionamiento periódico de los caminos, particularmente entre Tumbaya Grande y Chañi Chico.

se vete la ley del proyecto de expropiación en el Senado. Entre las personas que actuaron en este proceso estuvo Nimia Apaza, quien en su carácter de abogada y presidenta del COAJ por aquellos años, tuvo un rol destacado en el asesoramiento legal y jurídico de la comunidad de Tumbaya y de muchas otras comunidades de la provincia nucleadas en el Consejo. (Anexo 2: Carta de la Dra. Nimia Apaza a los arrenderos de Tumbaya). Finalmente, la ley de expropiación de la Finca Tumbaya se aprobó el 28 de noviembre de 1996, y la noticia les llegó a los arrenderos uno de los primeros días del mes diciembre:

> Ley N° 24725: "Declárase de utilidad pública y sujeto a expropiación, un inmueble ubicado en el Departamento Tumbaya de Jujuy. Establécese que el PEN dispondrá la transferencia del citado inmueble a la autoridad de aplicación creada por la ley 23302, quien adjudicará la titularidad del dominio a la comunidad integrada por familias aborígenes que actualmente se encuentran asentadas y radicadas en forma permanente dentro de los límites de la Finca Tumbaya o Finca Tumbaya Grande.

De allí en más, las actividades de los arrenderos se orientaron a hacer efectiva la ley de expropiación y conseguir la escrituración definitiva de las tierras en forma de posesión comunitaria. Unos meses antes de ese año 1996, la provincia de Jujuy había suscripto un acuerdo con el Gobierno nacional que se llamó "Programa de Regularización y Adjudicación de Tierras a Población Aborigen de la Provincia de Jujuy" (PRATPAJ). Este programa tenía por objetivo acelerar los trámites y regularizar la titularidad de los territorios de las comunidades dentro de la provincia. A través del PRATPAJ, el Gobierno nacional se comprometía a financiar los trámites necesarios para ejecutar la entrega de los títulos de propiedad –particularmente las mensuras–, mientras que la provincia se comprometía a generar las condiciones para que el Programa se instrumentalizara de manera efectiva. El PRATPAJ fue el pivote desde el que se instaló públicamente el tema de las tierras comunitarias, unificándose por primera vez la información de la situación catastral de las comunidades indígenas jujeñas e incorporándose el tema a la agenda provincial, aunque en los hechos su ejecución fue casi nula. Según un informe de ENDEPA-MEDH, "el Programa dejó de ejecutarse por falta de voluntad política de la Provincia y por el dictado de la ley provincial N° 5030 que, aprobando el convenio suscripto imponía en su articulado el dictado de una ley por cada título comunitario que debiera entregarse en una clara postura discriminatoria de la decisión comunitaria y como una forma de quitarle ejecutividad al programa. La postura del Gobierno Nacional fue de intentar la no aprobación de dicha ley y luego, consumados los hechos, suspender el apoyo al programa por carecer de herramientas legales que pudieran darle continuidad al mismo, ello sumado a la no-rendición de parte de la Provincia de los fondos recibidos en la primera cuota" (Informe alternativo sobre el estado de cumplimiento del Convenio 169 de la OIT en Argentina, ENDE-PA-MEDH: 33)

En este marco, en el año 2000 se empezó a organizar el Foro de Comucnidades Aborígenes de la Provincia de Jujuy, originado por la firme decisión de que se reactivara el PRATPAJ y que se regularizaran efectivamente las situaciones dominiales de las tierras de las comunidades. Ese mismo año, el Estado argentino aprobó y ratificó a través de la Ley 24071 el Convenio 169 de la OIT "Sobre Derecho de los Pueblos Indígenas y Tribales en países independientes", promulgado de hecho en el año 1992.[10] La ratificación del Convenio 169 colocó al Estado Argentino en la obligación de consultar a los pueblos las medidas legislativas y administrativas que los afectaran directamente, debiendo garantizar su consentimiento a través de acuerdos respecto a las medidas que se tratasen. Posteriormente, en el año 2002 se promulgó la Ley 25607, que estableció la realización de campañas bianuales de difusión de los derechos de los pueblos indígenas contenidos en el inciso 17 del artículo 75 de la Constitución Nacional, y entre los años 2004 y 2005 se realizó la Encuesta Complementaria de Pueblos Indígenas. Esta encuesta se realizó poco después de la creación del Consejo de Participación Indígena (CPI) a través de la Resolución del INAI Nº 152 del año 2004, instituido para garantizar la representación y participación indígena de cada pueblo y provincia según lo previsto en la Ley 23302 y en la propia Constitución Nacional.

En este complejo proceso de judicialización, en el año 2008 se reglamentó la Ley Nacional 26160 sancionada en 2006, que declaró por cuatro años la emergencia de la tenencia y propiedad de las tierras de comunidades inscriptas en los registros correspondientes, y suspendió y prohibió los desalojos de la comunidades indígenas. Esta ley ordenaba al INAI realizar el relevamiento técnico, jurídico y catastral de la situación dominial de las tierras ocupadas por las comunidades y promover las acciones que fueran necesarias con el CPI, los institutos aborígenes provinciales, universidades nacionales, entidades nacionales, provinciales y municipales, organizaciones indígenas y ONG. Esta ley establecía además un fondo destinado a afrontar los gastos que demandasen los relevamientos y los costos judiciales y extrajudiciales de los procesos de regularización dominial.[11] En el interregno de 2007, había sido creado el Programa Nacional de Relevamiento de Territorios de Comunidades

---

[10] El Convenio 169 es un instrumento regulador que otorga a los pueblos indígenas derechos internacionalmente validados y compromete a los Gobiernos firmantes a respetar estándares mínimos en la ejecución de estos derechos.

[11] Veremos, al final de este capítulo, los avatares que tuvo esta ley desde su promulgación hasta la actualidad.

Indígenas (RETECI) para lograr la ejecución de la Ley 26160. Concretamente, el RETECI, cuya ejecución en Jujuy estaba a cargo de la Secretaría de Derechos Humanos, debía realizar el relevamiento técnico, jurídico y catastral de la situación dominial de las tierras ocupadas por los pueblos indígenas a nivel nacional, para, desde allí, trazar y proponer líneas de acción en cada caso, asegurando la entrega de los títulos comunitarios de sus territorios.

La Comunidad Aborigen Kolla de Finca Tumbaya

Cuando en el año 1996 se aprobó la ley que dejó a la Finca Tumbaya sujeta a expropiación, los arrenderos tenían dos años para tomar posesión, regularizar el expediente y esperar que las tierras se escriturasen a nombre de la comunidad aborigen. Para que la ley pudiese efectivizarse, los ex arrendatarios debieron organizarse a través de la personería jurídica específicamente establecida para las comunidades aborígenes, que como vimos se había creado ese mismo año por medio de la Resolución N° 4811. Esta coyuntura legal implicó que se tuviera que dar de baja a la personería jurídica de asociación vecinal de la Organización Comunitaria Aborigen de Tumbaya Grande y se tramitara una nueva a nombre de la Comunidad Aborigen Kolla de Finca Tumbaya, que fue otorgada por decreto de la Fiscalía de Estado de la Provincia de Jujuy el 5 de agosto de 1998 (Anexo 3: Decreto N° 6089 de aprobación de la personería jurídica de la Comunidad Aborigen Kolla de Finca Tumbaya). La nueva comunidad aborigen tuvo que incluir necesariamente a todas las familias que se encontraban dentro de los límites de la Finca Tumbaya, territorio sobre el que se había hecho el proyecto de expropiación. La vieja organización comunitaria incluía solamente a los residentes de la Quebrada de Tumbaya Grande, quienes además habían sido el colectivo al que ENDEPA había destinado las acciones de capacitación y fortalecimiento comunitario durante los años 80. Además, al convertirse la comunidad aborigen en la propietaria de la totalidad del territorio de la finca, caducaron los títulos individuales de compra-venta que se habían establecido entre Viviani y algunos arrenderos durante las décadas de 1970 y 1980.

La escena se repetía una y otra vez, y parecía que los tumbayeños se habían puesto de acuerdo para representarla frente a mí. Sentados cualquier día en cualquier casa de Tumbaya, en algún momento de la charla se levantaban y volvían con una carpeta o bolsa polvorienta llena de papeles, en su mayoría fotocopias, entre las que asomaba algún que otro librito o folleto colorido. "Esto es de cuando se formó la comunidad"; "acá tengo los papeles de cuando nos hicimos comunidad aborigen". Durante mis trabajos de campo en

Tumbaya, en casi todos los hogares me fue mostrada una carpeta con la documentación proporcionada en talleres y en otras instancias de capacitación, donde se instruía a los arrenderos sobre qué era la Constitución Nacional, qué era y cómo funcionaba el INAI, qué significaba regirse por un estatuto, las implicancias de organizarse como comunidad y la conveniencia de pedir la adjudicación de las tierras en forma de posesión comunitaria. Dos meses después de darse a conocer la ley del proyecto de expropiación, entre los días 26 y 28 de enero de 1997 tuvo lugar en Tumbaya lo que se dio en llamar el "Primer Encuentro de dos Comunidades Aborígenes". En un taller de tres días organizado y coordinado por el INAI, miembros de la Comunidad Aborigen Kolla de Finca Santiago de la provincia de Salta, coordinados por su líder Don Festo Chauque, se reunieron con los ex arrendatarios de Tumbaya para transmitirles la experiencia de organización comunitaria por la que habían transitado hasta entonces. Con la experiencia de la Comunidad de Finca Santiago como referencia, a lo largo de ese año se llevaron a cabo varios talleres de capacitación coordinados por abogados y técnicos del INAI y de OCLADE, durante los cuales se les entregó a los arrenderos diversos documentos sobre los que se discutió en sucesivos encuentros realizados en el año 1997, y en cuyo marco, además, se redactaron las bases del estatuto de la comunidad. Don René Vilca tuvo una participación central en dicha redacción, que tomó el modelo de otras comunidades (Anexo 4: documentos entregados por el INAI en las instancias de capacitación para la redacción del estatuto jurídico de la Comunidad Aborigen Kolla de Finca Tumbaya y Anexo 5: estatuto de la Comunidad Aborigen Kolla de Finca Tumbaya). Junto al estatuto se redactó además un reglamento interno sobre la distribución de las tierras entre las familias, sobre el uso de pasturas y aguadas, y sobre los marcos de convivencia convenidos para lograr buenas relaciones entre los vecinos en el nuevo estatus jurídico de la finca y los ahora 'grupo de comuneros'. Una de las discusiones principales que se dieron en los talleres de 1997 fue sobre cómo organizar el gobierno de la comunidad. Las opciones eran constituir un Consejo de Ancianos –al modo de la Comunidad Kolla de Finca Santiago– u organizarse como Consejo de Delegados. Finalmente, la comunidad de Tumbaya se organizó en torno a un Consejo de Aborígenes, llamado también Consejo de Delegados, compuesto por las figuras de presidente, secretario y tesorero, que debían ser elegidos cada dos años entre los catorce delegados de las cinco zonas en las que se dividió el territorio de la comunidad: Tumbaya Grande, Tumbaya Pueblo, Chañarcito, Huajra y Chañi Chico. La opción por la organización en un Consejo de Delegados zonales fue tomada en asamblea y se sustentó en la necesidad de contar con representantes de las distintas zonas de la finca. Según me fue relatado por varios ex arrenderos, otras de las razones fue la necesidad de contar con personas que supiesen leer y escribir, que pudiesen "representar a la comunidad de Tumbaya fuera de Jujuy". La mayoría de los abuelos de la finca no sabían leer ni escribir y, como anticipamos y profundizaremos luego, no todos los abuelos estaban de acuerdo con el proceso que estaban experimentando.

La Ley 24725 dejaba sujeta a expropiación la totalidad del territorio de la finca. Una vez iniciados los juicios de expropiación, el Estado nacional quedó habilitado para tomar posesión judicial de la finca, lo que se hizo el día 12 de noviembre de 1998. Días después, el 23 de noviembre, a través de un acta labrada en la ciudad de Buenos Aires, el Estado nacional le transfirió la posesión de la finca a la Comunidad Aborigen Kolla de Finca Tumbaya, según lo establecía la ley (Anexo 5: acta de entrega de posesión de Finca Tumbaya e informe de posesión de la comunidad). Y es ese día, 23 de noviembre de 1998, el recordado en Tumbaya como *el día que nos devolvieron las tierras*. Al acto de entrega, realizado en el Salón Blanco del Congreso de la Nación en Buenos Aires, concurrieron varios ex arrenderos, quienes viajaron ese mismo día en avión y recibieron el acta de manos de Ramón "Palito" Ortega, quien entonces se desempañaba como ministro de Desarrollo Social de la Nación (Figura 15). Doña Nelly me relató su experiencia:

G: –¿Y cómo fue ese viaje?

N: –Ese viaje ya, nos lo han dicho más primero "tal fecha tal tiene que ir ya a recibir sus tierras, tienen que ir a Buenos Aires todos… los indios" ¿cómo decían?, "los indios… todos los indios aborígenes. Tienen que ir ya, todos tienen que ir así vestidos de indios, lindos", ¿cómo dicen? el indio que era con plumas en la cabeza ¿cómo lo decían pues? Teníamos que ir así vestidos todo como estábamos teníamos que ir a presentarse.

G: –Ajá ¿tenían que ir vestidos cómo?

N: –Claro, vestidos así con todo ropa como se hemos criado en el campo. Y hemos ido. Cuando en ese tiempo estaba Palito Ortega era el que entregaba las tierras, hemos ido, hemos ido en la mañana, hemos vuelto en la noche en avión.

De vuelta en Tumbaya y con la finca entregada en posesión, los ex arrendatarios recuerdan haber pasado varios meses sin la visita de técnicos y funcionarios del INAI, del COAJ, de OCLADE ni de políticos. Este período, según quien entonces era la coordinadora de la comunidad, se recuerda como el momento en que *se durmieron en los laureles*.

*Figura 14: Miembros de la Comunidad Aborigen Kolla de Finca Tumba-
ya en el aeropuerto de Jujuy tomando el avión para ir a Buenos Aires a
recibir las tierras de la finca el 23 de noviembre de 1998 (Foto gentileza
de Cipriano Flores)*

Una vez transferida la finca a los arrenderos, la comunidad debía hacer la
posesión efectiva, ocupando la Sala y las tierras colindantes. En ese interín, la
familia Viviani presentó una demanda e interpuso un interdicto para retener
la posesión de la Sala y una medida de no innovar, pretensiones que fueron
desestimadas por el Juez Federal Horacio Paz, quien dispuso una medida
preventiva para el resguardo y la protección de los bienes y las personas vinculados a la finca.[12] Esta resolución judicial fue apelada por la familia Viviani
a través de una presentación ante la Cámara Federal radicada en Salta. La
presentación del interdicto fue acompañada por la ocupación del casco de
la Sala por parte de Viviani y su familia, quienes, desoyendo la sentencia del
juez, permanecieron en el lugar esgrimiendo el carácter de usufructuarios
vitalicios del Padrón H-1703, uno de los tres padrones catastrales en los que
estaba dividida la finca. ¿Cómo fue posible este artilugio legal? Algunos meses antes de que saliera la ley de expropiación, Viviani, aún en su condición
de propietario, había disgregado el padrón de la finca, denominado "Lote Rural sin número, Padrón H-173" en tres padrones, cada uno de ellos a nombre

---

[12] Desestimación de la Justicia Federal del Expediente 155/99, del 11 de mayo de 1999.

de sus tres hijos. La disgregación de los padrones H-1702, H-1703 y H-1704 obligó al Estado a hacer cuatro juicios de expropiación sobre estos tres padrones y, posteriormente, sobre el remanente del H-1703. La pretensión de la familia Viviani era retener, a través de estos interdictos, la propiedad de la Sala y las 30 hectáreas circundantes contempladas catastralmente en el Padrón H-1703. Esta medida fue posible porque cuando se transfirió la posesión de la finca a la Comunidad Aborigen no existía sentencia firme sobre los tres juicios de expropiación. Por la falta de celeridad en los despachos judiciales de Jujuy, Viviani pudo presentar la medida y negociar los inmuebles que aspiraba retener.

El interdicto hizo entrar a la comunidad aborigen como tercer actor, en un litigio que tenía como partes a Pablo Ángel Viviani y al Estado nacional. La posibilidad de que los arrenderos pudiesen sentarse a negociar con el patrón fue calificada como un hecho histórico por el abogado de la comunidad, e incorporada como un logro por parte de los arrenderos. Como me decía Cipriano: "la negociación fue buena, vino la hija de Viviani que es abogada, el yerno es abogado, todos abogados, junto con la televisión, pero nosotros así bien cara a cara con Viviani, la hija, el yerno que es abogado hemos negociado, nos han dejado para negociar, todo bajo acta ¿no? negociando para estar tranquilos" (Cipriano, entrevista en Tumbaya Grande, noviembre 2007). Como dijimos, el reclamo de Viviani era retener la propiedad del padrón H-1703, que incluía la Sala y las 30 hectáreas adyacentes, las más productivas de la finca, que en su mayoría posee tierras de pastoreo sin posibilidad de explotación agrícola intensiva. A partir de las discusiones generadas en las reuniones que se dieron durante esos meses entre los dirigentes de la comunidad aborigen y Viviani con sus respectivos abogados y la intermediación de funcionarios del INAI, se negoció que los ex propietarios retuviesen las propiedades que reclamaban, y que el remanente del padrón quedase en propiedad de la comunidad: "...eso ha quedado para él, le hemos dejado nomás y ya no jode a nadie, le han hecho firmar para que no moleste a ningún arrendero... ¡y ha cumplido su palabra! Don Viviani no molesta con nadie, no molesta más ya", como decía Cipriano celebrando el equilibrio de partes con el que, desde su perspectiva, había finalizado el conflicto. Esta estrategia legal, por la cual la familia Viviani pudo conservar la Sala –un casco de hacienda con un alto valor patrimonial–[13] y las 30 hectáreas circundantes, le permitió perpetuar los capitales simbólicos y económicos que necesitaba una elite que en el Jujuy de la década de 1990 ya no requería latifundios improductivos, sino dinero para el consumo. Pablo Ángel Viviani recibió la millonaria suma de dinero que el Tribunal Nacional de Tasaciones dispuso

---

[13] Para un análisis de la Sala desde una perspectiva patrimonial, ver Nicolini (1965).

por la expropiación de las miles de hectáreas de una finca poco productiva, que no le redituaba ganancias económicas considerables. En palabras de Analía, miembro de una familia amiga de los Viviani: "Viviani me dice: 'yo me voy a poner de rodillas para que me expropien', me ha dicho, 'porque ya está, estos collas de mierda', estaba furioso… 'quiero hacer algún acuerdo, yo me harté…la verdad es ya he ido diez veces, lo único que falta es ponerme de rodillas para que me expropien".

La carpa hacienda

El interdicto de Viviani originó un evento que es recordado como un hito en las memorias de ex arrenderos: la instalación y permanencia durante más de seis meses de la *carpa-hacienda*. Por resolución del Consejo de Delegados de la Comunidad aprobada en asamblea, el 5 de mayo de 1999 se instaló una carpa a la entrada de la Sala. Esta fue una medida pacífica de protesta en torno a lo que se interpretó como un atropello por parte de Viviani, quien, habiendo presentado el interdicto "desoía la Justicia, y sobre todo desconocía a los verdaderos propietarios de la finca", como me decía recordando el hecho la coordinadora de la comunidad. La instalación de la carpa frente al portón de entrada del predio circundante a la Sala cobró una alta notoriedad pública, ya que a poco más de un año de la creación del PRATPAJ, el caso de Tumbaya era el primero que visibilizaba las enormes distancias entre la letra legal y las prácticas concretas de reconocimiento y adjudicación territorial a las comunidades indígenas de la provincia.

Además del patrocinio legal del Dr. Enrique Oyharzábal, las actividades de la comunidad aborigen contaron con el apoyo logístico de la Comisión Municipal de Tumbaya, a través de Hugo Mamaní, comisionado municipal desde el año 1992. En el transcurso de los meses que duró la carpa hacienda, el municipio colaboró con recursos para comprar víveres y pagar la nafta de los continuos traslados de personas que implicaba el acampe. La legitimidad de la carpa hacienda fue rápidamente consolidada, además, por el masivo respaldo que tuvo por parte de distintas organizaciones e instituciones indigenistas que adhirieron a la protesta a través de las cadenas solidarias de mails que circularon durante esos meses. La protesta adquirió gran visibilidad, además, gracias a la convocatoria que se hizo a los medios de comunicación locales, quienes durante los meses que estuvo la carpa hacienda se hicieron eco de las formas que iba tomando el proceso. Frente al conflicto, la posición del Estado nacional a través del director del INAI de entonces, Miguel Ángel Cabezas, fue la de considerar la instalación de la carpa como "…una respuesta política impertinente, puesto que se trata de un 'problema técnico-jurídico'. Me parece fuera de lugar; hay que dejar actuar a los poderes del Estado, y el INAI que depende del Poder Ejecutivo no puede interferir en la acción judicial". La posición del INAI fue considerada absurda por parte de los miembros del Consejo de Delegados de la comunidad, además, "porque el presidente del INAI es jujeño y debe estar al tanto de los atropellos que se han hecho históricamente con las comunidades".[14]

La vida cotidiana durante los meses que duró la carpa se estableció en torno a un sistema de turnos organizado por criterios territoriales, generacionales y de género. Quienes mayormente estaban en la carpa-hacienda eran jóvenes varones y mujeres, los *changos* y *changas* de alrededor de veinte años, de las distintas delegaciones de la comunidad. La instalación de la carpa necesitaba que siempre hubiese gente en el lugar: "…cuidábamos día y noche la carpa, para que no nos saquen. Venían los patrones y nos querían retirar, pero no podían, no podían y no nos retirábamos", como recordaba Cipriano. Una de las imágenes que una y otra vez me sería descripta sobre aquellos meses es la de la presencia de personal de seguridad privada que contrató Viviani para impedir la ocupación de la Sala. A pesar de que –como vimos– la Justicia Federal había desestimado el interdicto presentado por Viviani, la Sala fue retenida por éste bajo la custodia de agentes de seguridad que, con la posesión intimidante de cachiporras y palos de madera, no dejaban que los miembros de la comunidad traspasaran la tranquera que daba acceso al inmueble reclamado (Figura 16).

---

[14] Fuente: Diario *El Pregón*, San Salvador de Jujuy, 13 de junio de 1999.

*Figura 15: Agentes de seguridad privada contratados por la familia Vi-
viani para impedir la entrada de la comunidad a la Sala (Foto gentileza
de Cipriano Flores)*

La comida para los changos, changas y demás personas que estaban en
la carpa provenía de los aportes que hacían las distintas familias: verduras,
corderos, pan, quesos; todos *colaboraban* con productos que cocinaban las
mujeres, también organizadas por turnos (Figura 17). La carpa hacienda fue
también la oportunidad para que se conociesen las personas de las distintas
zonas de la finca. Me decía Lalo de Chañarcito recordando esos días: "...yo
le decía a mi hermano 'vamos a la carpa' [...] y venía con él a la carpa, y ahí
conocí a la gente de Tumbaya Grande, yo conocía muy poco a la gente de
Chañi, todo lo que es... no conocía muy bien y de ahí comencé a tener relación con la gente de la finca".

Figura 16: Almuerzo en la carpa hacienda. Tumbaya Grande, mayo de 1999 (Foto gentileza de René Vilca)

Esos meses en la carpa hacienda son un hito en las memorias tumbayeñas, por la alta visibilidad pública que adquirió el caso de Tumbaya, por el apoyo que suscitó entre instituciones y organizaciones indígenas e indigenistas de varios lugares del país y por la conquista que supuso para los ex arrenderos el acuerdo concretado con Viviani. Durante los meses en los que estuvo levantada, la auto-adscripción indígena de la comunidad se hizo explícita, bajo el auspicio de la Iglesia y distintas organizaciones que ponderaban el componente simbólico de la tierra en tanto Pachamama y celebraban "el despertar del pueblo colla". En esos tiempos, la Comunidad Aborigen Kolla de Finca Tumbaya adquirió su primera bandera wiphala, que flameó al lado de la bandera argentina durante los seis meses que duró la carpa, y que hasta el día de hoy guardan orgullosamente en recuerdo de esos días (Figura 18). Pero la carpa hacienda es recordada también como un momento en que se produjo un recambio en la coordinación de la comunidad. Diego Escolar muestra el clivaje generacional operado entre ancianos y jóvenes de comunidades huarpes en Cuyo, quienes motorizaron auto-adscripciones indígenas, a diferencia de las personas de edad media (cuarenta, cincuenta años), quienes sistemáticamente rechazaban las referencias a una posible ascendencia aborigen (Escolar 2007: 202 en adelante). En el caso de Tumbaya, el clivaje generacional se expresó fundamentalmente entre *los abuelos* y *los jóvenes*.

Figura 17: Carpa hacienda instalada en la entrada de la finca en Tumbaya Grande entre los meses de mayo y noviembre de 1999 (Foto gentileza de René Vilca)

Desde el inicio del proceso de expropiación de la finca, los arrenderos habían contado con el asesoramiento y la capacitación de distintas organizaciones y personas que oficiaban de representantes en los sucesivos espacios por los que iba transitando la institucionalización de la comunidad. La creación del Consejo de Delegados, junto con la gestión de los primeros proyectos en beneficio de la comunidad por parte de sus miembros, hicieron que paulatinamente se fuese prescindiendo de los expertos y asesores externos y comenzaran a surgir personas dentro de la propia comunidad que se fueron posicionando como representantes y voceros, mediadores culturales entre la comunidad y diversas agencias gubernamentales y no gubernamentales. La posesión de la lectura y la escritura como capitales cruciales para la desenvoltura en espacios de gestión y militancia indígena aparece en los relatos como la clave de la emergencia de un grupo de jóvenes que ocuparon los cargos del Consejo de Delegados. Me decía la *abuela* Doña Lucía Suárez: "…como los jóvenes sabían leer, yo no sé leer, si yo supiera leer… todos que saben leer han hecho esos papeles día por día por día, los que estaban allá en la carpita". Y también el *abuelo* Don Gregorio Arjona: "cuando se afligían ya los de edad, se juntaban y reemplazaban a los demás una barra de muchachos, de jóvenes que estaba ahí, pero no dejaban vacía la carpita, y así iban reemplazando".

Pero fundamentalmente, *el tiempo de la carpa* es recordado como un momento donde todos estaban unidos y primaba un espíritu de solidaridad y confraternidad entre las familias: "…entonces se éramos unidos, se éramos compartidos, todos tirábamos para el mismo lado". La inédita visibilidad pública de la carpa hacienda, el sostenimiento por turnos de la vida cotidiana solventada por las colaboraciones y los esfuerzos de las familias y el apoyo de la Comisión Municipal, junto a *las cosas lindas* que empezaron a realizarse en torno a la expropiación de la finca, constituyen los elementos con los que se rememoran esos primeros tiempos de la comunidad, descriptos una y otra vez como *tiempos de unión*: "…y era así, era así, nos respetaba mucha gente, muchísima gente nos ha respetado, aquí por lo menos todos los lugareños de la zona de la finca han tenido su fuerza necesaria para reunirse, para decir que esto no daba para más". Las memorias sobre la unión se remontan incluso a los momentos previos a la instalación de la carpa, donde la comunidad estaba unida y "no estaba la política, o los políticos podían figurar, pero no podían sacar tajada".

Luego de haber estado levantada por más de seis meses, una vez logrado el acuerdo con Viviani la carpa-hacienda se desarmó el sábado 13 de noviembre de 1999.

Cruce de intereses

En el año 2003 se declaró a la Quebrada de Humahuaca como Patrimonio Natural y Cultural de la Humanidad.[15] La declaración de la UNESCO

---

[15] Para un análisis de la declaración de la Quebrada de Humahuaca como Patrimonio de la Humanidad por la UNESCO en el marco de la creciente patrimonialización de la región desde principios del siglo XX, ver los trabajos de Porcaron, Tommei y Benedetti (2014) y Mancini y Tommei (2014).

rearticuló los procesos de organización de comunidades en un nuevo capítulo. A partir de este evento, se instaló en la región un discurso que imagina y construye a la Quebrada de Humahuaca como un espacio multicultural, redefine la relación de las comunidades indígenas con su pasado a través de diversos dispositivos y mercantiliza lo que se entiende como "su cultura" (Wright 1998). La declaración produjo la llegada de inversores y un aumento desorbitado de los precios inmobiliarios, la superpoblación de algunas localidades como Purmamarca y Tilcara y varios conflictos de tierras entre diversos intereses, entre ellos los de las comunidades aborígenes. Este evento significó un gran cambio en la dinámica y en las expectativas de los pueblos quebradeños, al generarse una formidable inversión de capitales públicos y privados en infraestructura y servicios turísticos (restaurants, hoteles, locales de ventas de artesanías, patrimonialización de sitios arqueológicos, cabalgatas, trekking, etc.), en sintonía con el crecimiento exponencial de la presencia de turistas en la región.[16] Estas transformaciones, en el marco de un contexto que fomentaba a su vez el turismo interno (Porcaro *et al.* 2014), fueron advertidas desde el inicio por las comunidades como potencialmente perjudiciales para sus derechos territoriales. En ocasión del acto oficial que se hizo en la Posta de Hornillos en agosto de 2003 para celebrar la declaración patrimonial en el marco de un festejo a la Pachamama, la coordinadora de la Comunidad Aborigen Kolla de Finca Tumbaya decía frente al entonces presidente de la nación Néstor Kirchner "...hoy más que nunca es justo, imprescindible y genuino repetir nuestra incansable demanda de reconocimiento de nuestros territorios ancestrales. Es por eso que pedimos una clara voluntad política y leyes que reconozcan nuestra posesión comunitaria ante la amenaza de que intereses ajenos nos priven de lo más sagrado, nuestra Madre Tierra [...] las comunidades pedimos participación directa en la discusión de nuestro desarrollo no aceptando intermediarios que carecen de legitimidad, si quieren saber nuestra palabra, consúltennos, acá estamos, como siempre estuvimos".

A partir de la declaración patrimonial, la tierra, con un nuevo valor agregado, se convirtió una vez más en un preciado objeto de mercado en la Quebrada de Humahuaca, y se generaron innumerables conflictos, la mayoría de los cuales tuvo por protagonistas a las comunidades indígenas. En los meses y años subsiguientes a la declaración, aparecieron personas que se adjudicaban ser titulares de fracciones de tierras, muchas de ellas en territorios reconocidos de comunidades indígenas. Con intimaciones y órdenes de desalojo en mano, algunas de ellas avaladas por jueces provinciales que hacían

---

[16] La Quebrada de Humahuaca registra actividad turística desde al menos principios del siglo XX. Para un análisis de las reconfiguraciones históricas de la actividad turística y el paisaje en la localidad de Purmamarca, ver Porcaro, Tommei y Benedetti (2014).

caso omiso a la Ley 26160 que prohibía los desalojos, se generaron varias situaciones violentas contra algunas comunidades indígenas.[17]

Como fue planteado por Boccara y Ayala (2011) en su análisis de la patrimonialización multicultural en Chile, el hecho de que un bien sea declarado "sitio del Patrimonio Mundial" implica diversos beneficios que van desde el reconocimiento a nivel mundial del patrimonio nacional, pasando por la posibilidad de acceder a asistencia técnica y financiera, hasta constituirse en un relevante factor de desarrollo, que en el caso de la Quebrada de Humahuaca se vincula directamente a la industria del turismo. La designación de una locación específica, en este caso la Quebrada como Patrimonio Mundial, supone añadir otra forma de propiedad, en este caso universal, sobre la propiedad de los pueblos indígenas, propiedad que en muchos casos ni siquiera es reconocida a nivel nacional ni local. Según los autores, esto evidencia una forma de control, definición y apropiación del pasado indígena a nivel global donde son los Estados y los organismos internacionales los que definen y legitiman qué es lo que representa "mejor" a una nación determinada y a la humanidad en general. Y es por esta razón que se ha catalogado a las declaraciones de Patrimonio Mundial como una "nueva forma de colonización" (Boccara y Ayala 2011: 8). En esta dirección, la declaración coincidió con una evidente suspensión de entregas de tierras a las comunidades indígenas de la región. El mismo año de la declaración de la Quebrada de Humahuaca como Patrimonio de la Humanidad, la Comisión de Participación Indígena promovió un amparo para la entrega de títulos comunitarios, que obtuvo una sentencia favorable tres años después, en mayo de 2006 (Expte. B-105.437/03). El fallo prohibía que la Dirección de Colonización entregase en propiedad privada tierras afectadas para su adjudicación a comunidades indígenas; le ordenaba al Gobierno completar las gestiones para la transferencia definitiva de las tierras en propiedad de las comunidades indígenas en un plazo de quince meses (a partir de junio de 2006), como así también concretar la entrega de los lotes 1 y 515 en el Departamento de Santa Bárbara a las comunidades del Pueblo Guaraní; y obligaba al Gobierno de Jujuy a garantizar la participación de las comunidades indígenas en todas las actuaciones administrativas referidas a trámites sobre sus territorios que pudieran afectar sus derechos. Sin embargo, la respuesta del Gobierno provincial, en vez de cumplir lo ordenado por la ley, fue amenazar con interponer un recurso de inconstitucionalidad contra el fallo judicial. Esto produjo el evento que fue llamado "El Segundo Malón de la Paz", desarrollado en el invierno del año 2006. Reactualizando

---

[17] El más visible, siendo quizás el caso más conocido, es el de la Comunidad de Cueva del Inca, ubicada en Villa Florida en Tilcara, que sufre continuas situaciones de violencia y desalojos hasta el día de hoy.

los actos de sesenta años antes, las comunidades indígenas de la Quebrada de Humahuaca y Puna se reunieron en Abra Pampa, desde donde marcharon hacia el cruce de las rutas nacionales 9 y 16, en la entrada a la localidad de Purmamarca (Figura 19). Reuniendo a más de mil personas, se hizo un corte de ruta y se manifestó el malestar de las comunidades ante la esperanza frustrada de recibir del Estado provincial los títulos comunitarios de tierras que les correspondían. Como resultado de estos hechos, el Gobierno de Jujuy no apeló la sentencia, que quedó firme y definitiva, y se comprometió a entregar los títulos comunitarios de las comunidades, aunque este compromiso se vio sujeto a sucesivas faltas de cumplimiento por parte del Estado.

Figura 18: Segundo Malón de la Paz, provincia de Jujuy. (Foto publicada en http://www.originarios.org.ar/index.php?pageid=13¬iciaid=12195)

Desde entonces se hicieron varias movilizaciones y cortes de rutas para reclamar el cumplimiento de las leyes que amparan los derechos territoriales de las comunidades, según los convenios internacionales y la Constitución Nacional. En este marco de ininterrumpidos reclamos, en el año 2011 el Programa Original de Regularización de Títulos Comunitarios, el PRA-TPAJ, creado en el año 1996 aunque con innumerables fallas de ejecución desde entonces, fue reemplazado por el Programa de Instrumentación de la Propiedad Comunitaria Indígena (PRIPCI), dependiente de la Secretaría de Derechos Humanos de la provincia, que debía regularizar y entregar, en un plazo de quince meses, 56 títulos comunitarios en los departamentos de Cochinoca, Yavi, Santa Catalina, Rinconada y Humahuaca. Los plazos se vencieron una vez más, y los territorios indígenas, junto a las riquezas de sus territorios (sol, viento, gas, petróleo, oro, borato, plata, litio, tierras raras, potenciales desarrollos turísticos) siguen siendo objeto de especulaciones e intereses contrapuestos que amenazan con seguir dilatando la entrega definitiva de los títulos comunitarios. En estos procesos, el tiempo se esgrimió desde el principio como un mecanismo crucial de dominación en la histórica falta de reconocimiento de los territorios indígenas y de distribución desigual de tierras en la región.

Memorias communi(s)tas

> *Garabombo se quedó en la luna.*
> *—¿Hay muchos comunistas en tu provincia?—*
> *Por contestar algo, informó:*
> *—Papas, camotes, ocas, habas, eso crece en nuestra tierra, señor—.*
> (Manuel Scorza, *Historia de Garabombo el Invisible*)

Uno de los elementos que se repiten en los relatos de los ex arrendatarios sobre su organización como comunidad aborigen es el de la velocidad con que se dio el proceso. En poco más de una década, los arrenderos de la Finca Tumbaya pasaron de ser campesinos arrendatarios a ser propietarios de sus tierras en calidad de indígenas collas. Esto no implicó, como también fue planteado para otros casos (Escolar 2010: 174), la rápida naturalización de rótulos identitarios, como tampoco supuso la aceptación entusiasta de la expropiación de la finca ni la mecánica apropiación de sentidos de reparación histórica que se pudiesen haber esperado. La celeridad de los tiempos multiculturales que imperó durante la década de 1990 se articuló con subjetividades y memorias locales de larga duración, en cuya tensión se pusieron de manifiesto disputas generacionales, representaciones identitarias y sentidos divergentes de pertenencia y devenir. Aunque la idea de que la Finca Tumbaya fuese expropiada al patrón fue calurosamente apoyada y sostenida en prácticas concretas por los jóvenes y gran parte de los arrenderos, no fue un asunto exento de controversias, principalmente entre los más ancianos.

Dos de las sensaciones con las que se recuerdan esos años son las del miedo y la incertidumbre, asociadas al temor reverente a la dislocación de las relaciones de propiedad: "...no sé si correspondía hacer, porque las tierras eran del patrón, ¿cómo íbamos a querer nosotros que fueran nuestras?". En algunos arrenderos, la posibilidad de la expropiación les generaba temor y les era ajena, por lo que se negaron a participar de las distintas actividades que implicó el proceso. Me decía Doña Elsa, de Chañi Chico: "...pero así gente extraña, así cualquiera ya pasaría a hacerse cargo y sacar al otro... No, ya no quería, como digo yo, quiero quedarme en el lugar, a mí me gusta y por el amor al pago ante todo. Yo he nacido aquí, me ha criado mi padre, y capaz que quién sabe pero... ¿quién iba a venir a hacerse cargo? Yo no fui, no, a la carpa no. Me querían de obligada casi, pero yo no fui". Las personas de mayor edad, los abuelos del cerro, fueron quienes más se opusieron a la idea de la expropiación. Como vimos en el capítulo 3, las experiencias de incorporación ciudadana vividas por los arrenderos marcaron sus subjetividades en términos de un fuerte sentimiento de pertenencia nacional. En un sistema donde las relaciones de arriendo articuladas a la propiedad privada garantizaban la pertenencia a un orden ciudadano y liberal, y dada la sujeción reverente que engranaba las relaciones con el patrón, muchos de los abuelos no acordaban con la idea de dejar de pagar por las tierras. Ante mi pregunta de si toda la gente de la finca estaba a favor de la expropiación, Don René me decía: "Algunas sí, un 85% estaba a favor de la expropiación y había un 15% que estaban indecisas, y no creían, por eso es que no creían y bueno, decían que nosotros de vagos estamos haciendo eso, de vagos por no pagar al patrón, y cuando armamos lo de la carpa ahí hay mucha gente que vivía y tenía 70, 80 años que decía 'bueno, yo estoy 70 años pagando y ustedes que recién están saliendo del huevo de su tata y ya no quieren pagar'". Las activas memorias de incorporación ciudadana y el obediente temor y respeto a la figura del patrón pueden explicar en parte su resistencia a que la finca fuese expropiada y transferida a las familias arrendatarias. Sin embargo, el contenido moral de las inculpaciones de los abuelos hacia los jóvenes por *querer dejar de pagarle al patrón* posee una serie de implicancias en cuyo análisis me interesa profundizar.

Como vimos al iniciar este capítulo, los arrenderos sitúan los primeros años de la década de 1980 como el momento en que empezaron los reclamos por los altos precios de los arriendos. En las postrimerías de un gobierno dictatorial que había sembrado el terror en Tumbaya con secuestros y desapariciones de personas, estos reclamos circulaban de manera casi inaudible en espacios domésticos, ahogados por el entendible temor de que, en caso de que fuesen oídos, les pudiese ocurrir lo mismo que les había pasado a los comunistas secuestrados y desaparecidos de Tumbaya. La histórica subordinación de las fuerzas represivas del Estado a los intereses de las elites económicas y políticas locales fue tributaria de un orden social donde la propiedad privada era uno de los elementos centrales a proteger y resguardar. En Jujuy, ese orden protector de la propiedad privada tuvo como su principal amenaza a los antiguos comuneros indígenas, cuyas históricas reivindicaciones y reclamos de posesión comunitaria lo ponían permanentemente en jaque, y en este punto encuentro un aspecto fundamental de la renuencia de muchos de los abuelos de Tumbaya a la expropiación de la finca.

Al igual que con los arrenderos secuestrados y desaparecidos de Tumbaya en 1976, la palabra *comunista* fue utilizada como una categoría acusatoria en diversos episodios vinculados a demandas por tierras y en acciones represivas por parte del Estado y las elites locales. En los interrogatorios realizados en 1877 por autoridades provinciales a arrenderos de la Puna luego de los levantamientos de Quera, las tramas que involucraban supuestos complots tenían por objeto "no pagar el arriendo y realizar el objeto comunidad" (Paz 2010: 9). Ian Rutledge (1987) y Gustavo Paz (2010) analizaron el modo en que los sucesos de Quera durante la década de 1870 fueron significados en términos de una increíble amenaza comunista de fines del siglo XIX: por primera vez en la historia latinoamericana, los rebeldes fueron acusados públicamente de "comunismo" por los voceros de la clase gobernante (Rutledge 1992: 239-240). Paz reproduce un fragmento del mensaje del gobernador D. Eugenio Tello en la apertura de las Sesiones Ordinarias de 1894, en el que plantea que "...parece un sueño que en la República Argentina se hable de comunismo, y sin embargo es sabido que en el año de 1873 brotó una idea de funestas consecuencias entre los indígenas de la Puna: la denuncia de los terrenos que consideraban fiscales" (Paz 2010: 1). En un folleto anónimo titulado *El Comunismo en la Provincia de Jujuí* aparecido en 1874, se advertía sobre los peligros de la propagación de la ideología comunista entre el campesinado indígena de la Puna. Los autores acusaban a la hasta entonces todopoderosa familia gobernante Sánchez de Bustamante como "la facción comunista de Jujuí", al incitar a la rebelión a los indígenas puneños para garantizar su perpetuación en el gobierno provincial y "trastornar el orden establecido, oponer resistencias al principio de autoridad y hacer guerra a la propiedad privada" (Paz 2010: 7). Según los autores del folleto, en estos eventos resonaban los sucesos de la comuna de París (acontecidos tres años antes, en 1871), cuyo programa habría sido trasladado a Jujuy por los Bustamante e implementado por los indígenas con el fin de "trastornar el orden establecido, oponer resistencias al principio de autoridad y hacer guerra a la propiedad privada" (Paz 2010: 7).

Sin embargo, a pesar de la referencia a la comuna parisina por parte de los autores del folleto, lo cierto es que en la Puna los pedidos de fiscalización de tierras y el rechazo del pago de los arriendos por parte de los indígenas se vinculaban con un sentido local del término, asociado a las instituciones comunales desarticuladas por el avance del sistema de la propiedad privada. Quien lideró en principio el levantamiento fue un arrendero de Yavi, Anastacio Inca, "quien [tiempo antes del levantamiento] recorría toda la puna incitando a la rebelión y demandando colaboraciones para el mantenimiento de los indígenas movilizados por 'el asunto comunidad'" (Paz 2010: 6). Como fue planteado por Paz, luego de la masacre perpetrada a los arrenderos de las fincas de la Puna, la acusación sobre los campesinos de *comunistas* siguió vigente en el vocabulario de las elites económicas y políticas jujeñas para referirse a sus periódicos cuestionamiento de las relaciones de propiedad de la tierra. Diversas situaciones donde las demandas de los arrendatarios indígenas ponían en peligro a la propiedad privada, junto al cuestionamiento de las relaciones de propiedad imperantes entre fines del siglo XIX y hasta por lo menos la década de 1960 (Lenton 2003; Paz 2010), se tradujeron en términos de una "amenaza comunista".[18] En este contexto, como propuse en el capítulo dos, comenzó el proceso de invisibilización y negación oficial de la aboriginalidad colla. Aquellas nociones se fueron reactualizando como un marco interpretativo en distintos episodios experimentados por los

---

[18] Recordemos que ante los levantamientos de arrendatarios en la década de 1920, en 1924 el Gobierno provincial envió una Comisión creada por la Ley 588, para analizar la posible adquisición de haciendas y fincas de Quebrada y Puna de Jujuy para su venta a los arrenderos. En el informe elevado al ministro de Hacienda de Jujuy –Dr. Alberto Blas– la Comisión comentaba lo ocurrido en la Finca de Yavi: "Entre los pobladores [...] sólo han manifestado deseos de adquirir sus actuales arriendos en propiedad [...] el señor Escolástico Apaza, arrendero y pastajero de San Sana quien desea adquirir éste en propiedad. Como en una reunión de más de cuarenta arrenderos que hizo la comisión en San Sana fuese el señor Apaza el único aspirante a propietario y [a la Comisión] le llamase este hecho la atención, procuró averiguar a los concurrentes a qué motivos obedecía esta actitud aislada, manifestando la mayor parte de ellos que: como el señor Apaza ejercía desde hace tiempo verdadero derecho de dominio exclusivo sobre los pastos, leña y agua de rodeo, amparado y fortalecido en su carácter de primer propagandista y cabecilla de la política de adueñarse de fincas ajenas con el sólo y simple requisito de desconocer el derecho de los otros, el que había ejercitado y aprovechado en primer grado, pues si bien es verdad que a los dueños de la finca no abonaba el valor del arriendo, a los vecinos arrenderos excluía del uso del agua para riego de los pastos para los ganados y del derecho de cortar leña allí, donde sus imaginarios derechos de primer propagandista le daban el ejercicio de esa suave soberanía comunista que pretendieron establecer en la Puna, estos nuevos apóstoles de la supresión del derecho de propiedad ajena, y opinaban en definitiva, que, ya que el señor Apaza en la actualidad no contaba con funcionarios competentes y tan complacientes como los comisarios y jueces con que amparó el derecho imaginario de sus propagandistas, el comunismo derrotado en las últimas elecciones, quería, dicen, comprando ahora una pequeña extensión de terreno, hacerse dueño de una gran cantidad de derechos a las propiedades cercanas". (Fuente: "Informe y Conclusiones a que se ha llegado en el estudio hecho sobre el terreno para la adquisición de la Quebrada y Puna, y su venta fraccionada a los actuales pobladores", 1925: 24-26).

arrenderos de Tumbaya, en contextos por demás dispares. Don Magín recordaba: "…decían que Juan Domingo Perón ha dicho que él era comunista, que era comunista, pero no era así pues, no era. Él ha hecho bien, ha dejado jubilación, pensión, hogar, todo, y luego él se ha ido". Las palabras de Don Magín son elocuentes sobre la persistencia de conexiones y memorias largas (Rivera Cusicanqui 1984; Da Silva Catela 2007) que asocian el comunismo al mal y la figura de Perón al bien, en una valoración moral de categorías y clasificaciones sociales producidas y actualizadas durante sus vidas como arrenderos. Aquí, el comunismo aparece como la antítesis de los "fetiches de ciudadanía" promovidos e incorporados en el período del estado de bienestar, por la política significada de modo positivo, aquella que a Don Magín le garantizó derechos y lo dotó de sentidos de pertenencia ciudadana. En otro sentido, Don Gerónimo Lamas vinculaba el comunismo con las luchas por la tierra: "El comunismo nunca ha sido malo. Sino lo que pasa es que la terrateniencia (sic) quería tener todo, y es como hasta hoy pues. Porque ellos quieren ser los primeros toda la vida […] El comunismo… si uno tiene un arado todos debemos tener, el comunismo va cortado con una sola tijera".

El rastreo del uso de la palabra *comunista* como una categoría acusatoria en situaciones de amenaza a la propiedad privada me permite sostener que, cuando comenzó la idea de expropiar la Finca Tumbaya hacia 1980, el miedo a ser víctima de lo que les había pasado a los guerrilleros estuviese fundado en un temor a ser identificados como tales, que el estigma de ser comunistas pudiese caer nuevamente sobre ellos al demandar por la propiedad de las tierras. Los abuelos con los que Don René habló hacia 1980 para *cerrar el círculo y saber qué hacer* (como me contaba en la cita que presenté al principio de este capítulo) no querían muerte, no querían guerra, no querían ser como los guerrilleros. Ellos habían *vivido una vida tranquila* y no querían ser acusados de guerrilleros por cuestionar las relaciones de propiedad de la Finca Tumbaya. Para los abuelos, el ser guerrillero o comunista aparecía como una posibilidad infausta que se debía evitar. La idea de pelear por la propiedad de la Finca Tumbaya implicaba el riesgo de ser tildados de comunistas, y consecuentemente involucraba el temor de ser rotulados como indígenas o indios, que eran los términos sobre los cuales se había aplicado históricamente la acusación de comunista. Si bien en los relatos de los tumbayeños no aparece el uso explícito de la categoría "miedo al comunismo", "el comunismo" (y no el Partido Comunista) aparece como "el centro del mal, el culpable de lo sucedido y una explicación posible a la figura inexplicable de la desaparición" (Da Silva Catela 2006). Lo "comunista" pasa a ordenar y articular una serie de experiencias sociales, prejuicios y diferenciaciones que separan a un "nosotros" de un "otro". Que remarcan un espacio local, conocido, donde hay lazos de confianza y solidaridad, de un espacio "externo" desconocido y peligroso, al poner en duda "el orden y las concepciones de mundo que deben ser vistas como naturales e indiscutibles" (Velho 1980: 64). El comunismo aparece así como una gran categoría que abarca diversos imaginarios generalmente asociados a la acusación o la sospecha sobre el "otro", una carta con la cual negociar, acusar, perseguir y generar miedo (Da Silva Catela 2006, 2007). En un país cuyas coordenadas de nacionalidad se orientaron a un norte blanco y civilizado (Quijada 2000; Briones 2002; Escolar 2007; Segato 2007; Chamosa 2008), la trayectoria grupal de intensa, sistemática e incorporada demarcación étnica y estigmatización comunista ante reclamos por tierras generó condiciones que dificultaron el proceso de 'volver a ser indios' en las tierras altas de Jujuy. En este marco, las similitudes semánticas entre *comunero* y *comunista*, dos categorías que hacen referencia a formas comunitarias de tenencia de tierras o resistencia a la propiedad privada, permitieron un deslizamiento entre ambas. Al igual que con la categoría *indio* y su sustitución por la de *ciudadano*, sobre la noción de *comunero* también se advierte un progresivo desuso en las tierras altas de Jujuy, donde el término *comunista* aparecía adjudicado a quienes reivindicando "los asuntos de comunidad" hacían peligrar el orden social liberal al cuestionar la legitimidad de la propiedad de los latifundios. Los discursos de extinción hicieron desaparecer al indio comunero, le dieron lugar al ciudadano propietario o arrendatario –*arrendero*– y erigieron al comunismo como la amenaza al orden establecido, conforme se expandía y consolidaba la Argentina blanca y liberal.

Los tiempos de la dominación

Pasados veinte años de la ley de expropiación de las tierras a favor de la Comunidad Aborigen Kolla de Finca Tumbaya, al día de hoy no se le han entregado sus títulos de propiedad comunitaria. Natacha Freijó, entonces al frente de la Secretaria de Derechos Humanos de Jujuy, afirmaba en septiembre de 2012 que "el Gobierno de la provincia no puede avanzar en la entrega de los títulos comunitarios por la tenencias de tierras. Todos los programas aplicados fracasaron y no hay posibilidad de que se regularice la situación a corto plazo".[19] Desde la creación del PRATPAJ en 1996, sólo se ha entregado el 15% de los títulos de tierras comunitarias indígenas. El 16 de marzo de 2013, en el marco de una gran movilización que reunió a comunidades de los pueblos kolla, omaguaca y quechua de los departamentos de Tilcara, Tumbaya, Santa

---

[19] Fuente: www.jujuyalmomento.com

Catalina, Rinconada, Yavi y Cochinoca, se elevó un petitorio al gobernador de la provincia de Jujuy, Eduardo Fellner, en el que le solicitaban:

1) Se formalice una mesa institucional con plazos y compromisos concretos con participación de las comunidades para la entrega inmediata de los títulos comunitarios, con los organismos competentes como: Dirección General de Inmuebles, Ministerio de Vivienda y Ordenamiento Territorial, Fiscalía de Estado, Escribanía de Gobierno, Secretaría de Derechos Humanos, Secretaría de la Gobernación y todo otro organismo que resulte pertinente a nivel Provincial y Nacional.

2) La entrega inmediata de los títulos comunitarios a aquellas comunidades que ya han cumplido con todos los requisitos solicitados.

3) Se acuerde con el Gobierno Nacional la agilización de los trámites referidos a Zona de Seguridad en las comunidades que así lo requieran, pautando una reunión con el Ministerio de Defensa de la Nación con participación de referentes de las Comunidades.

4) La afectación del presupuesto y personal suficiente para los trámites de regularización de todos y cada uno de nuestros Territorios, haciendo efectiva la Expropiación realizada por el General Perón en el año 1949 y el Mandato Constitucional.

5) La Regularización de todos los remanentes pendientes de titularizar.

6) Que el pedido de tierras individuales no sea un obstáculo para la entrega de los títulos comunitarios.

7) Reglamentación inmediata de la ley de eximición de impuesto inmobiliario para tierras indígenas, y condonación de las deudas que puedan existir sobre los títulos comunitarios ya entregados.

8) Teniendo en cuenta que a fin de este año vence la suspensión de desalojos de comunidades indígenas, así como el relevamiento ordenado por la ley 26.160 y su prórroga, solicitamos tenga a bien interceder ante los Senadores y Diputados Nacionales que representan a la Provincia para que impulsen medidas legislativas para la prórroga de la misma u otros proyectos legislativos, como el relevamiento territorial indígena continuo, o la instrumentación de la propiedad comunitaria.

9) La culminación de las carpetas relevadas en el marco del RETECI, y la incorporación de las comunidades pendientes de relevar en el mismo.

De los nueve puntos del petitorio de la Asamblea de los Consejos Departamentales, ocho de ellos demandaban el apresuramiento y la efectivización de gestiones y trámites en curso en relación a los títulos comunitarios, con lo cual quedaba en evidencia la centralidad de las variables temporales que atraviesan las demandas: "plazos concretos", "entrega inmediata", "agilización", "hacer efectivo", "elementos pendientes", "reglamentación inmediata", "vencimiento y prórroga", "culminación de trámites". Como respuesta a estas movilizaciones del mes de abril, el 26 de septiembre de 2013, a través de la sanción de la Ley 26894, se extendieron hasta el 23 de noviembre de 2017 los plazos establecidos en los artículos 1, 2 y 3 de la Ley 26160, para evitar desalojos y cualquier acto o medida administrativa o judicial que afecte la posesión territorial y los derechos de la propiedad comunitaria. La Ley 26160 ya había sido prorrogada en noviembre de 2009 a través de la sanción de la Ley Número 26554 hasta el 23 de noviembre de 2013, y sobre esta ley se estableció a su vez la nueva prórroga.

La promulgación de una ley, su no cumplimiento, la sanción de una ley de prórroga, su cese y no cumplimiento, la sanción de una nueva ley de prórroga y el recomienzo del ciclo organizan las densas e infinitas tramas de las burocracias provincial y nacional, en las que los expedientes de las comunidades indígenas de Jujuy son objeto de renovadas especulaciones, intereses contrapuestos y usos políticos que tienen a las comunidades inmersas en una saga de capítulos ininterrumpidos de promesas incumplidas. El sociólogo Javier Auyero (2011) propone la tesis de que, en Argentina, el Estado construye "subjetividades que esperan". Auyero cita a Pierre Bourdieu, para quien "la espera" es una de las formas privilegiadas de experimentar los efectos del poder: "hacer esperar a la gente, demorar sin destruir la esperanza, suspender sin decepcionar totalmente" son partes integrales del funcionamiento de la dominación del Estado para con sus ciudadanos (Bourdieu 2000, en Auyero 2011). Como vimos en el capítulo 1, en conversaciones con arrenderos y otros pobladores del departamento de Tumbaya cuyas tierras habían estado sujetas a distintos procesos catastrales, me fueron referidos sentimientos de no haber sabido nunca, al fin y al cabo, si las tierras les pertenecían o no. Sentimientos similares describen Leopoldo Abán (1970) e Ian Rutledge (1987: 220), al señalar la inseguridad y la zozobra que les producía a los campesinos indígenas[20] de las décadas de 1950 y 1960 la inestabilidad jurídica sobre las tierras en las que vivían. La sucesión cíclica de decretos, fiscalizaciones y derogaciones, así como el sostenido *incumplimiento de promesas* por parte del Estado, opera generando sentimientos subjetivos de inseguridad e

---

[20] Reproduzco la categoría con la que Rutledge se refiere a los sujetos beneficiarios de las leyes-decreto del año 1949: "campesinos indígenas".

incertidumbre, en función de las sucesivas medidas contradictorias que afectan a las tierras de los pobladores de las tierras altas de Jujuy.[21]

Desinflados los fuelles del ímpetu estatal que a mediados de los 90 prometía saldar la historia del despojo en Jujuy, los procesos descriptos muestran la tensión irresuelta entre la búsqueda de reconocimiento de los derechos territoriales de los pueblos indígenas y la persistencia de un sistema legal y jurídico dominante, históricamente solidario con la propiedad privada y la negación de la *otredad* bajo la sujeción al derecho (Bidaseca *et al.* 2008, itálicas de mi autoría). En esta historia de sostenida inseguridad jurídico-catastral, hasta el día de hoy sigue vigente en Jujuy una Constitución Provincial que mantiene a los "aborígenes" en situación de tutela, en evidente contradicción con lo dispuesto por la Constitución Nacional y el Convenio 169 de la OIT. Reformada por última vez en el año 1986, la Constitución de la Provincia de Jujuy establece en el artículo 50 que "La Provincia, deberá proteger a los aborígenes por medio de una legislación adecuada que conduzca a su integración y progreso económico y social". En este contexto, la Comunidad Aborigen Kolla de Finca Tumbaya empezó su derrotero como entidad legal en un marco de expectativas e ilusiones colectivas que no tardaron en precipitarse en las aguas turbulentas de la política local, a tono con la letra minorizante y violenta de la Constitución Provincial.

---

[21] Las emociones, en tanto inscripción en el cuerpo de experiencias sensitivas nombradas con términos precisos (honor, vergüenza, culpa, incertidumbre, asco, miedo, respeto, entre otras), han mostrado su cualidad de objeto sociológico capaz de decir mucho sobre lo social (Elias 1993; Le Breton 1999; Pitt Rivers 1968; Mauss 1981; Turner 1972). Una crítica a estos acercamientos teóricos sobre las emociones puede verse en Surrallés, quien, desde una perspectiva que coloca a la afectividad como objeto de análisis, proyecta lo afectivo hacia lo performativo, en tanto permite actuar y cambiar el mundo alterando el estado de cosas preestablecido. Para este autor, "toda consideración sobre la afectividad como objeto analítico conlleva necesariamente un trabajo paralelo y continuado de afinamiento de los instrumentos convencionales heredados de unos paradigmas donde conocimiento, significación e intelección son nociones complementarias" (Surrallés 2005).

Capítulo 5

La comunidad en disputa

Faltaban apenas unos pasos para alcanzar el camino que, desde la pequeña cuesta que parte de la casa de Don René, se abre hasta el campo de Cárcel. Mis rodillas temblequeaban bajo el jadeante sol del mediodía que calcinaba mi imprudente cabeza sin sombrero. Comencé a divisar la figura de quien me parecía era Arnaldo limpiando un rastrojo de alfalfa y a las coloridas y tintineantes ovejas de Alicia que marchaban como saltimbanquis sobre el pasto reverdecido de fines de enero. Saludé a quien efectivamente era Arnaldo, y a los pocos metros salió del fondo de su casa Don Joaquín, quien levantó apenas su mano en mi dirección en señal de obligada cortesía. Seguí caminando bordeando los cientos de durazneros y los corrales de Don Magín y Doña Avelina, algunas construcciones imprecisas de adobe, y la hilera de casas de Don Magín, Doña Nelly y Alicia dio paso a la formidable extensión de los rastrojos de Don Mario, Don Castillo, Don Cañari, Don Lamas y las demás familias del campo de Cárcel, que suben por una pendiente casi imperceptible hacia el fondo de la quebrada de Tumbaya Grande. Esa mañana de domingo todo bullía. En el breve lapso de mi recorrido habían pasado cuatro autos hacia arriba, todo un récord para una zona donde hacia los últimos años del 2000 la posesión de un vehículo era una evidente señal de estatus. Pero los vehículos no eran de quienes vivían en el campo. Aprovechando el domingo de sol después de las lluvias interminables de las semanas anteriores, los parientes de la ciudad visitaban a sus familias de Tumbaya; celebraban así la explosión de colores de la que hacían gala los cerros y la extraordinaria visibilidad de ese domingo seco y luminoso, en el que la suculencia de los animales y las plantas parecía estar cantándole coplas al inminente carnaval. Sin embargo, ese edén de abundancia no provenía del principio de los tiempos. Hasta mediados de la década de 1980, el campo de Cárcel era un terreno yermo, baldío de piedras y matorrales y usado para actividades de pastoreo: "acá no había nada de nada de nada, esto lo hemos *criado*[1] nosotros", me decía Don Elías. En aquellos tiempos, las casas de los arrenderos se ubicaban sobre las laderas del río Cárcel que desciende por la quebrada, pendientes que hasta el día de hoy siguen surcadas por los trazos zigzagueantes que conectan *el bajo y el alto*. Abatidos por los periódicos volcanes e inundaciones que año tras año echaban a perder los cultivos y ponían en peligro sus viviendas y avizorando la posibilidad de volver cultivables las tierras de arriba, algunos arrenderos, como los hermanos Cruz y Don Mario Cruz (*de los otros Cruz*[2]), insistieron, con la ayuda del Maestro Vilte, con el tirado de mangueras y el *trabajo del suelo*; un año lograron cosechar unos numerosos y lindos tomates contra los peores pronósticos de sus vecinos, quienes les decían que de allí no iban a sacar nada. Luego de esa experiencia, muchos se entusiasmaron con la idea de volver fecundas esas tierras y crearon un sistema de riego con mangueras, acequias y canales, para lo cual sacaron piedras y arbustos y airearon la tierra; transformaron así lo que era un terreno casi sin uso en un vergel altamente productivo: "Y al final se logró, ¿viste acá lo que tenés? esto es un paraíso", me decía Alfredo Cruz una tarde en la casa de su hermano. Poco tiempo después, la municipalidad de Tumbaya comenzó a aportar a la tarea con el pago de jornales a través de planes sociales, y una vez que la finca fue expropiada, comenzaron a construirse muchas de las casas que hoy se levantan en el campo de Cárcel a través de un plan nacional de viviendas. La transformación del campo de Cárcel, que supuso el trabajo mancomunado de varios hombres de Tumbaya Grande por algún tiempo a mediados de los 80, es un recuerdo que los ex arrenderos de esta zona de la finca traen a la memoria una y otra vez como expresión precisa de aquello a lo que se refieren cuando hablan de lo unidas que eran antes las familias. Como anticipamos en los capítulos anteriores, uno de los sentidos vectores de las memorias sobre la organización de la comunidad aborigen en Tumbaya es el que distingue un tiempo anterior donde todos eran unidos y el tiempo de desunión que sobrevino después que se formó la comunidad. Las memorias sobre este tiempo pasado se anclan en

---

[1] La crianza como modo de sociabilidad andina fue analizada por antropólogos, historiadores y agrónomos en varios lugares de los Andes. La crianza como relación afectiva y como diálogo basados en el cariño, no en sentido unidireccional humano-humano o humano-no humano, sino como mutua "prerrogativa [...] de toda forma de vida se asocia a actitudes de cuidado, cultivo, hospitalidad y cariño con la regeneración saludable de todas las formas de vida" (Rengifo Vázquez 1995; ver también Gonzáles, Chambi y Machaca 1998 y la compilación de Van Kessel y Larraín Barros 1997). Desde esta perspectiva, no se califica a los cultivos agrícolas o a los animales tan sólo como recursos en el marco de sistemas productivos. Para el caso de las tierras altas de Jujuy, la relación de mutua crianza entre humanos y no humanos ha sido analizada en relación a los animales por Bugallo y Tomasi 2012; en relación a las plantas, por Lema (2014a y 2014b); y en el caso de la historia, por Lema y Pazzarelli (2015).

[2] En Tumbaya Grande hay dos familias de apellido Cruz, algunos de cuyos miembros están emparentados entre sí por relaciones de alianza y comadrazgo-compadrazgo.

la experiencia arrendera y continúan hasta el tiempo inmediatamente posterior a la organización de las familias como comunidad aborigen ¿Por qué se clasifica ese antes y después?; ¿cuáles son los argumentos y criterios desde los cuales se distinguen y describen ambos momentos?; ¿qué sentidos de comunidad y pertenencia se articularon en ese proceso?; ¿qué transformaciones supuso dicho proceso para las familias de Tumbaya?; ¿qué nos dicen estos eventos sobre los procesos de etnogénesis indígena colla?

En Argentina, para que una comunidad aborigen sea reconocida como tal, sea posible el otorgamiento de su personería jurídica y cada uno de sus miembros sea reconocido como indígena o aborigen debe demostrar su filiación con poblaciones preexistentes al Estado nacional y expresar de esta manera su autoctonía y autenticidad. Como vimos en el capítulo anterior, el INAI dictó en el año 1996 la Resolución N° 4811, que adecuó los criterios para autorizar la inscripción de comunidades. En el artículo 2 de esta resolución, se establecen como requisitos para la inscripción:

1. Nombre y ubicación geográfica de la comunidad.

2. Reseña que acredite su origen étnico-cultural e histórico, con presentación de la documentación disponible.

3. Descripción de sus pautas de organización y de los mecanismos de designación y remoción de sus autoridades.

4. Nómina de los integrantes con grado de parentesco.

5. Mecanismos de integración y exclusión de sus miembros.

En el artículo 2 de la Ley 23302 del año 1985, el Estado define a las comunidades indígenas como "…los conjuntos de familias que se reconozcan como tales por el hecho de descender de poblaciones que habitaban el territorio nacional en la época de la conquista o colonización". "La vigencia de la personería jurídica se mantiene mientras siga existiendo la comunidad y se respeten las pautas de organización descriptas por la misma". Para el Estado argentino, más allá del reconocimiento de la preexistencia étnica de los *Pueblos* en la Constitución Nacional, el sujeto indígena es aquél organizado en comunidades.[3] Las comunidades aborígenes, desde esta perspectiva, son entidades con límites definidos expresados en la conciencia de sus miembros en relación a su origen y devenir en común: la comunidad es una especie de "todo cerrado" y una unidad en sí misma. La Comunidad Aborigen Kolla de

---

[3] Una comunidad que no haya sido inscripta en el Registro Nacional de Comunidades Indígenas no es reconocida por el Estado argentino, no tiene existencia legal a pesar del reconocimiento constitucional de la preexistencia étnica de los pueblos indígenas.

Finca Tumbaya, con las comunes experiencias arrenderas de sus miembros y circunscripta territorial y administrativamente a los límites de la finca, se asemeja de forma casi estereotipada a la figura prescripta en esa normativa. Esta noción de comunidad, que pareciera deudora de la clásica conceptualización de Robert Redfield sobre las pequeñas comunidades (1965: 4), poco se ajusta sin embargo a la complejidad de las relaciones tumbayeñas construidas en torno a sus propias nociones e ideas de lo que significa ser una comunidad y a la auto-imagen de socialidades que de sí mismos construyen como grupo. Es que esta relativamente reciente forma jurídica de comunidad es sólo un aspecto de una totalidad de prácticas y relaciones que hacen a una categoría nativa de comunidad que de ninguna manera puede reducirse a aquella definición jurídica y que las más de las veces entra en tensión con ella. Lejos de las imágenes románticas instaladas en el sentido común sobre la especie de solidaridad mecánica que debería existir en una organización de este tipo, la comunidad tumbayeña estuvo atravesada desde sus inicios por conflictos que pusieron de manifiesto tensiones y disputas de diverso orden. En Tumbaya, la figura jurídica de la "comunidad aborigen" prescripta por el Estado se constituyó solapándose a un conjunto de redes de parentesco, políticas y territoriales parcialmente superpuestas, articuladas en reconocimientos mutuos, memorias y experiencias compartidas que regulaban las relaciones entre las familias arrenderas. A su vez, la Comunidad Aborigen Kolla de Finca Tumbaya produjo una transformación en la escena política local, al instituirse el Consejo de Delegados como un nuevo espacio de gestión y de representación política que rearticuló las tramas de identificación y comunalización locales en una nueva configuración.[4]

En este capítulo abordo las tensiones, los conflictos y las luchas establecidos en torno a la conformación de la comunidad aborigen en Tumbaya y los diversos sentidos de comunidad y pertenencia implicados en este proceso. Específicamente, abordo los criterios de autodefinición y pretensiones de inclusividad que se pusieron en juego (Briones 1998), las prácticas y las relaciones a través de las cuales los tumbayeños se comunalizan más allá de la prescripción comunitaria estatal, así como las disputas de representación política y cultural derivadas del contexto en que se organizó la Comunidad Aborigen Kolla de Finca Tumbaya a mediados de los años 90.

---

[4] Como plantea Claudia Briones, estos entramados comparten un desafío común a toda "comunidad imaginada" (Anderson 1993) o, como explica Brow (1990), a todo proceso de "'comunalización': el de producir una cierta unidad moral e intelectual que logre dar expresión más o menos unitaria y unificadora a experiencias grupales multifacéticas e históricamente cambiantes" (Briones 1998: 7).

Antes se éramos unidos, compartidos

Como vimos en el capítulo 3, durante su vida como arrenderos el ser *unidos* y *compartidos* tenía que ver con la participación en los engranajes de ayudas y cooperación que existían entre las familias en la finca desde sus comunes experiencias y conocimientos del espacio local. Además de la participación familiar en numerosas actividades cotidianas y eventos rituales organizados en torno al ciclo (re)productivo anual, el arreglo de caminos, la reparación de acequias y las obras de canalización de agua eran actividades que no formaban parte del contrato con el patrón y eran resueltas por los propios arrendatarios. Aunque durante el sistema de arriendo cada unidad doméstica tenía una relativa autonomía respecto a las otras, sus relaciones estaban reguladas por prácticas reciprocitarias y un sentido de pertenencia grupal que se actualizaba en el ejercicio de estas prácticas y relaciones. Como me decía Lidia Cruz en 2008: "Tumbaya Grande como que era una sola familia, porque todos, entre todos se prestaban cosas, a uno le faltaba algo y le prestaba el otro, y así bien unidos ¿ve?". La percepción de que las familias arrenderas eran unidas entre sí siguió operando durante los primeros tiempos de la comunidad aborigen, una vez que la finca fue expropiada. Como vimos en el capítulo 4, el proyecto de ENDEPA era crear organizaciones populares aborígenes fuertes y autónomas, económica y políticamente. Según sus técnicos, que la propiedad de la tierra pasase a manos de los arrendatarios era la pieza fundamental para lograr el objetivo de autonomía, así como para lograr la "intensificación de la producción y el fortalecimiento comunitario y revalorización cultural". En el marco de estos objetivos, y comenzando a configurarse la posibilidad concreta de que la finca se expropiase y pasara a manos de las familias arrenderas, en los primeros años de los 90 se organizó la primera edición de la "Feria Campesina de Tumbaya Grande" (Figura 20). En esta feria, que se realizó durante varios inviernos en la entrada de Tumbaya Grande sobre la ruta 9, los arrenderos bajaban con sus productos –artesanías, quesos, carnes, verduras– para exhibirlos, venderlos y eventualmente trocarlos por productos de otros lugares. Me contaba Lidia que "…allí se hacía el *mismeado*,[5] el queso, tejidos, y era bien lindo, todos se saludaban todos con todos, y si alguien tenía un vaso de café le convidaba a uno, al otro, y se era unidos, hasta el patrón Viviani fue a compartir una vez".[6] En ese tiempo también se creó la comparsa *Los Cachafaces* de Tumbaya Grande, que

---

[5] El *mismeado* es el hilo de lana producto del trabajo de la fibra de oveja o de llama, generalmente hecho con un huso de hilar de hueso o madera.

[6] Como se puede apreciar en la figura 20, donde Pablo Ángel Viviani aparece mirando hacia arriba, al lado de quien iza la bandera argentina al inicio de la feria.

respondía a la "necesidad de tener una comparsa propia del campo",[7] aunque estas actividades de promoción y fortalecimiento comunitario se propiciaron en un contexto de transformaciones mayores que comenzaron a impactar en las relaciones al interior de la finca desde principios de la década de 1990.

Figura 19: Izamiento de la bandera argentina en la inauguración de la Feria Campesina de Tumbaya Grande durante el mes de julio de 1993. (Foto gentileza Federico "Lico" Galián)

---

[7] Hasta entonces los festejos del carnaval se hacían en *fortines* organizados en las casas; además se participaba en las dos comparsas del *pueblo*, donde concurrían las personas de Tumbaya Grande: "Los Alegres" y "Los Corazones Alegres". Sobre el carnaval y las comparsas de Tumbaya, ver Espósito y Fabbro (2008).

174

Los planes sociales y las prácticas diferenciadoras de la política

Las actividades que fueron encauzando la organización de la comunidad aborigen y el cese del pago del arriendo, de las que dimos cuenta en el capítulo anterior, se dieron en el marco del arribo y la adopción del neoliberalismo a nivel nacional. Las políticas neoliberales implantadas durante la década de 1990 en el país tuvieron un impacto profundo en toda la región. En Jujuy, estas políticas se articularon en una situación donde primaba el empleo público con altísimas tasas de desocupación. Durante la década de 1980, la provincia se había encargado de absorber gran parte de la mano de obra que había quedado desocupada en el sector privado durante la dictadura. La planta permanente del Estado provincial pasó de representar el 33,75% de los ocupados de la provincia en 1975 al 38,17% en 1982 (Stumpo 1992; Lagos y Gutiérrez 2006). Sin embargo, la mayor incorporación de empleados, contratados en condiciones de extrema precarización laboral, se hizo en el año 1988 durante la gestión del gobernador De Aparici, situación que desembocó en la conflictiva escena local de principios de la década de 1990 con el "Perro" Santillán como ícono de las luchas sindicales de principios de la década. Uno de los elementos centrales de las respuestas del Estado a los llamados 'efectos no deseados' del nuevo modelo fue un conjunto de programas sociales que redefinieron en gran medida las relaciones de ciudadanía imperantes, con políticas focalizadas de asistencia para los excluidos de la nueva matriz socioeconómica (Svampa 2005; Torrado 2010). A nivel nacional, el primer programa fue el Programa Intensivo de Trabajo (PIT), creado en el año 1993, que fue reemplazado por el Plan Trabajar en 1996 y por el Plan Jefas y Jefes de Hogar en el año 2002. En Jujuy, fueron tantos los programas sociales provinciales que se implantaron desde los primeros años de 1990 que en el año 1996 debió editarse una guía que sistematizara la información sobre ellos (Lagos y Gutiérrez 2006: 289).[8] En Tumbaya, este período es recordado como *el tiempo en el que llegaron los planes y los proyectos*. La recepción de los planes sociales fue generalizada. Según una pequeña encuesta que realicé en el año 2007, la casi totalidad de los hogares tumbayeños había sido beneficiaria de

---

[8] Para un análisis de la implementación del Plan trabajar en Jujuy, ver el trabajo de Sala y Golovanevsky (2003-2004). Para un análisis del Plan Jefas y Jefes de Hogar en la Argentina, ver Galasso y Ravallion (2003).

un Plan Trabajar y del Plan Jefas y Jefes que lo reemplazó.[9] La llegada de los planes, que supuso el cobro de un subsidio mensual por cada jefe de familia, fue recibida con entusiasmo por los miembros de los hogares beneficiarios, en una provincia que para esos años ostentaba el desolador privilegio de estar en el puesto 22 según los indicadores de pobreza, entre los 24 distritos del país (Lagos y Gutiérrez 2006: 279). El Plan Trabajar fue presentado como un "Programa público de empleo", cuyo objetivo principal era proveer un trabajo transitorio a personas en condiciones de pobreza o vulnerabilidad. Además, el plan tenía como objetivo satisfacer necesidades socialmente relevantes, atendiendo a "los problemas de emergencia laboral provocados por los desajustes en los mercados de trabajo [...] procurando reducir el impacto en la caída de los ingresos en los hogares de los desocupados más pobres" (Sala y Golovanevski 2003-2004: 6).[10] Aunque fue ideado como una medida que paliara transitoriamente los problemas de desempleo, su vigencia se extendió hasta el año 2002.

La llegada de los planes tuvo un impacto sustancial en la estructura de las relaciones familiares en Tumbaya. Durante varios años antes de la expropiación, los arrenderos habían elevado diversas notas pidiendo ayuda al Gobierno provincial. Estas cartas eran principalmente pedidos de asistencia para el arreglo de caminos, construcción de un puente y créditos para mejoras de la producción. Como vimos en el capítulo cuatro, estas solicitudes no encontraban eco en el Gobierno provincial, que alegaba no poder intervenir en lo que era una finca de propiedad privada.[11] Una vez que la finca fue expropiada y pasó a ser propiedad comunal de los arrenderos, el Estado comenzó a dar respuesta a estas demandas a través de la mediación local de la Comisión Municipal. En el marco de su activa colaboración en la carpa hacienda y de la institucionalización de la comunidad aborigen, *la muni* comenzó a erigirse como el espacio donde los arrenderos comenzaron a encontrar respuestas y soluciones a las demandas que por años habían sido desatendidas por el Gobierno provincial. Según coinciden en indicar la mayoría de los pobladores de Tumbaya Grande, "la gente empezó a pedir mucho más, antes no se pedía

---

[9] En el año 2009, el Plan Jefas y Jefes fue reemplazado por el Programa Familias. El Programa Familias no comprometía una contraprestación en trabajo, sino la presentación anual de certificados de escolaridad y vacunación de los hijos por parte de las madres jefas de hogar beneficiarias del Programa.

[10] Este proceso se condice con la tesis del "modelo participativo-asistencial" del Estado que operó durante la década de 1990 articulando tres elementos: una política focalizada, la omnipresencia del Estado y la participación en redes comunitarias (Svampa 2005: 88).

[11] Ver capítulo 4 y Anexo 1: Cartas de la Organización Comunitaria Aborigen de Tumbaya Grande al Gobierno Provincial.

casi, pero desde que llegó Mamaní todo lo empezó a hacer la *muni*".[12] "'El Hugo' fue el primer comisionado que se metió ¡con todo! en Tumbaya Grande", como me decía Don Magín Cruz. El énfasis de la frase de Don Magín ilustra uno de los sentidos construidos sobre un Estado que, habiendo estado presente de distintas maneras en sus trayectorias generacionales, nunca lo había hecho de ese modo, respondiendo y aportando soluciones a los pedidos que le hacían los arrenderos para intervenir en el territorio de la finca. Los abuelos no recordaban a ningún comisionado municipal que los hubiera ayudado y que hubiera colaborado con ellos como lo hizo Mamaní: "El Hugo es el político que más hizo por Tumbaya Grande". Mamaní reproducía la lógica paternalista de intercambios que los Álvarez Prado habían tenido durante generaciones con los arrenderos. Pero más allá de su figura en particular, de la llegada de asistencia y ayuda estatal a la finca y de la reorientación de la experiencia histórica de los arrenderos con la política, las maneras en que esto fue articulado es una de las claves para comprender las transformaciones que me interesa analizar.

Las ayudas que empezó a brindar el Estado para el arreglo de los caminos, el mantenimiento de las acequias y la construcción de la escuela nueva[13] fueron instrumentadas a través de la mano de obra aportada por los beneficiarios del Plan Trabajar, cuyo pago a cada jefe de familia involucraba una contraprestación laboral de entre cuatro y seis horas diarias. Siendo todos ellos beneficiarios de esta ayuda social, los ex arrenderos comenzaron a realizar diversas actividades bajo un organigrama planificado por la Comisión Municipal. Los pedidos de ayuda que durante años habían elevado al Estado provincial desde sus comunes intereses como arrenderos comenzaron a ser ejecutados por ellos mismos en su nueva condición de beneficiarios de planes sociales y miembros de la Comunidad Aborigen Kolla de Finca Tumbaya. Las actividades que hasta antes de la expropiación habían establecido la cooperación y reproducían los intercambios recíprocos que mantenían *unidas a las familias* comenzaron a ser ejecutadas a través de la nueva lógica de intervención del Estado, que regulaba a través de la burocracia local las relaciones sociales de los ex arrenderos administrando los planes sociales y

---

[12] Hugo Mamaní inició su primer período como comisionado municipal peronista en el año 1992. Desde entonces es la figura fuerte del peronismo local en Tumbaya, habiendo ocupado varias veces el cargo de comisionado municipal. Entre los años 1999 y 2007 fue diputado provincial por el FREJULI y el Partido Justicialista, para volver a ser comisionado municipal desde entonces, habiendo sido reelegido en tres oportunidades.

[13] La escuela rural de Tumbaya Grande se llama "El Porvenir". Despuntando la década del 2000 fue planificada la construcción de un nuevo edificio a raíz de las periódicas inundaciones que sufría el viejo. La escuela nueva se comenzó a construir por aquellos años y fue finalmente inaugurada más de diez años después, en el año 2011. En la obra de construcción trabajaron ex arrendatarios de la Finca Tumbaya como forma de contraprestación de los planes sociales.

las contraprestaciones en el territorio de la finca. Veremos en lo que sigue las implicancias de estas transformaciones en el marco del contexto institucional local.

La membrecía a la comunidad, entre la norma y la práctica

Como fue analizado para otros casos (Gordillo 2006; Isla 2009), la presencia del Estado en espacios locales como el de Tumbaya es una seña particular que caracteriza un aspecto de la reproducción de los hogares rurales en Argentina. El Estado compone el escenario local de manera irreductible, "siendo una parte constitutiva de las relaciones sociales y de las formas jurídico-políticas locales de organización, estableciéndose como un espacio que se pondera para gestionar y 'suministrar' recursos, influencias y representación pública" (Isla 2009: 19). "...el Estado es una presencia local en todas sus dimensiones; es una parte constitutiva (más que 'articulada') de las relaciones y del imaginario local" (Isla 2009: 82, encomillado original). La burocracia política local, históricamente circunscripta a la Comisión Municipal, fue reconfigurada con la creación de la comunidad, con su Asamblea como órgano representativo y de toma soberana de decisiones y su Consejo de Delegados.

Desde que se formó la comunidad hasta el año 2016, en que se renovaron las autoridades del Consejo de Delegados, ambos espacios de representación estuvieron liderados por las mismas personas: Hugo Mamaní como comisionado municipal y diputado provincial y Celestina Ábalos como coordinadora del Consejo de Delegados de la Comunidad.[14] Al indagar en el proceso de organización de la comunidad aborigen, los relatos se refieren invariablemente a que durante los primeros tiempo *la muni* y *el Consejo* trabajaban juntos, pero que en determinado momento *Hugo Mamaní y Celestina Ábalos se pelearon*. Esta 'pelea' aparece como un enclave en la redefinición del espacio

---

[14] Exceptuando el hiato entre los años 1999 y 2007 en que fue diputado provincial por Jujuy, Hugo Mamaní es desde 1992 hasta la actualidad quien maneja en la práctica la Comisión Municipal de Tumbaya. El posicionamiento de Celestina Ábalos como coordinadora de la comunidad se vincula a su trabajo previo en la Comisión Municipal y a su participación en la Iglesia cuando comenzó la promoción de las comunidades de la región. Además, Celestina cursó durante algunos años la carrera de Comunicación Social en la Universidad Nacional de Jujuy. La vida en la ciudad la vinculó a relaciones y experiencias que la constituyeron como la persona idónea para lidiar con el papelerío que implicaba la escritura de proyectos y el seguimiento del proceso de escrituración de las tierras, entre otros asuntos de la comunidad. Desde el año 2014 coordina el Programa de Educación Intercultural Bilingüe de la provincia de Jujuy.

político local, a partir del cual la Comisión Municipal y el Consejo de Delegados se convirtieron en espacios cuyas fronteras comenzaron a demarcarse a través de una relación permanentemente conflictiva. Desde la perspectiva de la coordinadora de la comunidad aborigen, los problemas con el municipio comenzaron cuando la comunidad comenzó a gestionar proyectos y la Comisión Municipal intentó tener participación. La coordinadora me decía: "Todo el proceso de la finca, el acompañamiento de la expropiación estuvo bien. Los problemas con el municipio […] surgen después de la expropiación y se empieza a trabajar, cuando se empieza a decir '¿qué vamos a hacer, cuál es el objetivo del Consejo?' Esto fue planteado en el año 2000, 2001, dijimos '¿qué hacemos?' porque ya logramos recuperar las tierras, y '¿qué hacemos?, ¿cuáles van a ser los objetivos de ahora en más?'. Y entonces en esos años el Consejo aprueba que la comunidad debe comenzar a gestionar proyectos, debe empezar a ser gestora, debe comenzar a administrar sus fondos. Entonces se empieza a trabajar, a buscar proyectos, financiamiento. No fue fácil, y es ahí donde el municipio empezó a querer tener participación, que no le dimos. Algunas cosas a veces compartíamos con ellos, pero ellos no aceptaban que haya otra institución que tiene sus propios criterios y se maneja con sus propios estatutos. Y ahí comenzaron los problemas" (Celestina Ábalos, coordinadora de la Comunidad, Tumbaya, 2007). Cuando se formó la comunidad aborigen, el Consejo de Delegados comenzó a gestionar subsidios a través de los cuales se hicieron diferentes obras que tenían por beneficiaria a "la comunidad".[15] En estos subsidios, canalizados muchos de ellos a través el INAI, la entidad financiadora invertía en los materiales y la mano de obra era puesta por la organización beneficiaria. En los hechos, la "organización beneficiaria" eran hogares y personas concretas, algunas de las cuales comenzaron a cuestionar la forma en que los recursos eran asignados por parte del Consejo, al acusar a la coordinación de la comunidad de querer *llevar agua para su molino* beneficiando a las familias que estaban *de su lado*. Sin embargo, las recriminaciones más fuertes que cayeron sobre el Consejo fueron las de haber comenzado a adjudicar tierras de la comunidad a discreción y a otorgar lotes y terrenos a gente de afuera, *sin respetar cómo eran las cosas antes*. Uno de los

---

[15] A través del Instituto Nacional de Asuntos Indígenas fueron financiadas, entre otras: una obra de canalización de agua en la Quebrada de Tumbaya Grande, un Plan de Viviendas en un barrio del pueblo, el otorgamiento anual de un número de becas y la financiación de dos promotores culturales para "trabajar con los jóvenes de la comunidad". La Comunidad Aborigen gestionó además un proyecto de entubamiento y canalización de agua para las distintas zonas de Tumbaya Grande y Huajra, financiado por el Banco Mundial; un proyecto de cría de pollos financiado por la Universidad de Granada (España); un proyecto de cría de chinchillas y otro de carácter turístico que incluyó la construcción de una posada turística en Raya Raya, Tumbaya Grande, a través de la gestión de la ONG REDES. Además, existía el proyecto de construir la "Casa de la Comunidad" con financiamiento de la Secretaría de Desarrollo Social de la Nación.

casos que generó más recelos de parte de los ex arrenderos fue el de las casas del barrio "Las Espinas" en el pueblo de Tumbaya. En el año 2001 se construyeron viviendas sobre tierras de la comunidad, a partir de un plan de obras gestionado por ésta. Algunas de esas casas fueron otorgadas a familias de Punta Corral (pequeño poblado a unas diez horas de camino al Este del pueblo de Tumbaya), sin experiencia arrendataria en la Finca Tumbaya, aunque algunos de ellos con relaciones familiares con tumbayeños. Cuando se formó la comunidad, el mecanismo de adjudicación de terrenos en el territorio comunitario debía respetar los "usos y costumbres" que tenían las familias durante el sistema de arriendo. Según una clara metáfora que utilizó la coordinadora de la comunidad para explicarme el sistema: "cuando se formó la comunidad y se hizo el censo del '96, es como que se sacó una foto desde arriba de cómo estaban distribuidos los terrenos, los pastoreos, y así es como quedaron, cada cual en el terreno que tenía". Sin embargo, la adjudicación de lotes por el Consejo una vez conformada la comunidad puso de manifiesto su inserción en procesos territoriales más complejos de experiencias y pertenencias en el campo y en el pueblo. Aunque el pueblo de Tumbaya pertenece en parte al territorio de la comunidad aborigen por haber formado parte del territorio de la finca, y aunque en el artículo 19 del estatuto se estipula que: "Son miembros de la comunidad las personas que nacieron en la Finca Tumbaya[16], en los hechos se dio el caso de algunas personas que, habiendo nacido en la finca, tenían viviendas escrituradas dentro del ejido del pueblo y no pudieron disponer de tierras en el campo. Esto generó casos conflictivos como el de Adela, quien habiéndose criado en Tumbaya Grande y proviniendo de una familia arrendera, adquirió y escrituró una casa en el pueblo. Desde la perspectiva del Consejo de la comunidad, este hecho le hizo perder derechos sobre los terrenos en los que había vivido su familia como arrendataria, donde se criaron ella y sus hermanos: "Nosotros no hemos sido censados, ¿por qué?, nosotros siempre le hemos preguntado a la coordinadora, ella dice

---

[16] El artículo decimoséptimo del estatuto dice que "Son miembros de la comunidad las personas que nacieron en este lugar (finca). Por descendencia de nuestros abuelos. Los que cuidan y valoran la tierra, los que habitaron y trabajaron desde siempre estas tierras tienen derecho de reclamarla. Son parte de la comunidad las personas que respeten nuestras familias, nuestras costumbres, nuestras formas de ser, a la Madre tierra. Los que respetan al vecino, a la hacienda, a los sembrados, a los turnos del agua, a la naturaleza, a la convivencia en comunidad. Son parte también los que respeten los reglamentos del estatuto elaborado por la comunidad. Son miembros de la comunidad los que hayan nacido en este ámbio, los que acceden a ella por vínculo de sangre, de matrimonio o de cruza. Son parte de la comunidad las personas que se fueron del lugar porque no podían pagar sus arriendos. Las personas que en estos momentos no tengan tierras y nacieron en este lugar y tengan su familia si quieren tener un espacio físico (tierra) deben asistir a las asambleas. Son parte de la comunidad las personas que respeten la cultura en todas sus expresiones". Ver anexo 5: Estatuto de la Comunidad Aborigen Kolla de Finca Tumbaya.

porque nosotros no tenemos terreno en la parte de la finca. Siempre nosotros hemos peleado con ella porque no fuimos censados, ¡ninguno! y eso que nosotros nos hemos criado ahí, ninguno de mis cinco hermanos somos censados. Mi mamá que podría haber sido censada, nada, ¡Y ella nació en la finca, como nosotros, ella se ha criado allí también! Por eso yo no le entiendo por qué eso, ser aborigen es ser ellos, como de cuento de ella, no sé [...] siempre nos hemos agarrado con ella, nosotros queríamos saber por qué, pero nunca, la única explicación es de que nosotros no vivimos ahora en la parte de la finca". Otro caso es el de Don Pablo, residente en el pueblo de Tumbaya, quien me contaba que: "...mi abuelo tenía posesión de pastoreo en esta zona, para ovejas, inclusive mi mamá era pastora de ovejas hasta los 18 años [...] Y escuché también que Menem[17] decía que las tierras de los que eran aborígenes, donde habitaban aborígenes, por ese decreto le daba el derecho hasta la cuarta generación a reclamar posesión [...] O sea que yo, siendo de allá, estaría en primera generación, yo no estuve allá, pero mi mamá estuvo, yo estoy en primera, o sea que mis hijas estarían en segunda generación y mis nietos estarían en tercera generación para reclamar derechos, y hasta mis bisnietos también podrían reclamar". Casos como los de Adela y Don Pablo ponen de manifiesto las distancias entre las normativas impuestas por el Estado y las disposiciones del estatuto, y los sentidos de identificación y experiencias familiares locales; revelan además las divergencias entre la comunidad aborigen como figura jurídica prescripta por el Estado y las formas en que se disponen en Tumbaya los criterios de inclusión y pertenencia, así como las formas de legitimación e impugnación de esos criterios. Por otro lado, hay personas que sin pertenecer formalmente a la comunidad por no haber sido censadas (aun habiendo nacido y habiéndose criado en la finca durante el sistema arrendatario) participan de las actividades del campo orientadas por el sistema de disposiciones y de pertenencia que las vinculan con las familias de la comunidad. Como Lidia Cruz, que nació y vivió en Tumbaya Grande hasta cuatro años después de haberse organizado la comunidad aborigen, y no fue censada por haberse casado con un hombre de pueblo, adonde se fue a vivir: "La coordinadora no nos censó porque dice que no vivo más en el campo". Sin embargo, a pesar de no pertenecer formalmente a la comunidad aborigen, Lidia es una participante activa de las distintas actividades que organizan las familias de Tumbaya Grande y que, como veremos enseguida, la vuelven perteneciente a la comunidad tumbayeña para los demás miembros. Otros casos, aunque escasos, lo conforman aquellas familias que no reconocen la propiedad comunitaria de las tierras y eventualmente se arrogan su propiedad privada, desconociendo lo establecido en la ley de expropiación de la finca.

---

[17] Carlos Saúl Menem, presidente de la Argentina entre los años 1989 y 1999.

Tal el caso de los miembros de una familia residente en el pueblo de Tumbaya que en el décimo aniversario de la comunidad, en el año 2008, alambraron como si fueran propios terrenos comunitarios, con lo cual provocaron un incidente que retomaremos en el próximo capítulo. Vemos entonces que pueden ser miembros de la Comunidad Aborigen Kolla de Finca Tumbaya quienes fueron arrenderos, así como se espera que estas mismas personas sean las que reciban lotes de tierra y sean adjudicatarias de los proyectos gestionados por el Consejo de Delegados. Sin embargo, por lo menos hasta el año 2016, el Consejo otorgaba tierras y erigía en beneficiarios de proyectos a personas sin experiencia arrendataria en la finca; por otra parte, no a todas las personas ni familias con experiencia arrendera les fue permitido inscribirse como miembros de la comunidad, aunque algunos de ellos participan activamente de las actividades colectivas organizadas por las familias. En este marco, la experiencia familiar arrendera aparece como la coordenada principal de inclusión en la comunidad imaginada de las familias de la comunidad, además de ser lo que otorga unidad moral y establece el principal criterio de construcción de una imagen "más o menos unitaria y unificadora a experiencias grupales multifacéticas e históricamente cambiantes" (Briones 1998: 7), como las experimentadas por las familias a partir de su organización como comunidad en el contexto socioeconómico descripto. En este proceso, la arbitrariedad con la que empezaron a percibirse las decisiones y los criterios de inclusión y membrecía por parte de la coordinación de la comunidad aborigen, que obviaba el estatuto y a la asamblea como el espacio de representación y decisiones consensuadas, fue comenzando a poner bajo la mira su legitimidad casi desde sus comienzos.

La *politización* y la *desunión*

El Consejo de Delegados, que comenzó a regular las relaciones entre las personas, los proyectos y la distribución de tierras desde una situación inicial de gran consenso y legitimidad, fue transformándose a medida que sus prácticas comenzaron a ser cuestionadas por "no respetar las cosas como eran antes". La *politización* fue la categoría con la que los ex arrenderos objetivaban el malestar que les producía observar cómo (esto fue repetido casi como un mantra durante mi trabajo de campo) "desde que se formó la comunidad, la gente comenzó a estar más desunida". La *politización* comenzó a generar *desunión*. El proceso de desunión percibido en Tumbaya se enmarcó en un proceso de redefinición faccional en el que la Comisión Municipal y el Consejo de Delegados se fueron conformando como espacios de disputas de intereses. En este marco, la incesante llegada de planes sociales y proyectos y su penetración en las relaciones familiares luego de la expropiación fueron abonando la idea de que la gente no quería trabajar más, que se había "tirado a vaga" y vuelto "floja" y "conformista". La pérdida del esfuerzo y el trabajo como valores centrales esgrimidos por las familias que habían sido arrenderas era un tema referido de forma recurrente en los distintos encuentros que tenía con mis interlocutores en Tumbaya. Como me decía Lico, contraprestador de los planes sociales en diversas tareas organizadas por la *muni*: "Yo me acuerdo que nos empezaban a mandar a trabajar a las casas. Por ejemplo, supongamos que Don Borja pedía dos o tres muchachos que le vayan a ayudar a hacer la acequia o una cosa, otra, y empiezan a mandar gente del municipio y la misma familia empieza a dejarse un poco, 'bueno van a venir los de la *muni*, nosotros no hacemos'". Una situación que me era referida en relación a la desunión era la paradójica circunstancia por la cual, luego de que las tierras fueron expropiadas, varias de las familias dejaron de sembrar y de tener hacienda. Como describimos en el capítulo 3, uno de los sentidos de la unión durante el sistema de arriendo se nutría de los recuerdos de la abundancia de cultivos y de la posesión de muchos animales, junto al poder de distinción que esto les generaba a los arrenderos cuando bajaban al pueblo en épocas de carnaval con el dinero obtenido por las ventas del verano. Los recuerdos de que antes "la finca era un vergel" se articulan en los relatos a descripciones de familias que en la actualidad "botaron casi toda su hacienda" y dejaron prácticamente de cultivar. Como Don Daniel, de quien se dice que antes tenía mucha hacienda, pero que desde que empezó a cobrar el plan "dejó de cultivar casi, y hoy tiene un poquito de alfa, unos cuantos duraznos apenas y anda siempre tirado y *machado*".[18]

De forma paralela a la recepción de los planes sociales, la participación de las familias en proyectos administrados por el Consejo de Delegados generó discordias entre los ex arrendatarios, así como la inculpación a la coordinación de la comunidad de asignar algunos de ellos a su antojo, *como los políticos*. En este marco, la emergencia de intermediarios, delegados zonales y vocales como miembros del Consejo de Delegados y de la Comisión Municipal creó conflictos en las tramas familiares por la participación y adhesión política y faccional a uno u otro espacio. Otro elemento recurrente en la percepción de la desunión fue el proceso de creciente posesión diferencial de capital educativo de los hijos de quienes habían sido arrenderos. Durante el sistema de arriendo, la obligación del trabajo en la Sala y la necesidad de

---

[18] La palabra *machado* refiere a alguien alcoholizado. Durante mi trabajo de campo, muchas personas críticas de Hugo Mamaní lo responsabilizaban de haber inducido a la gente del campo a volverse alcohólica, entregándole bebidas para "mantenerla cautiva".

generar excedentes para el pago al patrón fueron los principales obstáculos para que las personas pudiesen ir a la escuela. Para el momento de mi trabajo de campo, la mayoría de los ancianos y algunas de las personas de mediana edad de Tumbaya Grande no sabían leer ni escribir. Además, su paso por la escuela había sido extremadamente discontinuo: algunos de los abuelos tenían *segundo* o *tercero*, es decir, habían ido hasta segundo o tercer grado de la escuela primaria.[19] Sin embargo, todas las personas que para entonces tenían alrededor de treinta años habían completado sus estudios primarios, un buen número había transcurrido al menos dos años en el secundario y algunos jóvenes habían completado el nivel medio. Insertos en una posición paradójica, los ancianos, que sufrían el hecho de que *el trabajo en las cosas del campo* durante el sistema de arriendo les hubiese impedido ir a la escuela, lamentaban que los jóvenes no se ocupasen más de las cosas del campo por su inclusión en la educación formal y en el trabajo fuera del campo en la actualidad.

Como planteamos en la introducción de este libro, la política como categoría nativa es valorada en Tumbaya de diversos modos según los contextos de referencia: como un dominio perjudicial que causa desunión o como una fuerza con capacidad de agencia valorada positivamente. La política es una categoría polisémica en sus usos. Como praxis y como idea, designa a la actividad formal, institucional y eventualmente partidaria, encarnada en personas y prácticas que gravitan en torno al Estado municipal o provincial, y a las disputas por la distribución de recursos que desde allí se generan. La política encuentra su definición nativa en estrecha relación con el ámbito de las personas, los objetos y las prácticas emanados del Estado, sus funcionarios, sus recursos, sus códigos, sus intermediaciones y su capacidad interventora y legisladora. Sobre la política se practican adhesiones y definiciones ambiguas. Por un lado, es el espacio de demandas legítimas de garantías ciudadanas que, a través de las ayudas y la colaboración, aseguran el bienestar colectivo: esta forma es valorada positivamente, y es ante esta concepción, prácticamente homologada a las instituciones gubernamentales, que se demanda reconocimiento en los espacios públicos. Por otro lado, la política es significada de modo negativo como desarticuladora de las experiencias vitales, como cuando se la culpa de desarmar y expulsar familias de la finca en distintos momentos políticos del siglo XX. Por otro lado, la política aparece

---

[19] En Tumbaya no hay escuela de nivel medio, por lo que los jóvenes deben trasladarse a los establecimientos de Volcán, Purmamarca, Tilcara, Maimará o San Salvador de Jujuy. Los jóvenes de Tumbaya Grande que van al secundario "bajan a la ruta" en bicicleta, que dejan detrás de una gran roca a la entrada de la quebrada, y se trasladan en colectivo hasta la localidad donde estudian, repitiendo el camino, de lunes a viernes, en sentido inverso. Durante mi trabajo de campo funcionaba en Tumbaya un plan de alfabetización para los ancianos del campo auspiciado por el INAI.

como la agencia por cual la distribución arbitraria y diferencial de recursos puede causar desunión de las familias cuando se vislumbran procesos de diferenciación social entre ellas. En este sentido negativo, la política me fue reiteradamente enunciada como un agente autónomo, *sucio*, que impregnaba los intersticios de los espacios de la vida local produciendo división y *desunión*. Una agencia que, en vez de generar cohesión y orientar la reproducción social en términos de una siempre relativa y oscilante igualdad, comienza a ser percibida como causa de la desunión intra e interfamiliar. En este marco, la *politización* se esgrime como una bisagra conceptual y práctica entre ambas concepciones valorativas que interviene en procesos de diferenciación social. A diferencia de la polisemia de la política, la politización siempre es conceptualizada de modo negativo, abyecto. Entre las dos conceptualizaciones nativas de la política, la politización es la categoría explicativa que da cuenta del proceso por el cual un espacio, una práctica o una persona significadas como política en el sentido de propiciar el ideal de igualdad y unidad entre las familias se transforma en un espacio, una práctica o una persona con significado de política perjudicial que produce desunión. En el marco de la crisis de la década de 1990, la llegada de los planes y la intervención politizada del Consejo de Delegados y de la Comisión Municipal en las dinámicas de las familias arrendatarias, la desunión tomó su sentido más profundo: "algunos ya quisieron ser más que otros". Como me decía Doña Nelly: "Yo veo que somos así, vecinos, pero la comunidad son desunidos, creció un poquito los que son más, ya pelean más, ya algunos quieren ser más que los demás. Parece que ellos nomás tendrían que tener y los demás nada. Así son, desunidos son ahora".

En este contexto, otra variable comenzó a formar parte del juego de relaciones locales. Como vimos, uno de los elementos demandados por el Estado para que una comunidad indígena sea reconocida como tal –escrito en la letra de la Resolución N° 4811/96– es la "posesión de una cultura en común". La redacción del estatuto de la comunidad desde la necesidad de acreditar un *común origen étnico, cultural e histórico* llevó a los ex arrenderos a comenzar a reflexionar sobre su organización colectiva desde una perspectiva metacultural, es decir, discutiendo y erigiendo aquello que de allí en más pasaría a ser del orden de 'su cultura' (Urban 1992, en Briones 2005). En el marco de las experiencias de creciente politización y desunión de la comunidad aborigen en los sentidos discutidos hasta aquí y en la trama del multiculturalismo neoliberal imperante (Hale 2004), la cultura se erigió como un objeto inserto en proceso de tensa definición y embarcado en disputas sobre sus significados y sus alcances.

La cultura

> L:–*A veces nosotros nos vamos olvidando de nuestras costumbres.*
>
> *A veces el Tata Borja viene y pincha la oreja*[20] *y todos se cagan de risa y eso no es cagarse de risa, sino que simplemente...*
>
> J:–*...es una tradición...*
>
> L:–*Y el año que viene seguirlo haciendo, ¿sí?*
>
> M:–*¡Y tenemos que ser más unidos!*
>
> L:–*Y tenemos que ser más unidos y yo por eso acepté hacerme cargo de esto. Quiero decir así, que lo que hacen nuestros abuelos nosotros lo vamos a seguir haciendo para que no se pierdan las costumbres de Tumbaya Grande. Nuestras costumbres, nuestra cultura, ¡que ahora es nuestra cultura!*
>
> (Entierro del carnaval de la Comparsa Los Cachafaces, Tumbaya Grande, febrero de 2008, en Espósito y Fabbro 2009)

El proceso de organización de la comunidad tumbayeña se dio en el marco de otro más general, el de agentes e instituciones que desde los años 80 se abocaron a la tarea de "reivindicar y fortalecer la cultura colla" en la región, primero desde las instituciones como ENDEPA y luego en el marco de las políticas multiculturales articuladas en discursos liberales de respeto y tolerancia a la diversidad, aunque dichas políticas promovieran agendas propias y favoreciesen el refuerzo de viejos mecanismos de asimilación. Como vimos en el capítulo 4, en el año 1997 se redactó el estatuto de la comunidad. El estatuto se organizó en virtud de las disposiciones de la Resolución 4811, a través de discusiones y decisiones en talleres y asambleas organizados en aquel tiempo. Durante el primer taller organizado en Tumbaya por el INAI con la presencia de la Comunidad Aborigen Kolla de Finca Santiago, llevado a cabo entre el 26 y el 28 de enero de 1997, se discutieron varios aspectos que fueron definiendo la redacción de las bases del estatuto: 1) las costumbres, los fundamentos históricos y culturales para constituir la comunidad; 2) la adjudicación de las tierras en forma individual o comunitaria; 3) las pautas de adjudicación y uso de aguadas, tierras de pastoreo, caminos y senderos; 4) los principios y valores que regirían la vida institucional de la comunidad; 5) el sistema de autoridades y administración, con los respectivos mecanismos de designación y renovación de los cargos y delegación de funciones; y

---

[20] Para *florear* las ovejas durante la señalada.

6) quiénes pueden ser miembros de la comunidad. En el documento resultante, firmado por los catorce delegados de las cinco zonas de la comunidad, se establecieron los principios por los que debería regirse la comunidad de allí en más, fundamentada en una serie de prácticas, valores e ideales de relación entre las familias. Entre estos principios, el artículo 4° del capítulo 2° del estatuto establece: "Respetar y hacer respetar nuestra cultura en todas sus formas de manifestación: comida, vestimenta, música, trabajo, religión, creencias. Citamos algunos ejemplos: Semana santa, carnaval, Marcada, Chilpiada, Todo Santo, Siembra y Cosecha, Corpachada, copleadas, tijtinchas, cuarteadas, misachicos, ofrendiadas, flechadas, etc., y por sobre todo la ceremonia y el culto a la MADRE TIERRA PACHAMAMA" (Mayúsculas en el original). La reflexión sobre la cultura como algo que se posee y eventualmente se rescata, se valora y se respeta marcó un clivaje de carácter inédito en Tumbaya. En el marco de la organización de la comunidad aborigen, la cultura empezó a ser "un fenómeno cultural en sí" (Wright 1998: 7). Aunque las clasificaciones locales distinguen pertenencias a partir de la práctica de determinadas *costumbres del campo*, la categorización de algunas de estas prácticas y costumbres como culturales derivó de la interpelación de agentes estatales y organizaciones que propiciaban la "revalorización cultural de las comunidades" desde una concepción sobre sus miembros como sujetos portadores de cultura. Esto puede verse en el propio estatuto de la comunidad, donde se menciona reiteradamente la obligación de respetar y hacer respetar la cultura y la identidad cultural de la comunidad. Aparece así la cultura como un hacer reflexivo que se toma a sí mismo como objeto de predicación (Briones y Golluscio 1994), de modo que produce su propia metacultura, es decir, qué se define como cultural o no, con lo cual genera su propio régimen de verdad.

Como parte de este proceso, en el año 2003 la UNESCO declaró a la Quebrada de Humahuaca como "Patrimonio Cultural y Natural de la Humanidad". Los fundamentos para la postulación y posterior elección de la Quebrada como patrimonio universal se basaron en su carácter de "itinerario cultural", dada su condición de "corredor natural" en el que vivieron y circularon diferentes sociedades y culturas a lo largo de los últimos 10 mil años, de forma tal que condensa, entre los cerros multicolores que la enmarcan, el testimonio vivo de la "cultura andina". En una publicación editada por el Gobierno de la Ciudad de Buenos Aires en el año 2009, la senadora nacional por Jujuy Liliana Fellner, una de las principales gestoras del proyecto, decía en relación a la Quebrada de Humahuaca: "Desarrollo, gobernabilidad, cultura y turismo son factores que interactúan y se interrelacionan activa y constantemente, siendo cada uno de ellos insumo y producto, causa y efecto, acción y reacción, condicionante y consecuencia de los otros" (Fellner 2009: 25).[21] En este contexto, la "Feria Campesina de Tumbaya Grande" que habían comenzado a organizar los arrenderos hacia 1990 fue trasladada por disposición de la Comisión Municipal desde la entrada a la Quebrada de Tumbaya Grande sobre la ruta 9, donde se hacía regularmente, hacia la plaza del pueblo de Tumbaya. La feria se hacía en invierno, y el traslado implicó el cambio de estación y también de nombre, empezándose a llamar "Tumbaya Canta a América". Los argumentos del Gobierno municipal tanto para comenzar a hacerla en verano como para trasladarla al pueblo fueron que las vacaciones traían más gente y que en la plaza del pueblo iban a poder "mostrarse mejor". Me decía Doña Cándida: "se le empezó a dar prioridad a la gente de Tilcara y Maimará que traen sus productos, y poco y nada la gente de Tumbaya Grande [...] lo que se hacía en Tumbaya Grande era para dar vida a los arrenderos, porque la gente se enteraba cómo hacían, y la gente entraba a Tumbaya Grande y se vendía, pero lo que la *muni* empezó a hacer es como una demostración para traer conjuntos de Jujuy, de Tilcara, conjuntos folclóricos, un ballet, dos ballets que eran de la Dirección de Cultura de la Provincia, nada que ver con lo que se hacía en Tumbaya Grande". Lo que comenzó siendo una feria de los arrendatarios para maximizar la venta de sus productos en el marco de un sistema de extracción de renta como era el arriendo fue reconvertido a instancias de la Comisión Municipal en un espacio de exhibición para el turismo, con lo cual se abrió a la participación de personas de otras localidades que debían pagar un permiso a la municipalidad.

En un contexto de desocupación crónica, mucha gente se entusiasmó con la posibilidad de que la declaración de la Quebrada de Humahuaca como Patrimonio Mundial generase puestos de trabajo, tanto en la construcción como en el sector de servicios en los cientos de hoteles, posadas, bares y restaurantes que se levantaron durante esos años a lo largo de la Quebrada. En este afán patrimonialista y en el marco de los conflictos entre el Consejo de Delegados y la Comisión Municipal en Tumbaya, la cultura emergió como un objeto en disputa por su representación y por la orientación de sus sentidos metaculturales. La idea de preservar y fortalecer aquello que se presumía conformaba la especificidad de "la cultura e identidad indígena colla" fue motorizada en el marco de estos procesos de alcance regional, nacional e internacional, caracterizados por la exhibición de manifestaciones simbólicas

---

[21] La elaboración del proyecto de ley fue gestionado por el Gobierno de la Provincia de Jujuy e impulsado fundamentalmente por la entonces senadora Liliana Fellner, presidente de la Comisión de Turismo y de la Comisión Bicameral de Conmemoración de los Bicentenarios y Directora de la Cátedra Abierta de Cultura, Turismo y Desarrollo de la Universidad Nacional de Jujuy. Según declaraciones de la propia Fellner, la declaración de la Quebrada de Humahuaca como Patrimonio Universal era "su utopía personal" (Fellner 2009: 26).

orientadas a fijar una supuesta especificidad étnica como garantía de autenticidad. En un trabajo publicado en 1995, Jean Jackson (1995) muestra el modo en que los indígenas del Vaupés fueron sujetos a un proceso de negociación sobre las formas culturales que deseaban conservar, modificar o desechar en un momento de progresiva incorporación al Estado colombiano. Compartiendo el punto de partida según el cual las nociones de cultura, al igual que en el caso del Vaupés, se volvieron centrales a la política indígena en Tumbaya, a diferencia de la perspectiva de Jackson –para quien 'lo cultural' aparece etnológicamente definido a priori–, nuestras observaciones se acercan más a la problematización que sobre la cultura hace Joaquín Bascopé (2009). El autor chileno analiza cómo desde el Estado y la Academia se ha erigido a "lo mapuche" y al "movimiento mapuche" como una identidad o cultura en sí y propone que la cultura forma parte del juego político en lugar de precederlo, de modo que se constituye en el marco de ese propio proceso. Sin embargo, como intentaré mostrar en lo que sigue, la diferencia de nuestro caso con lo trabajado por Bascopé estriba en que la cultura, en tanto parte del juego político –o "el contexto culturalista", como él lo llama–, siempre es dotada de agencia y sentidos particulares por los tumbayeños, quienes desde sus memorias, experiencias históricas y sentidos de comunalidad, terminan siempre definiendo sus alcances y limitaciones aun a riesgo de antropologizar la especificidad de una supuesta cultura indígena local a través de manifestaciones simbólicas en ámbitos concretos de interacción social.

Para los primeros años de la década de 2000, y al igual que en otros lugares de los Andes, el acto de darle de comer a la tierra, que hasta entonces se hacía solamente en la intimidad de los hogares, comenzó a hacerse en Tumbaya de modo colectivo y en algunos casos también de modo público. A través de la descripción etnográfica de tres de estas ceremonias a la Pachamama a modo de "situaciones sociales" (Gluckman 2003)[22], ilustro otra arista de la complejidad de las disputas de representación cultural y política analizadas hasta aquí, examinando el modo en que las memorias, las experiencias históricas y los sentidos de identificación y pertenencia de los ex arrendatarios intervinieron en su arbitrio y plasmaron los criterios de comunalización de la comunidad tumbayeña en torno al reconocimiento y al afán de conservar ámbitos de reciprocidad interfamiliar.

---

[22] En su trabajo sobre lo que llama "la Zululandia moderna", Max Gluckman describe a los acontecimientos (*events*) o situaciones sociales como aquellos que el antropólogo observa y a partir de cuyas interrelaciones en una sociedad particular abstrae la estructura social, las relaciones, las instituciones, etc., de dicha sociedad. A través de la elección deliberada de algunos acontecimientos y de su comparación con nuevas situaciones, el antropólogo comprueba la validez de sus generalizaciones (Gluckman 2003: 2).

Pachamama y Patrimonio

> *El poder que antes practicaba el silencio,*
>
> *ahora obliga a decir la cultura*
>
> (Bascopé 2009)

Colocándonos de frente al sol, intentábamos vanamente calentar nuestros cuerpos, entumecidos en esa mañana helada del 1° de agosto en la que la Comisión Municipal de Tumbaya oficiaba la celebración de la *Pachamama oficial* al borde de la ruta 9. El comisionado municipal Florencio Cruz, el diputado Hugo Mamaní, su esposa, los vocales de su partido y un puñado de quince personas se habían reunido intentando darse calor alrededor del pozo abierto a los pies de un mástil que usualmente portaba una bandera argentina. En esta ocasión, la bandera había sido reemplazada por una wiphala que, pegada al frío metálico del mástil, coronaba fláccida e inmóvil la ceremonia en que se daría de comer a la tierra. El acto reunía a unas pocas personas del pueblo, en su mayoría miembros de la Comisión Municipal y empleados de la *muni*. La secretaria del comisionado y dos empleadas habían ido colocando alrededor del pozo las empanadas, el picante, los tamales, así como los vinos y las gaseosas que, comprados con dinero de la Comisión Municipal, saciarían esa mañana la boca sedienta de la Pacha. Inmersos en un clima por demás solemne, fuimos pasando uno a uno a echar nuestras ofrendas al pozo. Algunos autos que pasaban por la ruta detenían su marcha y las cabezas de sus ocupantes asomaban tras las ventanillas que se bajaban para echar un vistazo de lejos. Algunos, persuadidos por los gestos por demás elocuentes del diputado Mamaní, se bajaban del auto y tímidamente, como pidiendo permiso con toda la gestualidad ambivalente de la que sus cuerpos eran capaces, se sumaban a la ronda de personas que participábamos de la celebración. Una vez que todos los presentes le dimos de comer a la tierra, el comisionado municipal cerró el evento con un ardoroso discurso reivindicativo de la Pachamama que "es la madre de nuestras comunidades y nuestros cerros", augurando un crecimiento para "nuestra querida *Tumbaya la bella*" y un buen año para todos los presentes.

Pachamama y Cultura

Las (auto) marcaciones de alteridad no

pueden analizarse sino como parte de procesos

de construcción de hegemonía

(Briones 1998a)

A las 4 de la tarde me pasó a buscar Cipriano en su camioneta. Ese frío día de agosto había sido fijado por el Consejo de Delegados de la Comunidad Aborigen Kolla de Finca Tumbaya para celebrar *la Pachamama de la Finca* en la escuela vieja de Tumbaya Grande. Al ritmo del traqueteo sobre el camino de tierra, en la parte de atrás de la camioneta iba bamboleándose una gran olla de aluminio con picante de pollo. Lo que mantenía el torpe equilibrio de la olla eran dos packs de gaseosas y un pack de tetrabriks de vino blanco, que, salpicados con las gotitas del jugo del picante, también resguardaban los saltos irritados de una gran bolsa con pan y utensilios descartables y dos morrales con empanadas, tamales, quinua, papas hervidas, choclos y cordero asado. Al llegar a la escuela con una hora de atraso, había un grupo de unas veinte personas que esperaban ansiosas a la coordinadora de la comunidad aborigen, quien arribó una media hora después y dispuso la organización espacial de los alimentos y las bebidas alrededor del pozo. Éste se abrió al costado del ingreso a la escuela, a los pies de una plataforma de concreto que sostenía un busto de Manuel Belgrano, que fue cubierto con una bandera wiphala. Quienes cavaron el pozo fueron tres abuelos de la comunidad, que a fuerza de pico y pala se iban turnando en la tarea que parecía más dificultosa de lo previsto. A un costado, la coordinadora y una de las delegadas de la comunidad colocaban los alimentos y las bebidas que le daríamos a la tierra, comprados con dinero del Consejo de Delegados. Al evento concurrieron la mayoría de los delegados del Consejo y vecinos de Tumbaya Grande y del pueblo, unas veinticinco personas en total. Para quienes ese día estaban en la escuela, el número de personas presentes era escaso y la ausencia de gente fue lamentada en distintos momentos a lo largo de la tarde. Luego de haber pasado en parejas a echar los productos al pozo, uno de los abuelos que lo había cavado, Don Dámazo, pronunció un encendido discurso sobre la importancia de la Pachamama y sobre la necesidad de "volver a ser unidos", de que haya más gente, aclamación que fue secundada por unas modestas palabras por parte de la coordinadora de la comunidad aborigen, que se dedicaron a celebrar la concurrencia de los presentes y la "importancia de la Madre Tierra en la cultura local". Luego de sus palabras se tapó el pozo, y bailamos en ronda tomados de la mano, al ritmo de una sentida canción del Dúo Coplanacu que salía de los parlantes del equipo de la escuela. Entramos al salón, y Celestina, la cocinera y Cipriano repartieron el delicioso picante de pollo a los presentes. Luego de la comida se subió el volumen de la música aunque ya para entonces quedábamos solamente unas ocho personas en el salón. Al ratito se apagó la música del equipo, juntamos las cosas y nos subimos a la camioneta de Cipriano de regreso al pueblo.

Pachamama y Unión

> *Comunidad, comunidad para mí significa… estar unidos, no sé, compartir muchas cosas, buenas y malas (silencio). Ponerse de acuerdo en muchas cosas (silencio). Yo creo que no existe comunidad en Tumbaya, obvio que sí, está el nombre nada más, pero la gente es muy desunida, nunca llegan a acuerdo y tampoco nunca se terminan las cosas de hacer cuando sale un proyecto, siempre quedan a medias… Hay que ser unidos (silencio). Comunidad es estar unidos y ayudarse al otro pues.*
> (LIDIA CRUZ, TUMBAYA GRANDE, 2008)

Desde mediados del mes de julio habían comenzado a insistirme con que no dejase de ir a la Pachamama que todos los años organizaban las familias de Tumbaya Grande. Desde hacía varios años, la *Pachamama de Tumbaya Grande* se planificaba a partir de un sistema de padrinazgos en el que cuatro personas se comprometían para organizar la celebración del año siguiente. El compromiso de los padrinos garantizaba que *para el año* no faltasen las comidas y las bebidas que se les darían de comer a la tierra y a las personas, así como la parafernalia de la celebración –lanas de colores, sahumerios, serpentinas, papel picado, tolas, vasijitas para sahumar, cigarrillos y hojas de coca–. Esa mañana, al igual que para el festejo de la Pachamama de la Finca, me pasó a buscar Cipriano en su camioneta. Ese año Cipriano era uno de los cuatro padrinos del evento, por lo que desde el espejo retrovisor se reflejaba una vez más la imagen rimbombante de la olla con picante de pollo sacudiéndose al compás del descalabrado camino de tierra que conducía a Tumbaya Grande. Como todos los años, el festejo se haría alrededor de un árbol que está en la zona alta de la Quebrada, al lado de las viviendas del campo de Cárcel. El centro de operaciones era el salón de Doña Nelly, madre de Cipriano, que para entonces estaba desocupado como vivienda permanente, aunque era utilizado habitualmente para diversas actividades colectivas, familiares y vecinales. Al llegar al lugar, me llamó la atención la presencia de una veintena de personas intensamente ocupadas en la ejecución de distintas actividades. Lucila refregaba una wiphala en un balde lleno de agua y jabón. Don Pablo, hermano de Cipriano, me invitó a apuñar maíz para el picante, mientras su esposa Patricia sacaba una mesa del salón de Doña Nelly para apoyar unas palanganas para lavar los platos. Al lado, Lidia y Marina cortaban las cebollas que iban echando en una de las muchas ollas de barro que, colocadas sobre maderos encendidos, cocían hacía varias horas el picante de pollo, las tijtinchas y los tamales que serían consumidos durante la celebración. En una esquina al frente del salón, cuatro hombres hachaban leña que luego echaban al fogón para mantener las llamas vivas. En el interior del salón, paradas alrededor de una mesa larga, unas ocho personas armaban los tamales, repulgaban las empanadas, desmenuzaban el maíz, mientras Doña Cándida mezclaba agua con maíz tostado machacado para hacer *ulpada*. Luego de acomodar unos palos que estaban apilados en la entrada del salón para que la gente pudiese sentarse, un grupo de hombres escogió y comenzó a tallar uno de los más largos, con el que armaron un mástil. Comenzaron a izar la wiphala que brillaba de colores después de haber sido lavada por Lucía, hasta que Don Gerónimo gritó: "eh, eh, eh, ¡alto che, que falta la bandera argentina!". Los hombres comenzaron a preguntar quién tenía *una celeste y blanca*, y Don Pablo fue hasta su casa a buscar la suya, que colocaron junto a la wiphala en lo alto del mástil. Cuando la comida estuvo lista, entre todos la fuimos colocando en recipientes y acomodando alrededor del pozo. Tres hombres, mientras tanto, acercaban las piedras con las que se armó una apacheta al lado del pozo que se cubrió con las lanas de colores, las serpentinas y el papel picado. En un momento dado, comenzó a comentarse la ausencia de Armando Cruz, uno de los cuatro padrinos del evento: "Armando es uno de los que más fuerte ha luchado para que esto salga adelante, ¿cómo no va a venir?". Comenzó entonces a correrse el rumor de que "los de la *muni*" estaban dándole de comer a la tierra más abajo, y que esa situación era lamentable porque no hacía más que profundizar lo desunidas que se habían vuelto las familias de Tumbaya Grande. Inmersos en las quejas por la desunión, cuando la apacheta estuvo lista y habiendo llegado más gente –para entonces éramos unas cuarenta personas–, se dio inicio a la ceremonia, que fue oficiada con unas palabras de Cipriano. Éste agradeció a la Madre Tierra por todo lo que les daba, instando a que "siempre hay que cuidarla y defenderla". Luego les pidió a un matrimonio –ella de Tumbaya Grande y él del pueblo de Tumbaya– que sirvieran a las personas que pasarían a darle de comer a la tierra. Mientras tanto, Doña Alejandra nos daba hojas de coca y Patricia y Cipriano repartían cigarrillos que clavábamos boca arriba sobre la montaña de tierra que había sido sacada del pozo. Como a los quince minutos de empezada la ceremonia, comenzaron a verse a lo lejos los contornos de un camión y de una camioneta, que al ratito llegaron con unas veinticinco personas a bordo, entre las que se encontraba Armando Cruz. Habían llegado "los de la *muni*". Tres de ellos, miembros de dos familias de Tumbaya Grande, bajaron con un acordeón, una guitarra y un bombo y comenzaron a tocar carnavalitos, chacareras y chamamés. Los recién llegados trajeron más comida y se sumaron sin más a la celebración. Le pregunté a Cristina si le habían estado dando de comer a la tierra abajo, como se había especulado hacía un rato, y me dijo –sorprendida por mi pregunta– que no, que habían venido a ésta, "la Pachamama que hacemos todos los años". Luego de que todas las personas pasaran en parejas al pozo, Cipriano y los otros tres padrinos dijeron unas palabras de cierre, agradeciendo la presencia de la gente y pidiéndole a la Madre Tierra "que haya más sembrados y más unión", luego de lo cual se eligió a los padrinos del próximo año. Un hombre comenzó a improvisar unas coplas y tres chiquillas me miraron y empezaron a reírse, aunque inmediatamente la madre de una de ellas las retó y comenzamos a dispersarnos. En medio de la algarabía reinante, se invitó a Don René Vilca, referenciado como una de las personas que "más luchó por Tumbaya Grande", a que arriara las banderas. Formamos una gran ronda alrededor del mástil, que se impregnó de la energía solemne del silencio sepulcral que se hizo mientras René bajaba las banderas. Al tomarlas entre sus manos, los músicos comenzaron a tocar nuevamente, y, tomados de la mano, bailamos alrededor del árbol que velaba el pozo al compás de los temas ejecutados por el alegre trío sonoro. Pasamos al salón de Doña Nelly, donde comimos tijtinchas, picante de pollo y tamales con gaseosas, ulpada y vino. Los músicos tocaron sus instrumentos por una hora más, luego de lo cual corrimos las mesas y comenzó el baile animado con el gran equipo de audio que se apagó recién pasadas las 4: 00 de la mañana.

La comunidad como pacto de continuidad

Hasta los últimos años de la década de 1990, el acto de darle de comer a la tierra era realizado por las familias al interior de sus casas en un día cualquiera del mes de agosto. Desde entonces, y coincidiendo con el creciente proceso de patrimonialización de la Quebrada y la organización de la comunidad aborigen, en Tumbaya comenzaron a hacerse celebraciones colectivas a la Pachamama, como las organizadas por la Comisión Municipal y el Consejo de Delegados, a las que luego se sumó la de las familias del campo de

Tumbaya Grande. El festejo de la Pachamama organizado por la Comisión Municipal de Tumbaya puede pensarse desde las coordenadas que, según Yúdice (2002: 13), colocan a la cultura como un recurso desde una racionalidad que subsume los productos culturales a la lógica mercantil, pues controla la producción de su valor en términos de gestión, conservación, acceso, distribución e inversión. Marisol de la Cadena llamó a esta articulación como una "nueva cultura económica basada en el multiculturalismo neoliberal" (De la Cadena 2007: 10) en la que, a diferencia del viejo liberalismo que privilegiaba la educación como fuente de jerarquías sociales, se privilegia el mercado y se construyen jerarquías a través de la ganancia de los productores y del consumo de la gente. En este marco, para que se consuma es necesario "eliminar obstáculos que dificulten la conversión de ciudadanos en consumidores" (De la Cadena 2007: 10). En la declaración de la Quebrada de Humahuaca como Patrimonio Natural y Cultural Universal, el principal obstáculo a eliminar fueron los prejuicios sobre prácticas y rasgos históricamente tildados de atrasados y arcaicos, que debieron reconvertirse positivamente como mercancías culturales para consumo de los 'turistas de la cultura'. Recordemos que Liliana Fellner, impulsora de la declaración, proponía que las piedras basales de aquellos años en Jujuy eran la gobernabilidad, el desarrollo, la cultura y el turismo, y presentaba a los cuatro como "factores que interactúan y se interrelacionan activa y constantemente, siendo cada uno de ellos insumo y producto, causa y efecto, acción y reacción, condicionante y consecuencia de los otros" (Fellner 2009). La celebración organizada por la Comisión Municipal se hizo un 1° de agosto, "día de la Pachamama" en un calendario que para entonces no era oficial, pero que poco tiempo después se volvería materia de gobierno[23]: "Eso del 1° de agosto es de la ciudad, no importa si tal día de agosto lo hacés, no tiene que ser el 1° sí o sí, pero eso sí, tiene que ser en agosto", me comentaba Alicia al contarle que esa mañana había ido a ver cómo la *muni* celebraba la Pachamama. La celebración de la *muni* se hizo sobre la ruta, al lado del recientemente inaugurado parador, una garita de colectivo a la que se le adosó un pequeño salón donde comenzó a venderse comida, atendido por empleadas de la Comisión Municipal. Concurrieron empleados y familiares de los miembros de la *muni*, y fue el comisionado quien presidió el evento, con la wiphala como símbolo icónico de la ceremonia. En su alocución, abundaron las referencias a "Tumbaya la bella", como reza el eslogan turístico de la localidad impreso sobre un gran cartel colocado en la ruta a la entrada al pueblo. Mamaní, entonces diputado, cerró la celebración luego de

---

[23] En 2013 el Congreso argentino aprobó la Ley 26891, que declara a la provincia de Jujuy como "Capital Nacional de la Pachamama". En su artículo N° 2 la ley instituye el 1° de agosto como día oficial de la celebración.

agradecer a la Pachamama "por las bendiciones de un paisaje tan bellamente tallado como éste en el que nos toca vivir" y pidió por el crecimiento de Tumbaya agradeciendo "la presencia de los turistas que nos acompañan". Para los tumbayeños, este evento fue *La Pachamama de la Muni*.

Como en las ediciones anteriores, la celebración de la Pachamama de la comunidad fue organizada por los delegados del Consejo y financiada con fondos de la propia comunidad.[24] Al evento asistió la mayoría de los delegados, y había al menos una persona de cada una de las delegaciones. Al momento de comenzar la ceremonia coordinada por Celestina Ábalos, ésta les entregó picos y palas a Don Dámazo, Don Esteban y Don Juan, *abuelos de la comunidad*. Las palabras de la coordinadora fueron elocuentes al finalizar la ceremonia respecto a la topicalización de la Pachamama como un elemento central de 'la cultura local', en un discurso encuadrado en reflexiones metaculturales sobre la madre Tierra como "símbolo de los pueblos y comunidades de la región". En esta celebración de la Pachamama estuvo presente un conjunto de elementos que fueron indexicalizados como indígenas en el proceso de reemergencia étnica de la región: la wiphala, los *abuelos* y el propio hecho de darle de comer a la tierra de modo colectivo y público, todo lo cual torna a la cultura un elemento central del posicionamiento de la comunidad aborigen en el espacio local. Para los tumbayeños, esta fue *La Pachamama del Consejo*.

La Pachamama de Tumbaya Grande, del mismo modo que otros eventos colectivos como las señaladas y las marcadas, los cumpleaños de 15 de las niñas, los casamientos y el carnaval, se organizó a través de un sistema de padrinazgos. Al igual que todos los años, en aquella ocasión fueron elegidas cuatro personas de distintas familias de Tumbaya Grande que quedaron comprometidas a colaborar con las comidas, las bebidas, la música, los souvenires y demás elementos que serían utilizados en el festejo del año siguiente. En las celebraciones que cada año se hacen al interior de cada casa, el pozo que se abre para darle de comer a la tierra es el mismo, ubicado usualmente en un espacio de umbral a la entrada o en el paso de una habitación a otra en el caso de las viviendas, o en un lugar del corral o los rastrojos en los espacios 'productivos'. En esta ocasión y como todas las veces desde la primera edición, el lugar elegido para darle de comer a la tierra fue un árbol que congrega

---

[24] Para entonces, el Consejo de Delegados Aborígenes de Tumbaya recibía fondos estatales a través del INAI, así como diversos aportes de organizaciones no gubernamentales. El Consejo administra además el dinero generado por la extracción y venta de áridos que hace a la empresa Roggio SA, establecida a través de un acuerdo comercial al que no pude tener acceso. Además, cada familia debe hacer un aporte (que hasta el año 2010 era de 1 —un— peso mensual) para la 'caja chica'. Según la coordinadora de la comunidad y los propios miembros, casi nadie aporta esta contribución obligatoria.

espacial y simbólicamente el campo de Cárcel, que como vimos fue un lugar *criado* por el esfuerzo de las familias de Tumbaya Grande. El árbol donde se hizo el pozo era el lugar que simbolizaba la unión y el esfuerzo concertado de las familias en continuar su existencia como grupo al evitar que las inundaciones y los volcanes arrasaran con sus casas y cultivos en las zonas bajas de la finca. A diferencia del festejo organizado por el Consejo de Delegados, a este evento concurrió la mayoría de las familias del campo, de Tumbaya Grande y de Chañi Chico, y algunas pocas del pueblo. A pesar de los rumores que presagiaban lo contrario, "no estuvo la política de por medio" y aunque se distinguió la presencia de los de la *muni*, primó la lógica de la unión sustentada en el sistema de padrinazgos y la reciprocidad por sobre las lógicas facciosas y políticas. La mayor parte de las personas colaboró de alguna manera en el evento, que se pudo realizar gracias las contribuciones de los padrinos y a la ayuda de todos los presentes en la diversidad de actividades que involucró su organización. Fue un momento de relativa autonomía, donde ni la Comisión Municipal ni el Consejo de Delegados aportaron fondos propios, como tampoco se hicieron presentes sus líderes. La coordinadora de la comunidad no concurrió porque había viajado al Chaco a un encuentro de líderes aborígenes, el comisionado municipal y el diputado Mamaní estaban en San Salvador de Jujuy. La wiphala y la bandera argentina flameaban juntas en las cuerdas del mástil improvisado para la ocasión. Para los tumbayeños, ésta fue *la Pachamama de la unión*.

Recapitulando

En Tumbaya, la *unión* y la *desunión* definen tiempos, lugares y personas, formas de socialidad y modos de vida. Los tiempos del arriendo y los primeros años de la organización de la comunidad aborigen fueron significados como momentos donde la gente estaba unida y se ayudaba entre sí. Los sentidos de la unión primaban por sobre otras clasificaciones y percepciones, prevaleciendo incluso en muchas ocasiones sobre *los recuerdos malos*. Aun en la situación de dominación estructural que supuso el sistema de arriendo, las familias unidas emergían en los relatos vinculados a recuerdos de abundancia de cultivos y prosperidad, a memorias de honor y distinción de los arrenderos respecto a la gente del pueblo, desde un locus de colectividad idealmente igualitaria donde "nadie quería ser más que nadie". Paradójicamente respecto a mis supuestos iniciales de investigación, la organización de la comunidad aborigen coincide en los relatos con el inicio de la desunión. Como analicé a lo largo este capítulo, los sentidos de la desunión se vinculan a la llegada de los planes y los proyectos a Tumbaya y a su incidencia en los espacios y las prácticas que hacían a la reproducción de las relaciones de cooperación, ayuda e intercambio entre las familias. Lenton y Lorenzetti analizan la política indigenista argentina en 2002 y 2003 en términos de un proceso de construcción de hegemonía que apeló al discurso de "la crisis" y la "pauperización creciente" y subordinó así la cuestión indígena y las demandas que durante años se configuraron en términos de autonomía y reconocimiento a la administración y ejecución de planes sociales a fin de obturar los puntos de conflictividad entre el Estado y los pueblos indígenas. Tomando como punto de partida este "(neo)asistencialismo de necesidad y urgencia" (Lenton y Lorenzetti 2005), que en el caso de Tumbaya ocluyó los reclamos de autonomía indígena que habían comenzado a articularse desde la década de 1980, me interesa reorientar el análisis hacia los modos en que esta manera de intervención estatal se interpuso en los circuitos de reciprocidad interfamiliar en Tumbaya e incidió en los procesos locales de comunalización y de reproducción de la vida local. Como dijimos, las históricas demandas de los arrenderos para obtener ayuda del Estado provincial para el arreglo de diversos problemas dentro de los límites de la finca empezaron a ser resueltas por ellos mismos a través del aporte de horas de trabajo que debían hacer bajo la autoridad de la Comisión Municipal de Tumbaya, en tanto beneficiarios de los planes sociales. Para los años 2007 y 2008, muchos de los beneficiarios de Tumbaya Grande me contaban que el plan les era pagado en la *muni*, que el propio comisionado municipal les daba el dinero en mano en las oficinas públicas del municipio. El precio de los pasajes hasta San Salvador de Jujuy para extraer el dinero de un cajero automático volvía aún menos valiosa la irrisoria cantidad de dinero del beneficio estatal. Desde el municipio se llevó a la práctica un sistema donde el comisionado retenía las tarjetas de débito de los beneficiarios, les cobraba el plan en la ciudad y las personas pasaban mes a mes a retirar su dinero por su despacho en el pueblo de Tumbaya.[25] Algunas personas entendían que los planes sociales eran recursos que provenían del propio diputado Mamaní, y que por la intermediación del comisionado municipal les eran pagados a los ciudadanos. Durante mi trabajo de campo, este sistema era muy cuestionado en Tumbaya, donde circulaban acusaciones de amenazas por parte del diputado de quitarles el plan a las personas que le

---

[25] La mediación personal del comisionado municipal entre los beneficiarios y el cobro de los planes sociales también se extendía a los empleados municipales, según me fue comentado en varias ocasiones En una peculiar especie de peonaje por deuda, me fue descripta la recurrente situación que se recreaba mes a mes, en la que luego de que el comisionado municipal les pagara el sueldo en mano en su despacho de la municipalidad, su mujer los interceptaba a la salida y, libreta en mano, les hacía pagar las deudas que durante el mes habían contraído en la despensa de su propiedad, la más grande y nutrida del pueblo.

fueran desleales. Además del *modus operandi* del cobro del plan, el sistema de contraprestaciones también era objeto de crítica, especialmente por la gente del campo. Referente de la comunidad de Tumbaya Grande, llamado por muchos "el gran cacique", Don René Vilca fue elegido delegado para representar a Tumbaya en el Consejo Consultivo del Plan Jefas y Jefes de Hogar en los primeros años de la década de 2000. Allí presentó un proyecto para que, como forma de contraprestación del plan, se estableciera un sistema de siembras y cultivos, que fue desoído por la Comisión Municipal: "Yo dije en el Consejo que la gente del campo tenía que ir y ponerse a sembrar, ponerse a cultivar. Yo les dije: 'les demos quince días para que cultiven toda su tierra, que rayen quince días la tierra, que preparen bien la tierra para cultivarla. Y en octubre les demos cinco días para que siembren, y noviembre también les demos otros cinco días, y en diciembre les demos quince días porque ya las plantas estarán altas, y en enero y en febrero directamente no se lo toca, y que se preparen para cosechar' ¿Y cuál fue la respuesta? No, que es un lío, que cómo se va a controlar, que va a llegar la gobernación, que el plan es para trabajar todos los días… y bueno, ahí quedó la cosa". Del mismo modo en que en el capítulo 3 vimos cómo las memorias arrenderas no se definían solamente en virtud de la posición subordinada de las familias en el sistema de arriendo sino por los esfuerzos del grupo para la reproducción de la vida, en el mismo sentido podemos pensar la introducción de los planes sociales en la vida local proyectando un enfrentamiento entre una lógica tecno-burocrática y una (cosmo)lógica local que necesita de los intercambios con la Pachamama y entre las familias para reproducirse como grupo. Como fue analizado para otros lugares de los Andes, la reproducción de la vida necesita de los muchos sujetos de este cosmos, cuyos intercambios no siempre son felices, lo que deriva en la necesidad de ser periódica y cíclicamente renovados. El calendario ritual en los Andes –en el que las celebraciones de agosto a la Pachamama son una parte central– no es otra cosa que la permanente renovación cíclica de los pactos que permiten la reproducción y la perpetuación de la vida (Cavalcanti Schiel 2007: 8). En el marco general de política social focalizada y cese del sistema de arriendo con desafección del pago por las tierras, los embrionarios procesos de diferenciación social entre las familias de Tumbaya no fueron frenados por su organización como comunidad aborigen, ni tampoco por la propiedad de las tierras en forma de posesión comunitaria. En el marco de las luchas por orientar y definir la representación de la comunidad, emergieron contradicciones ante las cuales el Consejo de Delegados no logró instituirse como un agente que operase sobre ellas, sino que profundizó a través de sus prácticas de distribución arbitraria y diferencial de recursos las desigualdades entre los arrenderos y abonó así los sentidos más dramáticos de la desunión donde "ya todos quisieron ser más que todos". Frente a este nuevo panorama donde las familias comenzaron a dividirse en sus adhesiones faccionales y bajo el nuevo cuño socioeconómico que se acopló a lo local, la experiencia arrendera y el sistema de reciprocidades entre las familias se mantuvieron como el núcleo central de identificación y pertenencia de los tumbayeños, desde el cual se propiciaron espacios de encuentro de relativa autonomía como fue la *Pachamama de la unión*. Lo que diferencia un tiempo anterior de unidad y lo que sobrevino después de la organización de las familias como comunidad aborigen no responde tan sólo a una divergencia en términos productivistas, sino que lo que se alteró en el proceso son los equilibrios y las reciprocidades esperados en los esfuerzos familiares de reproducción y continuidad grupal. En este sentido, y en consonancia con los planteos de Cavalcanti Schiel (2015), la Pachamama y el ritual de darle de comer implican el reconocimiento de estar en deuda y en relación, así como de estar inmerso en fuerzas y potencias que parecen estar siempre en la inminencia del desborde, como ocurrió con los procesos de diferenciación social entre las familias tumbayeñas. Como los esfuerzos colectivos concertados para criar el campo de Cárcel en Tumbaya Grande y equilibrar de este modo el desborde de las inundaciones y volcanes que hacían peligrar sus espacios de (re)producción familiar, otras prácticas rituales como las señaladas y el carnaval siguieron operando como formas ritualizadas de conciliar procesos de oscilante y por momentos desbordante diferenciación entre las familias y equilibrar temporalmente las asimetrías derivadas de la transformación de la estructura social. La comunidad en sentido nativo son las familias unidas, y este criterio regula la propia existencia y legitimidad de la comunidad aborigen y orienta las diversas prácticas que hacen a su reproducción como grupo. De su intervención y su regulación en una práctica central en la vida política de Tumbaya me ocupo en el próximo y último capítulo de este libro.

Capítulo 6
El leviatán colla

"Todo el poder es redistributivo en los Andes"
Franklin Pease (1992)

Al finalizar el recuento de votos la noche del domingo 12 de agosto de 2007, una frase llegó a mis oídos y generó el conjunto de reflexiones que originaron este capítulo: "perdimos por paliza".[1] La sorpresa del secretario de Gobierno de la Provincia de Jujuy se debía menos al hecho de haber perdido las elecciones internas del Partido Justicialista (PJ) a nivel local que en la abrumadora diferencia entre uno y otro candidato: de los 247 afiliados al partido que votaron ese domingo sólo un 25% votó a Celestina Ábalos, coordinadora de la comunidad aborigen y precandidata a comisionada municipal de Tumbaya por el PJ.[2] El desconcierto también se debía al hecho de que la candidatura de Ábalos se había organizado en una línea del oficialismo provincial, la Asociación de Municipios, lo que desde las expectativas

---

[1] Una primera versión analítica de este evento puede verse en Espósito (2009).

[2] En la provincia de Jujuy, las localidades con menos de 3000 habitantes están a cargo de una comisión municipal, a diferencia de las poblaciones mayores, que se organizan en municipalidades. Cada comisión municipal está integrada por cuatro miembros, llamados *vocales*, elegidos de forma directa en comicios generales. Sus mandatos duran cuatro años y se renuevan por mitad cada dos años, pudiendo ser reelectos. Anualmente se deben elegir de su seno un secretario y un presidente, quien es el jefe de la administración y representa a la comisión municipal, aunque de hecho el que gana las elecciones cada dos años coordina la comisión municipal durante el restante período. Es así que a pesar de que la lista se constituiría con cuatro candidatos de Tumbaya, sólo dos serían los que podrían entrar a la comisión municipal para reemplazar a los vocales salientes. Las posibilidades de que ingresen los dos

de la candidata, sus seguidores y los militantes que desde la provincia acompañaron su campaña les significaba una segura victoria frente al candidato opositor, uno de los referentes de otra línea partidaria, el Movimiento Nuevo Norte Peronista. [3] Este movimiento se había conformado a fines de los años 90 por un grupo de referentes de distintas localidades de la Quebrada y la Puna, quienes buscaban afianzarse políticamente en el marco de las disputas del justicialismo provincial. La creencia en la indudable victoria de Celestina Ábalos se sustentaba en que el Movimiento Nuevo Norte Peronista venía en declive desde las anteriores elecciones del año 2005, cuando en varias localidades jujeñas obtuvo un promedio de 50% menos de votos que en las elecciones del año 2003.[4] El candidato opositor en Tumbaya, Hugo Mamaní, ya no contaba con el ingente apoyo presupuestario del que había gozado a lo largo de sus dieciséis años en el poder. A esta situación se le sumaba su progresivo desprestigio y descrédito local; sus detractores decían que durante su permanencia en el municipio Mamaní no había hecho nada por el progreso de Tumbaya, sino que había sumido a la localidad en un estado de abandono respecto a los otros pueblos de la Quebrada como Purmamarca o Tilcara, que se habían posicionado como importantes centros turísticos y de servicios a partir de la declaración patrimonial de 2003. Desde la perspectiva de sus oponentes, el principal interés de Hugo Mamaní en ganar las elecciones se debía a que, en caso de perder, se le quitarían los fueros e iría a la cárcel, en virtud de las numerosas denuncias y juicios que tenía en su contra. Este descontento general hacia Mamaní se objetivó en el marco de la campaña electoral de Celestina Ábalos en una convocatoria al *cambio*, categoría que articuló con específicos sentidos aquello que se puso en juego a lo largo de aquellos días. En este panorama de descontento generalizado hacia el candidato adversario y con una situación más que favorable a nivel provincial para Celestina

---

primeros candidatos de la misma lista son improbables, dado que la misma tendría que *doblar en votos* a la del adversario, lo cual es muy difícil de lograr. De allí la importancia de quién de los dos candidatos de la misma lista ocupa el primer lugar, dadas las escasas posibilidades de elección del que ocupa el segundo.

[3] Hago mención a las *líneas* en referencia a los modos de organización intrapartidaria en general establecidos en torno a un líder, que se forman en contraposición a otras líneas con el objetivo de acumular poder e influencia. Para un análisis etnográfico de la cristalización de las diversas líneas dentro de un partido al momento de la organización de una elección interna, ver Rosato (2003).

[4] A esta situación se le sumaba el hecho de que el Movimiento Nuevo Norte Peronista no contaba más con el apoyo económico de la empresa Agua de los Andes, encargada de la gestión y el suministro de agua potable a nivel provincial, cuyo presidente era a su vez el *jefe político* del Movimiento. Esta situación implicó entonces una reducción de presupuesto para las campañas electorales del Movimiento, así como la merma de un capital fundamental en las elecciones en los espacios rurales jujeños, como son los vehículos con los cuales se traslada a la gente desde sus hogares a los lugares de votación.

Ábalos, ¿por qué ésta perdió las elecciones?; y aún más ¿por qué perdió "por paliza"?; ¿por qué, a pesar del enorme descrédito del candidato opositor, éste fue votado por el 75% de los electores del padrón?

En este capítulo abordo las disputas de representación política en Tumbaya desde el análisis de una práctica central en la vida social local: las elecciones a comisionado/a municipal. A pesar de que mis interlocutores referían a que *acá todo es política*, categorizaban específicamente a las campañas electorales y a las elecciones como "el tiempo de la política".[5] Como analicé en los capítulos anteriores, la política como un dominio especializado debe ser relativizada, sin por ello sostener que no existen especificidades de *la política* en Tumbaya. Pero al igual que los demás sentidos de la política analizados hasta aquí, demostraré la especificidad del "tiempo de la política" empíricamente, a partir del análisis etnográfico de las diversas dimensiones que la conforman (Balbi y Rosato 2003; NuAP 1998; Quirós 2014). La especificación empírica del proceso electoral como "el mecanismo básico a través del cual opera el principio de la representación política" (Balbi y Rosato 2003: 21) me llevó a poner la lupa en los intersticios del juego político (Bourdieu 2001), donde las tramas de identificación y los sentidos de pertenencia comunitaria evidenciaron sus alcances, sus fronteras y sus proyecciones.

Candidata a candidata

El sábado 30 de junio de 2007 fue el día que la coordinadora de la comunidad aborigen fijó para convocar a *la comunidad toda* para elegir al precandidato a comisionado municipal para las próximas elecciones internas del Partido Justicialista. La reunión se hizo en la casa parroquial de Tumbaya y tomó la forma de una asamblea en la que cada tema fue coordinado por Celestina Ábalos y discutido y votado por los presentes.[6] El motivo de la reunión era armar una lista para disputarle la candidatura a Hugo Mamaní y desde el inicio se hizo una apelación recurrente a la necesidad de un *cambio*. La reunión comenzó con una serie de quejas y demandas al gobierno de Mamaní, que fueron escritas en una nota que luego se presentó a la Comisión

---

[5] La noción de un "tiempo de la política" es estudiada por Palmeira y Heredia (1995, 1997) en sus análisis de los comicios electorales en Pernambuco y Rio Grande do Sul en Brasil y fue retomada en un trabajo de mi autoría para el caso de Tumbaya en Jujuy (Espósito 2009).

[6] En una charla con quien entonces estaba como cura párroco de Tumbaya, éste me comentó que prestaban el salón parroquial para los eventos que suponían un beneficio para la comunidad y que no involucraban cuestiones políticas. Desde su perspectiva, en lo concerniente a la comunidad aborigen no intervenía la política.

Municipal.[7] A lo largo de la reunión se instó de manera constante a la necesidad de mantenerse unidos y a votar por el mejor candidato que saliera de la reunión, quien debía tener un conjunto de atributos personales que iban siendo enumeradas por los presentes y anotados en un pizarrón: 1) que no se venda por dinero, etc. [sic]; 2) que no tenga miedo; 3) que continúe con las "reuniones abiertas por el cambio"; 4) que no sea peleador; 4) que trabaje por la unión y la justicia; 5) que escuche las ideas del pueblo en general; 6) que no acarree agua para su molino; 7) que ayude a los más necesitados; 8) que propicie que en las reuniones no haya bebidas alcohólicas. El cura de Tumbaya estaba en la reunión y Celestina le preguntó si quería decir algo, a lo que el padre dijo que él esperaba que se diera el cambio, que estaba muy contento por la iniciativa y que él admiraba el hecho de que el pueblo se hubiera juntado. Dijo que a pesar de no ser de ahí conocía muy bien "la cultura del lugar", y que "la fuerza y la fortaleza de la Pachamama" estaban ahí. Se dirigió a los presentes diciendo que ellos no venían de una cultura del miedo, que venían de una cultura de fortaleza y de trabajo, que sus antepasados habían formado un pueblo y que ahora les tocaba a ellos trabajar y unirse. Luego de los aplausos, comenzaron a anotarse en el pizarrón los nombres de aquellos que querían postularse como precandidatos. En un momento alguien le preguntó a Celestina si ella iba a candidatearse; entonces comenzó un intercambio de opiniones entre quienes querían que se postulara y los que no, mientras que Celestina manifestaba no saber qué hacer. Algunos gritaban al aire "¡que no se postule!", "¡no dejes la comunidad!" preguntándose en voz alta quién iba a hacerse cargo de la titulación de las tierras. Una mujer gritó "¡que no se postule!", luego de lo cual giró su cabeza y me preguntó: "¿qué vamos a hacer sin ella en la comunidad aborigen?". Haciéndole caso a su comadre Betty, que hacía las veces de su asistente en la reunión, Celestina llegó a escribir *Celest* en el pizarrón. Sin embargo, a los pocos minutos pidió silencio y dijo que no iba a aceptar porque ella había sido elegida para la coordinación del Consejo de Delegados de la comunidad aborigen, y que tenía la responsabilidad de terminar su mandato. En medio de esa situación, cuatro jóvenes de Tumbaya Grande pidieron silencio y plantearon que Celestina y su gente estaban haciendo lo mismo que Mamaní, saliendo a decir a

---

[7] Los temas listados se referían a obras no ejecutadas o no concluidas: viviendas, nuevo edificio para la escuela de Tumbaya Grande, cloacas, gas natural, represas en el campo, parador de ómnibus sobre la ruta, entre otros. Además, en la nota se manifestó el descontento por la injerencia de Hugo Mamaní en los asuntos municipales, siendo que para entonces era diputado provincial: pago de planes sociales en mano, prohibición de que la gente concurriera a participar de las sesiones ordinarias de la Comisión Municipal, manejo discrecional de camionetas del municipio e impedimento desde hacía dos años de que asumiera un vocal radical en el municipio. Otra de las demandas que se dejó por escrito en la nota fue el "desconcierto de que la Comisión Municipal se tome el atrevimiento de repartir tierras de la comunidad aborigen".

la gente a quién votar, y *que la cosa no era así*. Que había que escuchar las opiniones de la gente, ver qué quería la gente, sin presionarla. Los jóvenes le dijeron a Celestina que tenía que entender cómo era "la lógica de la gente del campo, de Tumbaya Grande", que ellos estaban intentado que la gente cambiara de opinión, *los abuelos más que nadie*, pero que no iban a cambiar de un día para el otro, que no se trataba sólo de cambiar la persona en el cargo de comisionado municipal, sino de cambiar la forma de hacer política en Tumbaya, sin dividir y dejando que la gente decidiera por sí misma a quién votar. Celestina los interrumpió diciendo que era la primera vez que la gente de Tumbaya Grande iba a colaborar con el "voto al cambio", a lo que los jóvenes le respondieron que nunca habían invitado a los del campo a las reuniones que habían hecho en el pueblo, y recordaron que ellos en Tumbaya Grande habían hecho seis reuniones a las que ella nunca había concurrido, ni siquiera como coordinadora de la comunidad aborigen. Luego del silencio que se produjo, Celestina propuso nombrar a los precandidatos que se habían anotado en el pizarrón y se hizo una votación para tener un sondeo sobre "qué nombres estaban sonando más". La votación definitiva se haría en una nueva reunión el sábado siguiente. De esa votación preliminar quedaron siete personas de Tumbaya Grande y una del pueblo.

El miércoles siguiente fui a la iglesia a presentarme a los curas. Me atendió el padre Juan, y al contarle que estaba haciendo un trabajo sobre la comunidad aborigen me preguntó si la conocía a Celestina, quien justo en ese momento se encontraba en la casa parroquial en una *reunión almuerzo*. Sentados junto a ella estaban tres hombres entrados en la treintena, que el padre Juan me presentó como viejos alumnos suyos del colegio El Salvador de San Salvador de Jujuy. Los tres pertenecían al grupo Jóvenes Peronistas, trabajaban en distintas áreas del Gobierno provincial y al momento de mi llegada estaban gestionando recursos que el Gobierno proveería a la iglesia de Tumbaya.[8] Cuando les conté que estaba haciendo un trabajo sobre la comunidad aborigen, quien luego supe era el secretario de Gobierno de Jujuy me dijo que él había asesorado mucho a Celestina por el tema de la comunidad y que cuando hizo falta se "había puesto las plumas de indio y todo". Enseguida la conversación giró sobre el tema de las elecciones: "Hay que ganar como sea, vos que estás con los aborígenes sabés qué hacer, si querés para las elecciones nos disfrazamos todos de aborígenes". Celestina esbozó una sonrisa incómoda y se planificó la reunión del sábado para elegir a los precandidatos. En un momento de tenso silencio, cuando se levantaba de la silla para irse, el

---

[8] Durante la reunión se acordó que el Gobierno donaría gasoil, chapas y el material para las bases de un puente sobre el Río Grande sobre las cuales se montaría periódicamente un puente Bailey para los peregrinos de la Virgen de Copacabana de Punta Corral.

secretario de Gobierno le dijo a Celestina: "vos arreglá todo para el sábado, que yo organizo todo en Jujuy".

El sábado siguiente se hizo la segunda reunión. Comenzó hablando Celestina, instando una vez más al cambio y anunciando la llegada de "unas personas que trabajan en el Gobierno que están de visita para que nos den información acerca de lo que pasa a nivel provincial con las elecciones". Es así que presentó a dos de los hombres que habían estado el miércoles en la reunión de la casa parroquial, lamentando la ausencia del Dr. Guillermo Snopek, "Guillermito, el hijo del Dr. que falleció, de quien tenemos muy buenos recuerdos todos ¿no?".[9] Los dos hombres fueron presentados como enviados del Gobierno provincial: el Dr. Hinojo y Fabricio,[10] entonces secretario de Gobierno, quien luego de la presentación pronunció unas palabras: "lo peor que puede pasar es que digan que ustedes son ganado, y que les vengan a decir a quién tienen que votar [...] nosotros ya venimos teniendo contacto con Celestina desde hace ya un tiempo, por cuestiones no políticas, en realidad hemos estado siempre por cuestiones del pueblo, de la comunidad [...] Celestina nos ha pedido apoyo tanto para la comunidad aborigen como para lo que ahora ustedes están generando [...] Nuestro referente en todo el trabajo que estamos haciendo es Celestina, y estamos comprometidos con la comunidad. Lo que ustedes decidan, nosotros apoyamos". Rompiendo el silencio que se produjo, Betty les preguntó a los enviados del Gobierno si Celestina podía presentarse como candidata siendo coordinadora de la comunidad aborigen. El Dr. Hinojo le contestó que para ser candidato el único requisito era ser afiliado al Partido Justicialista y estar en el padrón electoral de Tumbaya. Betty opinó, dirigiéndose a la gente, que desde su óptica debían proponerse nuevos candidatos además de los elegidos la semana anterior porque al menos tenía que haber "dos y dos", dos del pueblo de Tumbaya y dos del campo de Tumbaya Grande. En medio del murmullo imperante, el marido de Betty preguntó qué pasaba si la ponían a Celestina de candidata, aduciendo que "Celestina tiene conocimiento y ha trabajado en la comunidad, la conocen todos, es una buena persona, ha trabajado mucho por la comunidad, creo que es momento también que la pongamos en la Comisión Municipal". Por unos segundos reinó un silencio sepulcral, hasta que los jóvenes de Tumbaya Grande que habían intervenido en la reunión anterior la increparon a Celestina sobre cómo era la cosa, que los posibles candidatos se

---

[9] Guillermito Snopek es hijo de Guillermo Snopek, quien, como vimos en el capítulo 3, gestionó como senador nacional la expropiación de la Finca Tumbaya en los 90.

[10] Durante toda la reunión y posteriormente en la campaña electoral, se omitió sistemáticamente el apellido de Fabricio Argañaraz, llamándolo simplemente "Fabricio". Argañaraz es el apellido del fundador de San Salvador de Jujuy, siendo una de las familias más tradicionales de la provincia.

habían acordado en la reunión del sábado anterior, a lo que ésta respondió: "...en la reunión de la semana pasada me habían propuesto la candidatura. Yo les dije que no por el trabajo que vengo haciendo en la comunidad, y después fueron Betty y José los que hablaron conmigo y me hicieron ver que se necesita gente que esté y que pueda trabajar y estar al frente de una gestión y sobre todo frente a Hugo. El tema de la comunidad... creo que la comunidad puede, ya puede continuar sola. Yo sé que hay gente formada y que la comunidad no va a caer. No fue una decisión fácil para mí, pero voy a aceptar, por José y Betty que son las personas que fueron a hablar conmigo y me insistieron para que me presente". Betty anotó el nombre de Celestina en la lista de candidatos en el pizarrón y a partir de allí ésta le pasó el micrófono y la coordinación de la reunión a aquélla. Inmediatamente algunas de las personas que se habían propuesto el sábado anterior se borraron de la lista, argumentando que con una figura fuerte como Celestina no tenía sentido candidatearse. Se realizó entonces una votación a mano alzada de los cinco candidatos que se mantuvieron en sus candidaturas y por apenas un voto Celestina Ábalos se convirtió en la pre-candidata a comisionada municipal por una de las líneas del peronismo local. El clima de murmullos y cuchicheos fue subiendo y se produjo cierta dispersión de la gente, a lo que Celestina pidió silencio: "no quiero que nos vayamos con esa sensación de ganador-perdedor, vámonos con otra sensación, ¿hay alguien?, ¡bienvenido, no nos dividamos!". El Dr. Hinojo tomó la palabra: "Creo que no hay ganador y perdedor, *nunca vi una elección de candidato tan democrática como hoy*, la verdad que nos sorprende que todos voten a su candidato acá, y de las veces que vine a Tumbaya hoy me voy mil veces más contento porque jamás vi tanta gente unida, tantas propuestas y tantos candidatos, así que no queda más que felicitarlos y decirles que esto recién comienza". Alguien gritó "¡aguante el cambio!" y algunas pocas personas aplaudieron efusivamente.

La campaña

En Tumbaya los partidos políticos no poseen sedes ni locales propios, de modo que durante las campañas electorales las distintas líneas de un partido –en caso de elecciones internas– o los partidos –en caso de elecciones generales– alquilan un local que luego del fragor electoral es desocupado. Sin embargo, en el año 2007 las sedes de campaña se montaron en los domicilios particulares de los candidatos. El día del lanzamiento de su campaña, Celestina fue hasta mi casa y me preguntó si quería ir ayudarlos a cocinar un picante de panza que se repartiría luego de los discursos, por lo que picando mondongo y verduras participé de los preparativos del lanzamiento que se hizo en un salón alquilado para la ocasión. Cerca de las 21:00 nos fuimos para el salón de Doña Clara, donde Cipriano nos recibió con un vaso de gaseosa que circulaba de mano en mano. En un rincón estaban sentados militantes de los Jóvenes Peronistas y un par de personas de la Asociación de Municipios. Al momento de su alocución, Celestina dijo: "...yo voy a hacer esta campaña porque cada uno de ustedes ha sido libre a la hora de elegir, y ustedes han elegido que así estemos conformados. No hay que olvidarse lo que nos han legado nuestros abuelos y nuestros padres: 'las cargas siempre se arreglan en el camino', y que tenemos que avanzar juntos sorteando las dificultades. Para llevar adelante una gestión, yo necesito de la sabiduría de nuestros abuelos, de nuestras abuelas, hombres y mujeres valientes. De los jóvenes, su energía y su ímpetu, y de los niños, que son el futuro". Celestina hizo especial hincapié en que ella amaba su tierra, su lugar, y que ella iba a morir allí. Insistió mucho en la necesidad de un municipio participativo, cosa que repetiría incansablemente a lo largo de su campaña. Los representantes de la Asociación de Municipios y de los Jóvenes Peronistas dieron un discurso donde enfatizaron que "Celestina y el pueblo" tenían todo el apoyo del Gobierno provincial. Los candidatos que acompañaban en la lista dijeron sentir orgullo de estar con Celestina en "esta cruzada en la que dejarían de ser ganado de los patrones". Finalmente, Celestina habló de la importancia de que estuviera la comunidad toda, utilizando y ampliando el significante "compañeras y compañeros"[11] a la comunidad en su totalidad, integrando de este modo a aquellos que no eran del Partido.[12] Agradeció especialmente al Dr. Oyharzábal, abogado de la comunidad aborigen, por haber apoyado desde siempre los propósitos y desafíos de la comunidad. Celestina pidió un ¡viva! por Tumbaya, por "nuestros hombres, por nuestras mujeres, por nuestros hijos y por nuestra Pachamama", luego de lo cual se cantó la marcha peronista, se presentó la lista de candidatos y pasamos a comer el picante de panza.

Los veinticuatro días que duró la campaña electoral se organizaron en torno a la ponderación del rol y la trayectoria de Celestina como coordinadora de la comunidad aborigen. Una práctica común en Tumbaya es que los candidatos caminen visitando casa por casa, buscando la adhesión familiar

---

[11] Estas categorías refieren al modo en que se llaman entre sí aquellos que se dicen "peronistas", aunque no sean necesariamente afiliados al Partido Justicialista (Balbi 2007).

[12] Esto resulta significativo, puesto que quienes votaron en estas elecciones internas fueron solamente los afiliados al Partido Justicialista. Las elecciones internas de un partido pueden tomar dos modalidades: ser "abiertas", en cuyo caso pueden votar todos los ciudadanos que no estén afiliados a otros partidos políticos, o ser "cerradas", donde sólo pueden participar los afiliados al partido.

al candidato. Durante esas *caminatas*, hubo una persona que estuvo presente todo el tiempo: "Guillermito" Snopek, uno de los jóvenes que estaba en la casa parroquial, quien luego de las elecciones pasaría a ocupar el cargo de Director de Trabajo de la Provincia de Jujuy. La elección de Guillermo Snopek como representante para salir a caminar con Celestina no fue casual. Como dije, Guillermito era hijo de Guillermo Snopek, quien diera un impulso fundamental a la formulación y la aprobación de la ley de expropiación de la Finca Tumbaya.[13] Las caminatas durante la campaña se desarrollaron a través de una performance que se repetía cada vez de manera similar. Luego de llegar a una casa, Celestina decía que estaban "visitando las familias", luego de lo cual presentaba a Guillermito como el hijo de Don Guillermo, enfatizando su rol en la expropiación de la finca. En general, la gente reaccionaba de manera alborozada y alegre, luego de lo cual el encuentro proseguía recordando la probidad y la integridad de Don Guillermo. Luego, Guillermito celebraba la candidatura de Celestina desde su rol de coordinadora de la comunidad aborigen, lamentando la situación de desacuerdos y conflictos entre la Comisión Municipal y el Consejo de Delegados y asegurando que, en caso de que la candidata ganase, iban a poder trabajar en conjunto, lo cual redundaría en un beneficio para toda la gente de Tumbaya.

En el transcurso de los numerosos eventos y reuniones que se desarrollaron a lo largo de su campaña electoral, Celestina Ábalos movilizó símbolos y prácticas como los utilizados en los actos públicos de la comunidad aborigen. La noche previa a las elecciones, se hizo una reunión en su casa a fin de terminar de organizar los preparativos de los comicios del día siguiente. Como en cada una de las caminatas que hiciera durante los días previos, Celestina tenía atada una wiphala en la espalda. Apenas dos días antes habían llegado a Tumbaya las dos cajas con los votos, por lo que no había habido tiempo para repartirlos como se hubiera querido, lo que había generado bastante tensión en los días previos. Es así que, en un momento de la noche, Celestina propuso que se realizara una challa a la Pachamama para propiciar una buena elección. El mejor momento, dijo, sería a la medianoche. Es así que cerca de las 23:30 h se prendió un brasero, mientras que un pedazo cóncavo de una vasija de barro se convirtió en un sahumador con coa[14] que empezó a colmar de humo el patio de la casa. La oficiante, Doña Marcelina, decía que nos acercásemos al humo del brasero para que nos impregnara el cuerpo, para

---

[13] El abuelo de Guillermito Snopek fue un reconocido jurista y uno de los fundadores del Partido Justicialista a nivel provincial, mientras que su padre fue senador provincial, senador nacional y gobernador de Jujuy, cargo que sólo ocupó unos meses debido a su repentina muerte en un accidente automovilístico.

[14] La *coa* es una de las plantas que se utilizan en la zona para sahumar los lugares en donde se realizan las challas.

que nos "penetrara por los poros" y así "nos purificara" y nos diera "claridad para votar". Celestina, siempre con la wiphala atada sobre sus hombros, tomó las dos cajas con los votos y se dispuso a sahumarlos. Para ello acercaron el brasero a las cajas, agregándole más coa para que brotara mayor cantidad de humo. Mientras otra mujer las sujetaba, Celestina retiraba los votos de las cajas y, extendiéndolos tipo abanico, los hacía penetrar por el abundante humo mientras invocaba a la Pachamama para que iluminase a las personas a la hora de votar (Figura 21). Luego del tumulto que se generó alrededor de la escena, se aplaudió y se formó una ronda donde tomados de las manos vivamos por Tumbaya, el Cambio, la Pachamama y Dios.

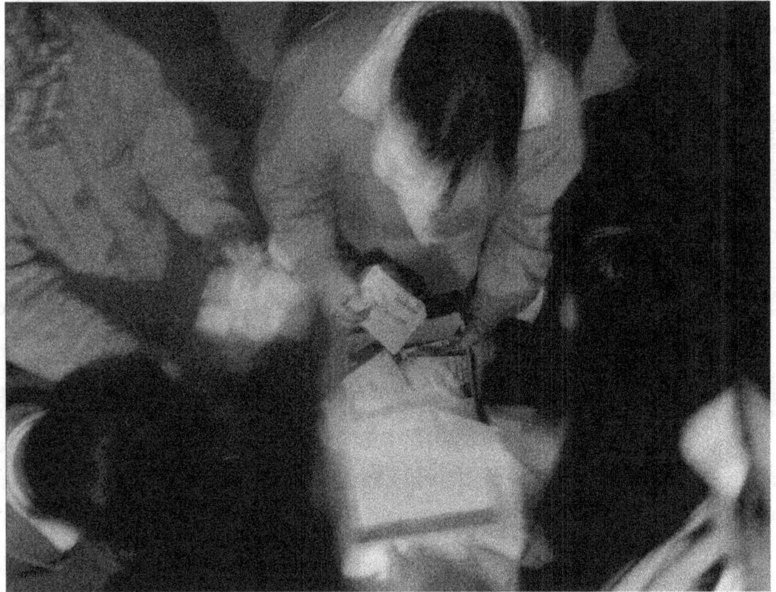

Figura 20: Celestina Ábalos sahumando los votos con coa la noche previa a los elecciones de las internas del PJ, 11 de agosto de 2007.

Las explicaciones de la derrota

Las explicaciones sobre la victoria o derrota de un candidato en un proceso electoral están en el centro de la actividad llamada política (Goldman y Cruz da Silva 2003). Sin pretender responder objetivamente a la pregunta de por qué Celestina perdió las elecciones, nos interesa más bien tomar a las prácticas y los discursos desplegados en este contexto como analizadores del campo más que como objetos en sí, centrándonos en comprender la lógica del proceso de construcción de las explicaciones del inesperado fracaso electoral. En su trabajo *¿Por qué se pierde una elección?*, Marcio Goldman y Ana Claudia Cruz da Silva (2003) citan a un columnista del periódico *Jornal do Brasil*, quien en 1997 concluía, a propósito de una reforma electoral en curso en Brasil, que "nadie admite que perdió porque el adversario fue mejor". Así, aun desde antes que empiece la campaña electoral, los adversarios de Mamaní lo acusaron de hacer votar a personas que vivían en otros distritos pero que tenían domicilio en Tumbaya (cambio de domicilio gestionado por él), de pagar lealtades, retener documentos y amenazar a las personas con "sacarles el plan". Un relato recurrente era que Mamaní tenía los votos asegurados de la gente del campo, especialmente de los abuelos, quienes iban a serle *leales hasta la muerte*. Como vimos en el capítulo 3, para los ex arrenderos Hugo Mamaní fue el primer comisionado que *hizo algo* por la finca: "mucha, mucha ayuda nos trae, incluso ha colaborado con jeringas para la hacienda, nos pasa a visitar cada vez que puede... mirá, qué te voy a decir, el Hugo para mí es un pan de dios". Con estas palabras, Don Gerónimo me describía al comisionado municipal en algún momento de mi estadía en Tumbaya Grande. Al comenzar a militar en el peronismo, Hugo Mamaní rompió con la trayectoria partidaria de su familia, vinculada al Partido Demócrata. Como vimos, durante las décadas de 1920 y 1930, los demócratas representaban en Jujuy los intereses de la oligarquía terrateniente provincial, siendo "el partido de los patrones", como me lo describían varios abuelos, sobre el cual se construyeron los primeros sentidos negativos sobre la política cuando los arrenderos eran echados de la finca por su simpatía con el Partido Radical. Me contaba Don Magín: "Yo una vuelta voy y le pregunto al papá: '¿el Hugo está aquí?', '¡No, carajo, si ya está en otro lado!' ¡A los gritos pues! Listo (risas). No me ha dado pelota, estaba renegado, claro, se renegó porque su hijo se había metido en el peronismo". Hugo Mamaní ingresó a la política rompiendo su tradición familiar demócrata, pasó a engrosar las filas del peronismo y actualizó simbólicamente los derechos y las ayudas que éste les había otorgado a los arrenderos cuarenta años antes. El inicio de la carrera política de Mamaní coincidió con el momento en que comenzaron a tomar fuerza los reclamos por las tierras en Tumbaya; aún en la actualidad sus oponentes destacan la importante ayuda y colaboración brindadas por el municipio durante la carpa hacienda, actualizando en la arena política el juego de dones y contra-dones que los arrenderos habían establecido con los Álvarez Prado antes de la llegada de Viviani. Estas explicaciones nativas muestran las disputas de representación que, en el marco de la política racional (Blaser 2009), inscriben aquello que se incorpora para entender el triunfo electoral de Mamaní. Sin embargo, e intentando evitar como plantean Goldman y Cruz da Silva (2003) un análisis que se detenga en la red de los intereses involucrados en una elección, me interesa rescatar otra explicación difundida por lo bajo entre los tumbayeños acerca de su victoria.

Calvo, desnudo y con los pies sobrevolando el suelo. Por lo menos dos personas vieron a Hugo Mamaní en ese estado, rumbo al cementerio, la noche previa a los comicios del 2007. Dicen que esa noche, el nuevamente candidato a comisionado municipal selló el pacto con el diablo que, elección tras elección, le permite mantenerse en el poder. Pasados algunos meses de las elecciones, estábamos en el cementerio; Claudia me llamó por lo bajo y me mostró un nicho vacío dentro del cual se veían velas negras que, habiendo ardido por poco tiempo, dejaban entrever todavía su forma original con cabeza y extremidades humanas. Los tumbayeños dicen que Mamaní establece pactos con el diablo y que por eso gana las elecciones. Que a cambio de la victoria, él le entrega un allegado político o familiar, quien fallece en las semanas previas o posteriores a los comicios. Las velas negras eran, desde la perspectiva de las personas que ese día estaban en el cementerio, la confirmación del inescrutable acuerdo diabólico entre ambos. El tópico de los pactos con el diablo en contextos rurales sudamericanos fue instalado por Taussig en la década del 80 y dio lugar a fecundos debates y estudios de casos sobre experiencias de alienación de grupos indígenas o afroamericanos proletarizados en contextos diversos como obrajes mineros en Bolivia y plantaciones en Colombia (Taussig 2003)[15], ingenios azucareros en el noroeste argentino (Isla y Tylor 1995; Isla 2000; Gordillo 2010) y explotaciones ganaderas en Costa Rica y Nicaragua (Edelman 1994). Como fue analizado por el propio Taussig y Alejandro Isla para el caso de los ingenios tucumanos, los pactos con el diablo son eventos masculinos, siendo cosa de "hombres con mucho poder" (Isla 2000: 136). Aunque este autor rescata una investigación donde se describen trabajadores bolivianos del ingenio Ledesma haciendo pactos demoníacos para incrementar su productividad en el pelado y corte de caña (Whiteford 1981 en Isla 2000), en el caso del NOA, a diferencia de los contextos analizados por Taussig, los acuerdos fáusticos son establecidos por los patrones y los propietarios industriales para incrementar su fortuna y disciplinar a sus trabajadores, con lo cual se corporeíza en las figuras del diablo o

---

[15] Un punto de convergencia con lo observado por Taussig en los contextos de proletarización de sus investigaciones es la existencia de una historia de militancia política y conciencia de izquierda, como los experimentados en Tumbaya en la década de 1970 y descriptos en el capítulo 4.

el familiar[16] el poder de los ingenios azucareros y de las instituciones represivas del Estado. En el caso de Tumbaya, los relatos donde aparecen pactos demoníacos se vinculan al tiempo de la política y son establecidos por un político, en tanto la figura del diablo emerge en relatos que auguran muertes inminentes.[17]

Un conjunto de argumentos sobre la derrota de Celestina por parte de sus adversarios se basó en el cuestionamiento de su persona y en la acusación de haber politizado a la comunidad aborigen por su condición de política. Su rol de coordinadora de la comunidad, ponderado como determinante de su indudable victoria, pasaría luego a explicar, invertido, su flagrante derrota electoral. Habiendo sido militante del Partido Radical durante su adolescencia, hacia el año 1995 una enfermedad la tuvo casi al borde de la muerte. Según ella misma me relató, Hugo Mamaní fue el único que la ayudó en ese trance, y según los tumbayeños coinciden en destacar, Celestina llegó a ser coordinadora de la comunidad gracias a su amistad con el entonces comisionado municipal: "desde el principio fue su mano derecha, él la formó a ella como política". Me contaba Gisela:

> Gi:–…cuando recién se empezó con el tema para quitarle las tierras a Viviani en realidad estaba la política de por medio, actuó la Iglesia, la política, las comunidades, todos los que han peleado para que esto se haga. Salió esto, y ya Celestina dejó de ser política, bueno, todavía estaba como política hasta hace dos años más o menos, estaba como política y como coordinadora. Bueno, la misma política como que la apoyó, le hizo que ella sea la coordinadora, seguía siendo coordinadora, hasta que se pelea con Mamaní. Pero ella decía que en

---

[16] Aunque el supay andino, asociado a la figura del diablo, es un personaje ambiguo, los procesos de extirpación recogen el sentido es de supay sólo para lo diabólico (Vilca 2012), y este sentido es el que prepondera en Tumbaya. El perro negro aparece en Tumbaya en ocasión de la finalización de la novena luego de la muerte de una persona, cuando se lo sacrifica y se lo entierra junto la ropa que pertenecía al difunto, en un lugar específico camino a Higueritas.

[17] Don Federico me contaba que "…ese día sábado 15 de noviembre del 2003, mi hermano dice que ha hablado a José y al pasar por la chacra mía ve así y dice 'che, mirá cómo le ha dejado el zorrino la papa de Federico' […] el zorrino cavó, buscan el lakato ve?, y José Torres se acerca y dice 'no, este no es zorrino, no, no es zorrino, Pablo, esto es el diablo' dice. 'A ver' dice –uno, dos, tres, cuatro, cinco van a morir'. Dijo así, 'cuatro seguro, cinco van a morir, pero cuatro seguro. Acá ha cavado el diablo'. Mi hermano ni pelota le dio a José, fueron a mirar la chacra y estuvieron todo el día ahí […] y a la tarde viene aquí, se muere "Chorizo" y Jorge Ramos, los dos el sábado, el domingo muere el hijo de Norberto Rojas, Marcelo Rojas, un discapacitado. El lunes se entierra a Jorge Ramos y Rojas y el martes recién al Chorizo porque la policía no lo dejaba salir de allá porque le estaban haciendo la autopsia, y el miércoles muere la Santos Cruz, la mujer de Alejandro Tinte, y el viernes la entierra a ella. Con ella eran cuatro, y ahí ese día es cuando Pablo en el entierro de la Santos Cruz me cuenta recién lo de José. Cómo sabe no sé, qué es lo que ha visto de raro entre lo que hace un zorrino de lo que ha hecho el diablo, no sé. Pero se dio".

el estatuto dice que un político no podía ser ni coordinador ni delegado […]
Entonces cuando ella dice que no tiene que estar la política de por medio yo
digo "¿si ella ha sido política, si ella ha estado con él, por qué ahora ella no
deja?". Cuando hablás de política, o de pertenecer a algún partido político no
podés, no podés, directamente vos no podés ser delegado. ¡Si ella ha estado con
la política, ella ha empezado con él, ella ha trabajado con él!

G:–Y cuando vos decís que ella dice que un delegado no puede ser político,
¿no puede estar afiliado a un partido político, o cómo es la cosa?

Gi:–No, vos podés estar afiliado. A ver, por ejemplo, en el caso de Natalia,
ella es política. Decimos que es política porque está trabajando en el municipio, ella está ahí. Y a ella le decían que no podía ser delegada porque ella era
política. Pero ella es delegada, lo mismo que Marcos […], son gente que están
quizás trabajando en el municipio pero son del partido de Hugo. Pero Celestina
se lo dijo en una reunión donde yo estuve presente: "ustedes son políticos y no
tendrían que haber sido delegados, porque son políticos". ¡Pero ella es política!

Celestina montó su campaña en torno a su rol de coordinadora de la
comunidad aborigen. Como ha sido planteado por Scotto en su análisis de
las campañas electorales en la ciudad de Río de Janeiro, los candidatos no
sólo ofrecen y prometen programas y recursos, sino que se ofrecen a sí mismos como personas con un pasado reconocido y una biografía que permite
situarlos socialmente (Scotto 2003: 82). En este sentido, Celestina construyó
su campaña a través de las referencias propias y de terceros a su capital político como coordinadora de la comunidad aborigen. El "capital político por
delegación" (Bourdieu 2001) que le insufló la presencia de los Jóvenes Peronistas como enviados del Gobierno provincial se articuló con un capital que,
aunque no directamente vinculado a Celestina, se transfirió a su persona a
través de la figura de Guillermito Snopek. Su capital como hijo de quien for-
mulara la ley de expropiación de la finca fue incorporado provisoriamente a
la biografía de Ábalos durante la campaña electoral, anudado en su figura a
las relaciones tejidas desde su rol de dirigente indígena. Celestina interpeló a
sus posibles votantes con discursos, prácticas y símbolos significados y visi-
bilizados por la comunidad en espacios públicos de demandas, tales como la
apelación a la sabiduría de los abuelos, el uso de la wiphala y la puesta en acto
de rituales propiciatorios a la Pachamama. Estos símbolos de una supuesta
autenticidad aborigen colisionaron con el hecho de que gran parte de los
votantes, abuelos y personas de mediana edad, rechazaban esta representación hiperreal (Ramos 1992), como vimos en el capítulo 4. Además, entraron
en entredicho con la incompetencia atribuida a Celestina para lograr la escrituración comunitaria de las tierras de la finca, siendo entonces una demanda

explícita de los ex arrendatarios. En este contexto, para Celestina y los miembros de la facción peronista que sostuvieron su candidatura, la categoría del cambio significaba el reemplazo de Hugo Mamaní por otra persona que trabajase "en pos del progreso de Tumbaya", aunque para la mayoría de los afiliados que ese domingo votó en las elecciones el cambio tenía otro sentido, vinculado a la necesidad de hacer un tipo de política que no produjera desunión ni profundizara los procesos de diferenciación en curso entre la gente del campo, como analizamos en el capítulo anterior. Celestina no ganó las elecciones por ser política, desde la perspectiva de su rol de coordinadora de la comunidad aborigen, por hacer las cosas que hacía, propiciando la desigualdad y quebrantando así el sentido de comunidad de familias unidas. La candidata objetivaba la amenaza del principal sentido nativo de comunidad, aquel compuesto por familias unidas donde "nadie tiene que ser más que nadie". La paliza electoral sintetizó una forma a través de la cual se cuestionó la incorporación de formas abyectas de la política a la comunidad, que clausuran los espacios donde ésta debe confinarse. Y como veremos ahora, estos sentidos de identificación y pertenencia, los clivajes territoriales entre el pueblo y el campo y generacionales entre los jóvenes y los abuelos, se anclan en una referencia identitaria central, la de la pertenencia nacional.

Al año siguiente de la derrota electoral, en el mes de noviembre de 2008, la Comunidad Aborigen Kolla de Finca Tumbaya cumplió diez años. Los festejos estuvieron teñidos de un conflicto que había comenzado la semana anterior, cuando algunos miembros de la comunidad retiraron los alambrados que una familia había colocado en unos terrenos comunales arrogándose su propiedad. Esta familia denunció la quita de los alambrados, y días después aquellos miembros fueron trasladados a la comisaría de Volcán e interrogados sobre el suceso. Ese mismo día por la tarde, algunos delegados de la comunidad comenzaron a medir los terrenos en donde planificaban construir una oficina, una planta de procesamiento de alimentos y una biblioteca comunitaria, aunque tres días después la familia comenzó a alambrar el terreno una vez más, que quedó cercado hasta el día del festejo de cumpleaños.[18] El viernes, las celebraciones comenzaron con una misa en la iglesia de Tumbaya que siguió con una procesión y un acto en la plaza, donde al lado del mástil –donde se izaron conjuntamente la bandera argentina y la wiphala al son del "Aurora"– se colocaron los principales referentes de la comunidad: la coordinadora Celestina Ábalos, René Vilca, Florencio Cruz –comisionado

---

[18] Durante esos días los miembros del Consejo de la comunidad habían accedido a un documento presentado por la familia en cuestión como prueba de su propiedad sobre los lotes (una donación de esos terrenos hecha por la madre de la familia reclamante a su hija inscriptos en las oficinas de catastro como "Lote H-18"), aunque esto no suscitó mayores incertidumbres dado que las tierras comunitarias no pueden ser objeto de herencia.

municipal y miembro de la comunidad– y el representante legal de la comunidad Enrique Oyharzábal. Sentados en primera fila en sillas colocadas para la ocasión, estaban las autoridades nacionales y provinciales que acompañaban los festejos, mientras que los demás tumbayeños se iban colocando en grupitos en distintos puntos de la plaza. Dos de las autoridades especialmente invitadas para la ocasión fueron Jorge Pereda, presidente del Instituto Nacional de Asuntos Indígenas al momento de conformarse la comunidad en los años 90, y el obispo de Jujuy de entonces, Monseñor Palentini. Luego del ingreso de los niños abanderados y escoltas de las escuelas de Tumbaya y Tumbaya Grande, se cantó el himno nacional e hicieron uso de la palabra *los invitados especiales* y la coordinadora de la comunidad. Terminado el acto, se salió nuevamente en procesión hacia el terreno en conflicto, elegido para hacer una challa, y en donde se había planificado el corte simbólico de los alambrados como parte del ritual de celebración de la comunidad. Sin embargo, a medida que nos acercábamos al predio, comenzó a correrse la voz de que no se cortaran los alambrados según se había acordado y se ordenó a los presentes a que pasáramos por debajo de ellos, a fin de dejar el asunto *para cuando ya no estén los funcionarios estatales.* Luego de la challa, que contó con la presencia de la senadora Liliana Fellner y del entonces diputado Hugo Mamaní, nos dirigimos al salón municipal donde comimos locro y pasamos el resto de la tarde. En todos estos eventos, Jorge Pereda fue un protagonista destacado. Junto a los funcionarios provinciales, Pereda participó activamente de todos los momentos del festejo, cobijado en consideraciones y cuidados afectuosos que se tuvieron todo el día con su persona. Palmadas sobre su espalda, frases de agradecimiento y reconocimiento, un lugar destacado en la mesa, el plato más abundante, miradas de reojo y comentarios hechos al pasar, Pereda encarnaba a un Estado Nacional que, además de haberles otorgados las tierras, lo había hecho interpelándolos como aborígenes collas, en agradecimiento de lo cual la comunidad desplegó a lo largo de ese día una performance de lealtad nacional y estatal. Condicionados por la presencia de los funcionarios, no se volvieron a cortar los alambrados como acto simbólico del modo en que se tenía previsto, sino que se pasó por debajo de ellos, en lo que puede interpretarse como una metáfora de subordinación a los marcos de legalidad estatales, en una actitud llamativamente diferente al acto de resistencia e insubordinación a la propiedad privada de días atrás, cuando delegados de la comunidad habían sacado los alambres y habían ido a las carcajadas a pintarse los dedos a la comisaría. Esta mirada, sin embargo, puede complementarse si se incorpora al análisis la práctica de la challa.[19] No quitar el alambre recorta a locales y funcionarios y subordina a los primeros,

---

[19] Agradezco a Francisco Pazzarelli la atención sobre este punto.

estratégica y transitoriamente, a lo estatal. Pero el compartir la challa también los constituye como parte de una misma comunidad, y la lectura política de esto no puede ser más inocente o menos incisiva que en el primer caso: si no cortar el alambre fue una práctica de subordinación, el caminar hacia los terrenos y challar juntos incorpora a los funcionarios al mundo de socialidades de los tumbayeños, que incluye entre otros seres a la Pachamama. Y de este modo puede pensarse que en ese mismo acto sus reclamos adquirieran una legitimidad que hacía poco necesario volver a cortar los alambres.

Los sentidos de identificación y pertenencia nacional se articulan a los demás criterios de membrecía grupal, y en aquella formación nacional las identificaciones indígenas tienen un lugar específico. En el contexto del sufragio, los electores en Tumbaya miembros de la comunidad aborigen no se sintieron interpelados como ciudadanos sufragantes desde su condición de indígenas collas. En el marco cívico de las elecciones municipales, así como en el contexto de la celebración del cumpleaños de la comunidad, la disputa por la representación política clausuró la aboriginalidad a sus espacios de articulación posible: contextos públicos de demandas al Estado, donde lo que está en juego son fundamentalmente las tierras comunitarias. La lealtad al Estado nación subordina las identificaciones indígenas, aunque no los sentidos de pertenencia y comunalización locales, que incluso se abren a la incorporación de los funcionarios estatales en el evento descripto, y hasta de mi persona a lo largo de mi estancia en Tumbaya. En Tumbaya, el 'leviatán colla' no fue posible, lo cual muestra que a pesar de que "las elecciones [permiten] cambios de fronteras capaces de readecuar la sociedad a la imagen que ella se hace de sí misma" (Palmeira 1992: 27-29), la especificidad de esas fronteras está definida por la eficacia simbólica de las interpelaciones y las membrecías legítimas, ancladas en las trayectorias, las experiencias, las memorias, los sentidos de identificación y la pertenencia que analicé a lo largo de los capítulos de este libro.

Conclusiones

En este libro planteamos dos objetivos. En primer lugar, nos propusimos explicar las condiciones que posibilitaron la organización de las comunidades colla y la restitución de tierras en la Quebrada de Humahuaca a fines del siglo XX, comprendiendo cómo y por qué, en una región donde la identificación indígena era borrosa o ausente y constituía un estigma, en la década de 1990 comenzó a reivindicarse desde un locus colectivo y político de enunciación. En segundo lugar, pretendimos dar cuenta de los conflictos y las disputas de representación en torno a los cuales se fueron definiendo la cultura y la política locales, como elementos centrales del proceso analizado. La búsqueda infructuosa de etnografías que hubiesen investigado casos similares al de Tumbaya en la región fue relevante para comenzar a desandar los caminos de la persistente negación teórica de la aboriginalidad colla. ¿Por qué, pese a la omnipresencia de la categoría colla en sus usos académicos y coloquiales, se carecía de trabajos etnográficos que estudiasen la organización indígena de los collas de las tierras altas jujeñas durante las décadas de 1990 y 2000, y más en general el devenir histórico de las identificaciones collas? En los fundamentos que legitimaron la organización de la comunidad aborigen y la expropiación de la finca en Tumbaya, fue central la identificación con la historia del despojo territorial y las concomitantes luchas por el derecho a la tierra desde al menos la segunda mitad del siglo XIX. Como vimos en el capítulo 1 y retomamos en los capítulos 3 y 4, las revueltas puneñas de la década de 1870, los reclamos y las demandas por mejores condiciones laborales en las fincas, el Malón de la Paz y el decreto de expropiación nunca ejecutado del año 1949 fueron experiencias históricas que se incorporaron a los fundamentos de las demandas y las organizaciones comunitarias de la década de 1990. La organización de las comunidades indígenas collas de Jujuy se justificó en gran medida en la intención reparadora respecto al despojo. El carácter de reparación histórica que supuso este proceso para el Estado provincial y las organizaciones indígenas jujeñas estableció una continuidad entre el sujeto indígena al que se le había quitado las tierras entre la Colonia y fines del siglo XIX con el sujeto receptor del acto de reparación. Sin embargo, estas prácticas de adscripción e identificación operaron sobre una plataforma previa de interacciones que, impulsadas por el Estado y convalidadas por los trabajos académicos que escribieron sobre las dinámicas de la región, confluyeron en la producción de narrativas sobre la desaparición de los indígenas de las tierras altas y su transformación en semi-propletarios rurales y trabajadores en el contexto de formación de clases de la provincia de Jujuy. Con el objetivo de desentrañar esta aparente paradoja que enfatiza la etnicidad como un principio a la vez discontinuo y persistente, se volvió central explorar las marcaciones e interpelaciones a las que habían sido sometidas las poblaciones de la Quebrada de Humahuaca, así como indagar en las identificaciones y los sentidos de pertenencia nativos inscriptos en torno a aquellas marcaciones e interpelaciones. Los pobladores de la Quebrada de Humahuaca fueron categorizados como indígenas durante la Colonia hasta las primeras décadas de la vida republicana, cuando por ejemplo fueron interpelados como "soldados indígenas" durante las guerras de independencia. Luego de 1880, recreando imágenes de valía y honorabilidad sobre los omaguacas en su resistencia a los españoles, los criterios etnológicos esgrimidos por el nuevo Estado a través de sus escribas vernáculos 'ontologizaron' al indio humahuaqueño, al tiempo que, en el mismo movimiento, su indianidad comenzaba a diluirse al paso de la maquinaria nacional y su discurso homogeneizador. Como analicé en este libro, estas pretensiones de homogeneización se articularon con identificaciones indígenas que perduraron y se recrearon de su mano, de modo que configuraron su gravitación pragmática en diversos contextos. Las identificaciones indígenas emergen en las revueltas por tierras referidas en el capítulo 1, en las voces de los peones de las excavaciones arqueológicas que analicé en el capítulo 2, en las prácticas, las socialidades y las memorias sobre los abuelos y los anteabuelos descriptas en el capítulo 3, en el proceso de organización política estudiado en el capítulo 4, además de ser visibles en las producciones discursivas académicas y oficiales de las elites indígenas letradas que escribieron sobre ello. La co-producción de estas narrativas creó un palimpsesto de imaginarios y clasificaciones escrito de manera compleja en la larga duración regional, eslabonado por la trasmisión de memorias, identificaciones, interpelaciones y sentidos de pertenencia indígena por generaciones.

Como fue planteado por Balibar (1988) y retomado por Segato (2007) y Briones (2002) para el caso de Argentina, las pretensiones de homogeneidad y demarcación de la nación se fundaron, además, en una racialización encubierta. A diferencia de otros países, como por ejemplo Perú (De la Cadena 1998, 2004), el mito de la Argentina blanca primó sobre cualquier consideración que incluyera la hibridación prehispánica y colonial como sustrato de la nación (Quijada 2000; Briones 2002; Chamosa 2008). Esto se dio a través de la operación concreta de técnicos, funcionarios y académicos que, como Joaquín Carrillo, los arqueólogos y los folcloristas de las tres primeras décadas del siglo XX en Jujuy, elaboraron discursos que proyectaron representaciones blanqueadas de los pobladores quebradeños y atributos de civilización a la Quebrada de Humahuaca. Es en este contexto que emergió la categoría "colla" incorporando de modo peculiar las proyecciones blanqueadoras sobre el indígena de las tierras altas de la región. El rastreo de la categoría colla en Jujuy me llevó hasta la década de 1870, cuando aparecen las primeras referencias sobre sus usos aún aboriginalizados. Como vimos en el capítulo 2, las representaciones de los viajeros de esa década, así como la categoría colla utilizada como un insulto, la adscriben a los indígenas de las tierras altas del noroeste argentino, homologados a los indígenas que habitaban las tierras altiplánicas de Bolivia. En el conflictivo proceso de establecimiento de las fronteras interestatales y la creciente incorporación de la región de la actual Puna argentina a la nación, los habitantes de las tierras altas quedaron acorralados en un locus ontológicamente contradictorio, habitando los territorios adonde los habían confinado las representaciones aboriginalizadas de la etapa inmediatamente post-colonial, pero insertos en una creciente dinámica de avance capitalista y de soberanía estatal con pretensión extintora de las diferencias étnicas y raciales. Así, en la década de 1920 el término "colla" aparece utilizado por funcionarios estatales como Miguel Tanco o Bernardo González Arrilli, quienes se refieren a los collas como "verdaderos leguleyos" por su lúcida predilección por los códigos y las leyes de la nación argentina. La relación cuasi-fetichizada de los collas con estos objetos, que el propio Tanco interpretó entonces en función de sus demandas históricas de derechos territoriales en tanto indígenas, ilustra paradójicamente la postal de la interpelación ciudadana propia de la década, en la que los códigos, como aquel de Don Gerónimo que presenté al inicio de este libro, operaron como artefactos blanqueadores y formadores del "homo nationalis" (Balibar 1988: 145). Sin embargo, para la misma década, los collas siguen siendo representados de forma contradictora, formando parte de la nación, pero a la vez extranjerizados como bolivianos desde su condición aboriginalizada. Las vacilaciones sobre si los collas de la Quebrada de Humahuaca eran indios o no siguieron presentes a lo largo de los debates parlamentarios y los proyectos de desarrollo regionales hasta por lo menos la década de 1970. Como categoría despojada de atributos aboriginalizados, aunque cultural, fenotípica y racialmente marcada en las representaciones e interacciones sociales locales, "lo colla" y los collas emergieron como un producto regional inserto en el mito de la nación blanca, lo cual sintomatiza dramáticamente las tensiones inscriptas de un país que se auto-representa blanco excluyendo otros sentidos de identificación y pertenencia. Estas representaciones y producciones discursivas fueron replicadas en los distintos trabajos que desde la Academia las reprodujeron de algún modo. Arqueólogos, etnohistoriadores, geógrafos y antropólogos replicaron de manera acrítica, desde distintos proyectos e intenciones, la negación de la aboriginalidad de los collas. Producto de clasificaciones articuladas en las condiciones históricas de dominación e incorporación ciudadana y laboral en que se produjo, el 'componente indígena' de los collas quedó obturado como una mera sublimación ideológica que abonó, en la década de 1990, representaciones nuevamente dudosas sobre la autenticidad de los movimientos de emergencia indígena. En este marco, la relevancia de los trabajos de Gabriela Karasik (2005, 2009, 2010) radica en sostener la materialidad e historicidad de 'la realidad étnica' jujeña y su inserción en el proceso de formación de clases provincial. La autora ubica a lo étnico como un componente, una dimensión constitutiva de las relaciones sociales en Jujuy, interpretando los procesos de la década de 1990 en términos de una revitalización étnica de ciertos segmentos rurales y urbanos de los sectores populares (Karasik 2009). La atribución colla a amplios sectores de la ciudadanía jujeña responde, más que a una auto-adscripción identitaria, a la proyección de percepciones fenotípicas racializadas que se colocan a amplios y diversos colectivos de la sociedad jujeña: "...los collas no son solamente el labrador o el pastor de las tierras altas sino también los obreros de la zafra, la minería o la industria metalífera, los empleados públicos, remiseros, vendedoras del mercado, estudiantes de la universidad, desocupados. Aunque suene hereje, ser colla puede ser una identidad indígena o puede no serlo pero definitivamente no es una identidad blanca [...] Estos no-blancos constituyen las grandes masas de población desposeída junto con los indígenas, los afros, los desocupados y muchos otros y otras que son parte de los sectores subalternos" (Karasik 2009: 11-12). Pensar a los procesos de articulación indígena colla como producto de la instrumentalidad, la legislación y el movimiento pan-indígena internacional de fin de siglo cristaliza la imagen del "indio hiperreal" (Ramos 1992), erigido como el producto sublimado y romántico de la instrumentalidad de las clases dominantes: "el indio (y la india, claro) hiper-real de los andes de Jujuy habla quechua o aymara, vive en comunidades del tipo ayllu en una eterna 'escena étnica', es sabio, solemne, ceremonioso y vive en equilibrio con el cosmos. En algunos casos hasta parecería que casi está en condiciones político-ideológicas de tomar el poder emulando el proceso boliviano" (Karasik 2009: 9). Como bien plantea la autora, la articulación de lo indígena en Jujuy corre el riesgo de cristalizar la imagen del indio hiperreal, excluyente de segmentos del mundo subalterno, campesinos y asalariados, "y también al boliviano migrante real en

Jujuy, pobre, trabajador [...] La celebración de esta diferencia radical anula así la dimensión de clase y en general el conflicto social, convergiendo llamativamente con la celebración de una hibridación generalizada. El indio hiper-real termina jugando un papel en la regulación identitaria, tanto en la adecuación como en el rechazo a su representación" (Karasik 2009: 9). Ahora, la pregunta que surge es: ¿por qué los collas de las tierras altas de Jujuy articularon sus demandas a partir de una identificación étnica y no de clase?; ¿cómo se explica que la pragmática de las políticas de identidad por sí sola tenga capacidad de agenciar identificaciones indígenas, acciones comunalizadoras, sentidos étnicos de pertenencia grupal?; ¿qué lugar se les otorga a las memorias, las estructuras de parentesco, los rituales, las territorialidades que, indagadas etnográficamente 'desde abajo', muestran la vitalidad de prácticas e identificaciones que se piensan y viven como indígenas?; ¿qué pasaría con la etnicidad entendida como falsa conciencia si las condiciones estructurales de formación de clases de Jujuy se transformasen radicalmente?

El establecimiento de un régimen de representaciones culturales y raciales donde los argentinos son blancos y en el cual el mestizo, el indio y el negro se proyectan fuera de la nación encontró en Jujuy la paradoja de lo colla como evidencia de la fuerte vigencia de identificaciones y prácticas que articulan sentidos de pertenencia indígena desde las percepciones fenotípicas y 'culturales' de sus adscriptores. Es lo que Escolar (2007) llamó "fenomitos", esos relatos implícitos que codifican culturalmente desde el fenotipo, lo que en realidad es la representación fenotípica de factores sociales, históricos y contextuales que informan la mirada del observador sobre los cuerpos: la raza como signo que analizó lúcidamente Rita Segato (2007). Las racializaciones fenomíticas operan naturalizadas en los discursos hegemónicos y en la vida cotidiana, obviando la historicidad de su producción y proveyendo marcos complejos de subjetivación que trascienden la operatoria teórica de atribuirlas a clivajes étnicos o de clase. Como en el relato que una vez escuché de Lina, a quien, cuando era niña e iba a la escuela en Maimará, las maestras le hacían dibujar "la mamá, el papá y sus hijitos" pintados con cabellos rubios y ojos de color azul. Recién de adulta Lina pudo incorporar sobre sí la noción de "familia", habiendo tenido la certeza desde pequeña de que sólo los gringos podían constituirlas.

Sin dudas, en las prácticas que desembocaron en la conformación de la Comunidad Aborigen Kolla de Finca Tumbaya analizadas en el capítulo 4, intervinieron agentes religiosos y políticos en el marco de la coyuntura del neoliberalismo multicultural que canalizó hegemónicamente el proceso. Pero estas agencias se articularon con las trayectorias, las memorias, los sentidos de identificación y las pertenencias ancladas en afiliaciones étnicas sometidas a cambiantes pero sostenidos procesos de alterización, previas a la formación

de clases de Jujuy, y articulables en el futuro a nuevas formaciones históricas. La imagen del "indio hiperreal" es sólo un elemento contingente en
un proceso extremadamente más complejo, evidenciado como "autenticidad
estratégica" (Mallon 1996) en contextos de disputas y demandas específicas
que no excluyen ni cancelan otras identificaciones y performances grupales.
Tal pudo haber sido el contexto de la Marcha de los Pueblos Originarios en
el marco de las festividades por el Bicentenario de la Patria que llegó a Buenos Aires el jueves 20 de mayo de 2010, cuando una multitud de miles de
personas nucleadas en comunidades y organizaciones indígenas de todo el
país fracturó la solemnidad decimonónica de la Diagonal Norte y desorbitó
las miradas somnolientas de los peatones porteños. Provenientes de las provincias del norte, oeste y sur de Argentina, las tres columnas convergieron en
el Obelisco, luego de cuatro días de marcha "Caminando por la Verdad hacia
un Estado Plurinacional". Entre los pueblos presentes, estaban los collas de
Jujuy (Figura 22).

*Foto 21: Marcha de los Pueblos Originarios en el Bicentenario de la
Patria, Buenos Aires, 20 de mayo de 2010.*

En esta coyuntura, así como en otros eventos descriptos en este libro, lo público operó como un espacio de búsqueda de reconocimiento, donde se movilizaron símbolos emanados de los "estándares hegemónicos de autenticidad". Como analicé en el capítulo 4 y fue mostrado por Briones (1998b) para grupos mapuches, por Escolar (2007, 2008, 2010) para grupos huarpes y por Lázzari (2008, 2010) para grupos rankülche, entre otros, los collas también debieron incorporar ciertos criterios de autenticidad que les permitiesen legitimar sus demandas en el espacio público y búsquedas de reconocimiento en el Estado nacional. El día de la marcha en Buenos Aires, luego de la primera gran columna colla embanderada bajo la Organización Barrial Tupac Amaru, distintas comunidades hicieron su entrada a la mítica Plaza de Mayo, ubicándose frente al escenario montado en el centro. Entre ellos, Pechito, Diego, Euge, Seba y otros tantos changos de la Comunidad Aborigen Kolla de Finca Tumbaya entraron a la plaza al son de la ejecución de los sikus y tambores de la Banda de Sikuris de Tumbaya Grande. De manera insistente, los changos criticaban la presencia de la organización barrial Tupac Amaru liderada por Milagro Sala, quienes, según ellos, hacía sólo unos pocos meses se habían plegado a la cuestión indígena provincial. Con el mismo ardor con que impugnaban la presencia de la Tupac, los changos insistieron a lo largo de toda la tarde en sacarse fotos frente a la Casa Rosada (Figura 23).

Figura 22: Jóvenes de la Comunidad Aborigen Kolla de Finca Tumbaya frente a la Casa Rosada en el marco de la Marcha de los Pueblos Originarios en el Bicentenario de la Patria, Buenos Aires, 20 de mayo de 2010.

Para la mayoría de los jóvenes era la primera vez que iban a Buenos Aires y, a despecho de la apelación a la hiperrealidad en donde se visibilizaría su "falsa conciencia" como indígenas o su búsqueda de derechos especiales, en este evento se apeló a la búsqueda de reconocimiento ciudadano frente a un Estado nacional persistente en excluirlos como indígenas de la matriz de la *nation building*. Como analicé en los capítulos 5 y 6 de este libro, la organización de la Comunidad Aborigen Kolla de Finca Tumbaya cristalizó sentidos diversos de identificación y pertenencia, con lo cual tensionó y disputó el sentido hegemónico de la "comunidad aborigen" prescrita por el Estado nacional, así como los sentidos unívocos de autenticidad invocados desde los guiones hegemónicos. La comunidad en sentido nativo en Tumbaya es la de un colectivo donde prima la unión entre las familias y donde "nadie es más que nadie". El criterio del "ser unidos", sedimentado por generaciones de experiencias y memorias familiares, opera de manera central en la regulación de las relaciones locales y en la formación de grupos, y se esgrimió enfáticamente en las prácticas electorales donde la coordinadora de la comunidad aborigen se presentó como candidata a comisionada municipal ponderando su rol como dirigente indígena. Como planteé en la introducción de este libro, los estudios sobre la política como categoría analítica de las organizaciones indígenas emergentes a fines del siglo XX analizaron las dirigencias y las luchas facciosas locales, las tensiones entre las dirigencias y las bases, las políticas públicas de agencias provinciales o nacionales y su incidencia en las definiciones locales, así como la definición de los organismos internacionales de los cauces de las organizaciones, entre otros. La política analizada en sus conceptualizaciones nativas, y no sólo en sentido tradicional como un dominio específico de las instituciones modernas ni como "política de identidad", me abrió el juego a sus polisemias articuladoras de sentidos de distinción, desde donde se establecen criterios de autenticidad indígenas y las disputas de representación legítimas de la comunidad aborigen de Tumbaya.

Como ha sido lúcidamente reflexionado por Julieta Quirós en su libro sobre los piqueteros de Florencio Varela (Quirós 2006), la descripción de la diversidad de situaciones etnográficas que se erigieron en los contextos centrales de producción de conocimiento en este libro posee indudables implicancias políticas, ya que muchos de los detalles que presenté podrían eventualmente ser utilizados por las distintas posiciones que encarnan las disputas políticas en Tumbaya. Del mismo modo, es posible que ciertos datos sean sometidos a lecturas hostiles, y que mi análisis sobre asuntos controvertidos sea esgrimido en contra de algunas personas y grupos con los que me relacioné en el lugar. Adaptando al caso tumbayeño la reflexión elaborada por Quirós, mi compromiso con este trabajo y con mis interlocutores en campo ha pasado precisamente por no suprimir esas descripciones, en la medida en que ellas hablan de aspectos constitutivos de sus vidas y sus luchas. Describir estos contextos es necesario, en primer lugar, para apartarnos del romanticismo, la estigmatización, la discriminación y la represión a los que, en distinto grado, el mundo indígena es sistemáticamente sometido, sin poder ser reconocido seriamente como actor litigante en el escenario de lo político (Bidaseca *et al.* 2008); y en segundo lugar, para "exponer las condiciones históricas concretas en las cuales y con las cuales las personas, con inefable esfuerzo y creatividad, lidian día a día [...]. Confío –siguiendo a Bourgois (1995: 18)– en que la escritura antropológica puede ser un espacio de resistencia si, en lugar de encantar, está dispuesta a desnudar la complejidad de los universos que estudiamos" (Quirós 2006: 29-30).[1]

En Jujuy, con una estructuración racista cada vez más audible, los silencios emergentes en observaciones, prácticas y charlas con mis interlocutores tumbayeños fueron una pista heurística fundamental. Situarlos como estratégicos y significativos (Da Silva Catela 2004; Pollak 2006) me abrió el juego a aquello que habla más de lo que calla, para hilar los hiatos y los huecos en las tramas vitales donde adquieren sentido. Como los malones pacíficos que pusieron en vilo los violentos deseos blancos de Jujuy, la negación teórica de la aboriginalidad colla no impidió su afirmación empírica, como tampoco la dramática e histórica estigmatización de sus adscriptos. En estas intersecciones se articuló la polis colla, compleja, creativa y abierta a los caminos de futuras nuevas articulaciones históricas.

---

[1] Agradezco a la colega Julieta Quirós el préstamo de sus insustituibles palabras para dar cuenta de esta reflexión metodológica y política sobre mi trabajo en Tumbaya.

Bibliografía

Abán, Leopoldo. 1970. Cruenta y larga lucha por la reivindicación de la Puna. *Pregón*, San Salvador de Jujuy.

Abercrombie, Thomas. 2004. *Caminos de la memoria y el poder. Etnografía e historia en una comunidad andina*. La Paz: Sierpe Publicaciones, IFEA.

Abrams, Philip. 1988. Notes on the Difficulty of Studying the State (1977). *Journal of Historical Sociology* Vol. 1 No. 1: 58-89.

Alber, Erdmute. 1999. *¿Migración o movilidad en Huayopampa? Nuevos temas y tendencias en la discusión sobre la comunidad campesina en los Andes*. Lima: Instituto de Estudios Peruanos.

Albó, Xavier (comp.). 1988. *Raíces de América. El mundo Aymara*. Madrid: Alianza América /UNESCO.

Albó, Xavier. 2005. *Ciudadanía étnico-cultural en Bolivia*, La Paz: CIPCA.

Althabe, Ricardo, José Braunstein y Julio González. 1995. Derechos Indígenas en la Argentina. *Revista El Derecho* Nº 8858: 1-17

Ambrosetti, Juan Bautista. 1902. Antigüedades calchaquíes. Datos arqueológicos sobre la provincia de Jujuy. *Anales de la Sociedad Científica Argentina*. Tomos LIII y LIV, Buenos Aires.

__________1912 Resultado de las exploraciones arqueológicas en el Pukará de Tilcara (Provincia de Jujuy). *Actas y Memorias del XVII Congreso Nacional de Americanistas*: 497-498. Buenos Aires.

__________2005 [1903]. *Viaje de un Maturango y otros relatos folklóricos*. Selección, prólogo y notas de Augusto Raúl Cortázar. Nueva dimensión argentina. Dirigida por Gregorio Weinberg. Buenos Aires.

Amselle, Jean-Loup. 1998. *Mestizo Logics: Anthropology of Identity in Africa and Elsewhere*. Stanford, CA: Stanford University Press.

Anderson, Benedict. 1993. *Comunidades imaginadas. Reflexiones sobre el origen y la difusión del nacionalismo*. México: Fondo de Cultura Económica.

Apel, Karin. 1996. *De la hacienda a la comunidad: la Sierra de Piura 1934-1990*. Lima: IEP/IFEA/CNRS. Estudios de la Sociedad Rural, 16.

Auyero, Javier. 2011. Patients of the State. An Ethnographic Account of Poor People's Waiting. *Latin American Research Review*. Vol. 46, N° 1.

Balbi, Fernando. 2007. *De leales, desleales y traidores. Valor moral y concepción política en el peronismo*. Buenos Aires: Editorial Antropofagia.

Balbi, Fernando y Ana Rosato. 2003. Introducción. *Representaciones sociales y procesos políticos. Estudios desde la Antropología Social*. Ana Rosato y Fernando Alberto Balbi Editores. Buenos Aires: Antropofagia. Pp. 11-30.

Balibar, Etienne. 1988. La forma nación: historia e ideología. *Raza, nación y clase*. E. Balibar y I. Wallerstein. IEPALA Textos. Pp. 135-163.

Barragán Romano, Rossana. 1999. *Indios, mujeres y ciudadanos. Legislación y ejercicio de la ciudadanía en Bolivia (siglo XIX)*. La Paz: Fundación Diálogo.

Barth, Frederik. 1976 [1969]. Introducción. *Los grupos étnicos y sus fronteras. La organización social de las diferencias culturales*. Fredrik Barth compilador. México: Fondo de Cultura Económica, Pp. 9-49.

Bascopé, Joaquín. 2009. *La invasión de La tradición. Lo mapuche en tiempos culturales*. Guatemala, Santiago de Chile: ICAPI. Colibris.

Bayo, Ciro. 1927. *Por la América Desconocida*. Madrid: Editorial Caro Raggio.

Becerra, María Florencia, María Victoria Pierini, Lorena B. Rodríguez, Bettina Sidy y Sandra Tolosa. 2012. De ollitas y paredes volteadas a urnas y monumento patrimonial. La Comunidad India de Quilmes y las resignificaciones del sitio arqueológico a partir de la reconstrucción. *Nuevo Mundo Mundos Nuevos* [en línea] Cuestiones de tempo presente. Disponible en https://nuevomundo.revues.org/64017

Becerra, Florencia, Carolina Crespo, María Victoria Pierini, Violeta Ramírez, Lorena Rodríguez, Bettina Sidy, Sandra Tolosa. 2013. Dinámicas de poder y saber en la reconstrucción de la Ciudad Sagrada de Quilmes (Tucumán 1977-1981) *Alteridades*, vol. 23, núm. 46: 67-77, México.

Becker, Marc y Silvia Tutillo. 2009. *Historia agraria y social de Cayambe.* Quito, FLACSO, Sede Ecuador. Ediciones Abya Yala.

Beckett, Jeremy. 1988. Introduction. *Past and Present. The construction of Aboriginality.* J. Beckett (ed.). Canberra: Aboriginal Studies Press, pp. 191-217.

Benedetti, Alejandro. 2005. *Un territorio andino para un país pampeano. Geografía histórica del Territorio de los Andes (1900.1943).* Tesis Doctoral inédita. Instituto y Departamento de Geografía, Facultad de Filosofía y Letras, Universidad de Buenos Aires.

Bengoa, José. 2000. *La emergencia indígena en América Latina.* Santiago de Chile: Fondo de Cultura Económica.

Bernal, Irma. 1984. *Rebeliones indígenas en la Puna (Aspectos de la lucha por la recuperación de las tierras).* Buenos Aires: Búsqueda-Yuchan.

Bidaseca, Karina, Andrea Gigena, Leopoldo Guerrero, Facundo Millán y María Marta Quintana. 2008. Dispositivos miméticos y efectos de identidad. Ensayo de una interpretación crítica sobre las personerías jurídicas y las comunidades originarias. *Papeles de trabajo. Revista electrónica del Instituto de Altos Estudios Sociales de la Universidad Nacional de General San Martín.* ISSN: 1851-2577. Año 2, n° 3.

Bidondo, Emilio A. 1968. Contribución al estudio de la Guerra de la independencia en la frontera norte (el aporte jujeño). Tomo I. Buenos Aires: Editorial del Círculo Militar. Colección histórico-militar.

Blaser, Mario. 2009. *Notes towards a political ontology of 'environmental' conflicts.* En: Lesley Green (Ed.) Contested Ecologies: Nature and Knowledge. Cape Town: HSRC Press. Pp. 13-27.

Boccara, Guillaume y Paola Bolados. 2008. ¿Dominar a través de la participación? El Neoindigenismo en el Chile de la posdictadura. *Memoria Americana* 16 (2): 167-196.

Boccara, Guillaume y Patricia Ayala. 2011. La nacionalización del indígena en tiempos de multiculturalismo neoliberal. *Forum for Inter-American Research. The Journal of the International Association of Inter-american Studies* 4/2.

Bocco, Andrea Alejandra. 2009. Tensiones entre proyectos intelectuales, políticas estatales y emergencia de las masas en los cancioneros populares. *Anclajes* XIII, 13, pp. 27-40.

Boixados, Roxana. 2005. Visitando un mundo perdido. Los pueblos de indios del Valle de Famatina en 1667. *Actas del V congreso Internacional de Etnohistoria*. Universidad de Buenos Aires, Buenos Aires.

Boman, Eric. 1992. [1908]. *Antigüedades de la región andina de la República Argentina y del desierto de Atacama*. Universidad Nacional de Jujuy, San Salvador de Jujuy.

Bonfil Batalla, Guillermo. 1992. El concepto de indio en América: una categoría de la situación colonial. *Anales de Antropología* 9: 105-124.

Botana, Natalio. 1985. *El Orden Conservador*. Buenos Aires: Sudamericana.

Bourdieu, Pierre. 1988. *La distinción. Criterios y bases sociales del gusto*. España: Taurus.

___________2001 [1981]. La Representación Política. *El campo político*. Buenos Aires: Plural. Pp. 63-104.

Bratosevich, Nicolás. 1992. Estructura agraria en la región de la Puna. Casabindo 1986.1987. *Sociedad y articulación en las tierras altas jujeñas. Crisis terminal de un modelo de desarrollo*. Alejandro Isla (comp.). Proyecto ECIRA/CICSO, Antropología Social e Historia 1. Serie monográfica. Buenos Aires.

Briones, Claudia. 1998a. (Meta) Cultura del Estado Nación y Estado de la (Meta) Cultura. *Serie antropológica* 244. Brasilia.

___________1998b. *La alteridad del cuarto mundo. Una deconstrucción antropológica de la diferencia*. Buenos Aires: Ediciones del Sol.

___________2002. Mestizaje y Blanqueamiento como Coordenadas de Aboriginalidad y Nación en Argentina. *RUNA*, Universidad de Buenos Aires XXIII: 61-88.

___________2005. Formaciones de alteridad: contextos globales, procesos nacionales y provinciales. *Cartografías Argentinas. Políticas indigenistas y formaciones provinciales de alteridad*. Buenos Aires: Antropofagia, pp. 11-44.

Briones, Claudia y Lucía Golluscio. 1994. Discurso y Metadiscurso como procesos de producción cultural. *Actas de las Segundas Jornadas de Lingüística aborigen*. Buenos Aires. Departamento de Impresiones del Ciclo Básico Común, pp. 499-517.

Briones, Claudia y Ana Ramos. 2010. Replanteos teóricos sobre las acciones indígenas de reivindicación y protesta: aprendizajes desde las prácticas de reclamo y organización mapuche-tehuelche en Chubut. *Movilizaciones indígenas e identidades en disputa en la Argentina*. Gastón Gordillo y Silvia Hirsch compiladores. Buenos Aires: La Crujía.

Brow, James. 1990. Notes on Community, Hegemony, and the Uses of the Past. *Anthropological Quarterly*, Vol. 63, No. 1. Tendentious Revisions of the Past in the Construction of Community: 1-6.

Bugallo, Lucila y Lina Mamaní. 2014. Molinos en la Quebrada de Humahuaca: lugares de encuentros de gentes y caminos. La región molinera del norte jujeño: 1940-1980. *Espacialidades altoandinas. Nuevos aportes desde la Argentina*. Tomo I: Miradas hacia lo local, lo comunitario y lo doméstico. Alejandro Benedetti y Jorge Tomasi (compiladores). Editorial de la Facultad de Filosofía y Letras, UBA. Pp. 63-118.

Bugallo, Lucila y Jorge Tomasi. 2012. Crianzas mutuas. El trato a los animales desde las concepciones de los pastores puneños (Jujuy, Argentina). *Revista Española de Antropología Americana*. Vol. 42, N° 1.

Bushnell, David. 1997. La política indígena de Jujuy en época de Rosas. *Revista de Historia del derecho* 24: 61-74.

Canals Frau, Salvador. 1986 [1953]. *Las poblaciones indígenas de la Argentina. Biblioteca argentina de historia y política*. Buenos Aires: Hyspamerica.

Cantón, Darío; José Moreno y Alberto Ciria. 1972. *Argentina. La Democracia Constitucional y su Crisis*. Buenos Aires: Paidós.

Carrasco, Morita. 2000. *Los derechos de los pueblos indígenas en Argentina*. LHAKA HONHAT, IWGIA (Grupo internacional sobre asuntos indígenas), Buenos Aires.

Carrillo, Joaquín. 1958 [1877]. *Historia civil de Jujui (con documentos). Apuntes para su historia civil*. Buenos Aires.

__________1889. *Descripción brevísima de Jujui Provincia de la República Argentina*. Jujuy.

Carrizo, Juan Alfonso. 2009 [1935]. *Cancionero popular de Jujuy*. Universidad Nacional de Jujuy.

Casanova, Eduardo. 1930. Excursión arqueológica al Cerro Morado (Departamento de Iruya, Salta). *Notas del Museo Etnográfico*, N° 3.

__________1936 La Quebrada de Humahuaca. *Historia de la Nación Argentina*, I, pp. 207-249. Junta de Historia y Numismática Americana, Buenos Aires.

Castellanos, Alberto. 1928. Por un rincón de la Puna de Atacama, Publicaciones de Instituto Cultural Joaquín V. González, VI-VII, Buenos Aires.

Castillo, Pedro, Alejandro Diez, Zulema Borneo, Jaime Urrutia y Pablo del Valle. 2007. *¿Qué sabemos de las comunidades campesinas?* Lima: Centro Peruano de Estudios Sociales. Allpa. Comunidades y Desarrollo.

Cavalcanti, Schiel. 2007. Las muchas naturalezas en los Andes. *Revista de recerca i formació en antropología Perifèria.* Nº 7: 1-11.

__________ 2015. Relativizando la historicidad. Memoria social, cosmología y tiempo en los Andes. *Quaderns-e de l'ICA* Nº 2 (20): 85-105.

Chamosa, Oscar. 2008. Indigenous or Criollo. The Myth of White Argentina in Tucumán's Calchaqui Valley. *Hispanic American Historical Review* 88:1. Duke University Press.

Conti, Viviana. 1992. Espacios económicos y economías regionales. El caso del norte argentino y su inserción en el área andina en el siglo XIX. *Revista de Historia* 3. Universidad Nacional del Comahue, Neuquén.

Costilla, Julia. 2014. Itinerarios religiosos y espacios sacralizados: santuarios, devotos y peregrinos en el culto al Señor del Milagro de Salta y la peregrinación a la Virgen de Copacabana en Jujuy. *Espacialidades altoandinas. Nuevos aportes desde la Argentina.* Tomo I: Miradas hacia lo local, lo comunitario y lo doméstico, pp. 119-164.

Cowan Ros, Carlos. 2011. La política de la (in)moralidad: vivencias, prácticas y relaciones sociales en una comunidad rural. En *Mediadores sociales en la producción de prácticas y sentidos de la política pública.* Beatriz Nussbaumer y Carlos Cowan Ros (Editores). Buenos Aires: Ediciones CICCUS, pp. 181-232.

Cruz, Enrique. 2011. El clero de la Puna de Jujuy a fines del período colonial. *Ciências Sociais e Religião*, Porto Alegre, año 12, Nº 13. Pp. 131-153.

Cruz, Gustavo. 2017. *Aproximación a los senderos histórico-políticos del kolla Eulogio Frites (1935-2015).* Ms. en evaluación.

Chiaramonte, José C. 1993. *El mito de los orígenes en la historiografía latinoamericana.* Instituto de Historia Argentina y Americana "Dr. Emilio Ravignani". Facultad de Filosofía y Letras. Universidad de Buenos Aires.

Da Silva Catela, Ludmila. 2004. Conocer el silencio. Entrevistas y estrategias de conocimiento de situaciones límite. *Revista Oficios Terrestres.* Número:

Comunicación y memoria X (15-16), Facultad de Periodismo y Comunicación Social, Universidad Nacional de La Plata: 42-54.

__________2006. El estigma de la memoria en Tumbaya. *Revista Puentes*, N° 17, pp. 61-66.

__________2007. Poder local y violencia: memorias de la represión en el noroeste argentino. *En los márgenes de la ley. Inseguridad y violencia en el cono sur*. Isla Alejandro (comp.) Buenos Aires: Paidós.

Dávalos, Pablo. 1999. Los sistemas productivos del Ecuador: El sistema hacienda y el sistema plantación. Publicación mensual del Instituto Científico de Culturas Indígenas, Año 1, N° 3. Disponible en http://icci.nativeweb.org/boletin/junio99/davalos.html

__________2002. *Movimiento indígena ecuatoriano: Construcción política y epistémica*. En Estudios y otras prácticas intelectuales latinoamericanas en cultura y poder. CLACSO, Consejo Latinoamericano de Ciencias Sociales Buenos Aires.

__________ 2005. Movimiento indígena ecuatoriano: construcción política y epistémico. *Cultura, política y sociedad Perspectivas latinoamericanas*. Daniel Mato. CLACSO, Consejo Latinoamericano de Ciencias Sociales, Ciudad Autónoma de Buenos Aires, Argentina. Pp. 337-357.

Debenedetti, Salvador. 1910. Exploración arqueológica en los cementerios prehistóricos de La Isla de Tilcara (Quebrada de Humahuaca, provincia de Jujuy), Campaña de 1908. *Publicaciones de la Sección Antropológica*, N° 6, Facultad de Filosofía y Letras, Buenos Aires.

__________1930. *Las Ruinas de Pucará de Tilcara*. Archivo del Museo Etnográfico N° 11 (Primera Parte). Facultad de Filosofía y Letras, Universidad de Buenos Aires, Buenos Aires.

De la Cadena, Marisol. 1985. Cooperación y Conflicto. *Cooperación y Conflicto en la Comunidad Andina: Zonas de Producción y Organización Social*. Enrique Mayer y Marisol de la Cadena. Pp. 75-115. Lima: Instituto de Estudios Peruanos hipótesis

__________1998. Silent Racism and Intellectual Superiority in Peru. Bull. Latin Am. R. Vol. 17, N° 2, Pp. 143-164

__________2004. *Indígenas mestizos. Raza y cultura en el Cusco*. Traducción de Montserrat Cañedo y Eloy Neyra. Lima: Instituto de Estudios Peruanos.

__________2007. Introducción. *Formaciones de indianidad. Articulaciones raciales, mestizaje y nación en América Latina*. Marisol de la Cadena (ed.) Lima: Envión.

De Lucía, Daniel Omar. 1997. *Socialismo y cuestión indígena en la Argentina (1889-1943)*. Grupo Editor Universitario. Biblioteca de temas argentinos, Buenos Aires.

Durkheim, Emile y Marcel Mauss. 1971 [1903]. De ciertas formas primitivas de clasificación. En Marcel Mauss: *Institución y culto. Obras II*. Barcelona: Barral Ed.

Edelman, Marc. 1994. Landlords and the Devil: Class, Ethnic, and Gender Dimensions of Central American Peasant Narratives. *Cultural Anthropology* 9(1): 58-93.

Elias, Norbert. 1993. *El proceso de la civilización. Investigaciones sociogenéticas y psicogenéticas*. Buenos Aires: Fondo de Cultura Económica.

Escolar, Diego. 2003. Arqueólogos y brujos: la disputa por la imaginación histórica en la etnogénesis huarpe. *Relaciones de la Sociedad Argentina de Antropología* 28: 23-43.

__________2007. *Los dones étnicos de la Nación. Identidades huarpe y modos de producción de soberanía en la Argentina*. Buenos Aires: Prometeo.

__________2008. El "estado del malestar". Movimientos indígenas y procesos de desincorporación en la Argentina: el caso Huarpe. *Cartografías Argentinas. Políticas indigenistas y formaciones provinciales de alteridad*. Buenos Aires: Antropofagia, Pp. 37-64.

__________2010. "Acompañando al pueblo huarpe": luchas de representación y control político en la institucionalización de las comunidades huarpes de Guanacache, Mendoza. *Movilizaciones indígenas e identidades en disputa en la Argentina*. Gastón Gordillo y Silvia Hirsch (comp.). Buenos Aires: La Crujía.

__________2012. Huarpe's files in the argentine desert. Indigenous demands and the construction of the state in Mendoza, 19th century. *Hispanic American History Review*.

__________2014. Jueces indígenas, caciques criollos: autonomía y estatalidad en Guanacache, Mendoza (siglo XIX) *Tiempo histórico* vol. 5: 37-72.

Espósito, Guillermina. 2014a. Discursos civilizadores en los Andes de Argentina: políticos y académicos en la mestización de la Quebrada de Humahuaca, Jujuy. *Intersecciones en Antropología*, vol.15, N° 1: 219-233.

__________2014b. Despojo, reconocimiento y después. *Quebrada de Humahuaca, estudios históricos y antropológicos en torno a las formas de propiedad.* Ana Alejandra Teruel y Cecilia Fandos. San Salvador de Jujuy: EDIUNJU; Facultad de Humanidades y Ciencias Sociales, Unidad de Investigación en Historia Regional. Pp. 185-214.

__________2009. Candidato a candidato: una etnografía de las elecciones internas del PJ en una comunidad local del Noroeste Argentino. *Política, instituciones y gobierno: abordajes y perspectivas antropológicas sobre el hacer política.* Mauricio Boivin, Beatriz Heredia y Ana Rosato (comp.). Buenos Aires: Antropofagia. Pp. 51-78.

Espósito, Guillermina y Ludmila da Silva Catela. 2013. Indios, comunistas y guerrilleros: miedos y memorias de la lucha por tierras en la Quebrada de Humahuaca, Jujuy, Argentina. *Corpus. Archivos virtuales de la alteridad americana.* Vol 3, N° 1.

Espósito, Guillermina y Pablo Fabbro 2008. '¡Y tenemos que ser más unidos!': Carnaval y Política en una zona rural de la Quebrada de Humahuaca, o cómo mantener las tradiciones que se pierden en el pueblo. *Revista del Museo de Antropología* 1(1): 51-60. FFyH. Universidad Nacional de Córdoba.

Fandos, Cecilia, y María Silvia Fleitas. 2011. El código como arma. Conflictividad, políticas e ideas en torno a la propiedad de la tierra en la Quebrada de Humahuaca durante el primer gobierno radical (1918-1921). Trabajo presentado en las XII Jornadas Interescuela Departamentos de Historia. Mesa temática 13: Tierra y política agraria. Una mirada regional de la Argentina rural del Siglo XX. Ciudad de Catamarca.

Fandos, Cecilia y Teruel, Ana. 2012. "¿Cómo quitarles esas tierras en un día después de 200 años de posesión?" Enfiteusis, legislación y práctica en la Quebrada de Humahuaca (Argentina), en Boletín del Instituto Francés de Estudios Andinos, Vol. 41, N° 2. IFEA: Lima, Perú. ISSN 0303-7495

__________2014. Introducción. *Quebrada de Humahuaca. Estudios históricos y antropológicos en torno a las formas de propiedad.* Ediunju, pp. 7-16.

Fellner, Liliana. 2009. Quebrada de Humahuaca. Un itinerario cultural de 10.000 años de historia. *Turismo cultural II.* Temas de Patrimonio Cultural 26. Ministerio de Cultura. Gobierno de la ciudad de Buenos Aires.

Fidalgo, Andrés. 1996 [1988]. *¿De quién es la Puna?*, Jujuy, EDIUNJu. San Salvador de Jujuy.

Fleitas, María Silvia. 2005. Política y conflictividad social durante las gobernaciones radicales. Jujuy, 1918-1930. *Jujuy. Arqueología, Historia, Economía y Sociedad*, compilado por D. Santamaría, CEIC, UNJu, Jujuy.

____________ 2006. "¡Hoy los hijos del pueblo ya no deben arrastrar cadenas!". El radicalismo en Jujuy de los años 20. Miguel A. Tanco, el "hombre que levantará al obrero y hará feliz la vida del pueblo", *Historia Política*, Universidad Nacional de San Martín, Centro de Estudios de *Historia Política* (Cehp), [en línea] http://www.unsam.edu.ar/escuelas/politica/centro_historia_politica.

____________ 2014. *Democracia, Ciudadanía y Cuestión Social en Jujuy (Argentina) en la década de 1920*. Tesis doctoral presentada en el Programa de Doctorado en Historia de América Latina. Las Luchas Sociales en el Mundo Iberoamericano. Siglos XVI al XIX. Sevilla, España.

Fleitas, María Silvia y Adriana Kindgard. 2006. Entre la legalidad y la proscripción. Políticas públicas y lucha obrera en Jujuy. 1918-1976. *Jujuy en la Historia. De la colonia al siglo XXI*. Ana Teruel y Marcelo Lagos (dir.). Unidad de Investigación de Historia Regional, FHyCS, Universidad Nacional de Jujuy.

Fleitas, María Silvia y Ana Teruel. 2007. Política y movilización campesina en el norte argentino. La cuestión de la tierra indígena en el proceso de ampliación de la democracia. *Revista Andina*, N° 45.

Foster, George. 1974 [1961]. El contrato diádico: un modelo para la estructura social de una aldea de campesinos mexicanos. *Estudios sobre el campesinado latinoamericano: la perspectiva de la antropología social*. Ediciones Periferia S.R.L.

Frites, Eulogio. 1971. Los collas. *América indígena*. Vol. XXXI, N° 2: 375-388.

Galasso, Emanuela y Martín Ravallion. 2003. Protección Social en la Crisis: El Plan Jefas y Jefes de Hogar de Argentina. Grupo de Investigación sobre Desarrollo, Banco Mundial, Washington DC.

Geertz, Clifford. 1967. Form and Variation in Balinese Village Structure. *Peasant Society: a reader* Potter *et al.* Boston: Little Brown. Pp. 255-278.

____________2005. *La interpretación de las culturas*. Barcelona: Gedisa.

Gil Montero, Raquel. 2008. *La construcción de Argentina y Bolivia en los Andes Meridionales. Población, tierras y ambiente en el siglo XIX*. Buenos Aires: Prometeo.

Giudicelli, Christophe 2007. Encasillar la frontera. Clasificaciones coloniales y disciplinamiento del espacio en el área diaguito-calchaquí, siglos XVI-XVII. *Anuario IEHS* 22: 161-211.

Gluckman, Max. 2003 [1958]. Análisis de una situación social en Zululandia moderna. *Revista de estudiantes de Antropología Social Bricolage* Año 1, N° 1, pp. 34-49.

Göebel, Bárbara. 1998. "Salir de viaje": Producción pastoril e intercambio económico en el Noroeste Argentino. *50 años de Estudios Americanistas en la Universidad de Bonn. Nuevas contribuciones a la arqueología, etnohistoria, etnolingüística y etnografía de las Américas.* S. Dedenbach-Salazar, C. Arellano, E. König y H. Prümers (eds.), pp. 867-891. Bonner Amerikanistische Studien 30.

__________2002. La arquitectura del pastoreo: Uso del espacio y sistema de asentamientos en la Puna de Atacama (Susques). *Estudios Atacameños* N° 23 pp. 53-76.

Goffman, Irving. 1991. *Estigma. La identidad deteriorada.* Buenos Aires: Amorrortu Editores.

Goldman, Marcio y Ana Claudia Cruz da Silva. 2003. ¿Por qué se pierde una elección? *Representaciones sociales y procesos políticos. Estudios desde la antropología social.* Ana Rosato y Fernando Balbi (ed.). Editorial Antropofagia. IDES. Pp. 95-120.

Golovanevski, Laura y Gabriela Sala. 2003-2004. El Programa Trabajar en Jujuy: una mirada posible. *Población y Sociedad* N° 10/11, pp. 5-39.

Golte, Jürgen. 1980. *La racionalidad en la organización andina.* Instituto de Estudios Peruanos, Lima.

Golte, Jürgen y Marisol de la Cadena. 1983. "La Coodeterminación de la Organización Social Andina". *Allpanchis* N° 22, Año XIII, Vol. XIX, Cusco.

Gonzales, Tirso, Nestor Chambi y Marcela Machaca. 1998. Nurturing the seed in the peruvian Andes. Disponible en https://www.grain.org/es/article/entries/305-nurturing-the-seed-in-the-peruvian-andes.

González, Alberto Rex. 1982. La Provincia y población incaica de Chicoana. *Presencia Hispánica en la Arqueología Argentina.* Instituto de Historia. Universidad Nacional del Nordeste, Resistencia. Vol. II.

Gordillo, Gastón. 2006. *En el Gran Chaco. Antropologías e historias.* Buenos Aires: Prometeo.

___________2010. *Lugares de diablos. Tensiones del espacio y la memoria*. Buenos Aires: Prometeo.

Guber, Rosana. 2005. *El salvaje metropolitano. Reconstrucción del conocimiento social en el trabajo de campo*. Buenos Aires: Paidós.

Guerrero, Andrés. 1997. Poblaciones indígenas, ciudadanía y representación. *Revista Nueva Sociedad* N° 150: 98-105.

___________ (comp.) 2000. *Etnicidades*. Ecuador: FLACSO-ILDIS.

Hale, Charles. 2004. Rethinking Indigenous Politics in the Era of the "Indio Permitido". *NACLA Report on the Americas*. Report on Race, Part 1, pp. 16-21.

Hall, Stuart. 1996. "¿Quién necesita identidad?" en Hall, S. y du Gay, P. (comp.). *Cuestiones de Identidad Cultural*. Buenos Aires, Madrid: Amorrortu Editores.

___________2009. Sobre Postmodernismo y Articulación: Una entrevista con Stuart Hall. Traducción por Oscar Hernández Salgar. *Trayectorias y problemáticas en estudios culturales. Stuart Hall*. Norma Fuller, Eduardo Restrepo, Víctor Vich y Catherine Walsh (ed.). CLACSO. Universidad Andina Simón Bolívar. Instituto Pensar. Pontificia Universidad Javeriana.

Halperín Donghi, Tulio. 2005. *Una nación para el desierto argentino*. Buenos Aires: Prometeo.

Harris, Olivia y Therése Bouysse Cassagne. 1998. Pacha: en torno al pensamiento aymara. *Raíces de América. El mundo aymara*. X. Albo (comp.). Alianza editorial/ UNESCO. Pp. 217-274.

Heredia, Beatriz y Moacir Palmeira. 2006. O voto como adesão. *Teoria y Cultura. Revista do Mestrado em Ciências Sociais da UFJF*. Vol. 1 N° 1, pp. 35-58.

Hill, Johnatan. 1996. Introduction. Ethnogenesis in the Americas, 1492.1992. *History, Power and Identity*. University of Iowa Press, Iowa.

Holmberg, Eduardo Alejandro (hijo). 1988 [1904]. *Investigación agrícola en la Provincia de Jujuy. Informe presentado*. Universidad Nacional de Jujuy. Colección Jujuy en el pasado (edición facsimilar).

Irurozqui, Marta. 1999. La ciudadanía clandestina. Ciudadanía y educación en Bolivia, 1826-1952. *Revista de Estudios Interdisciplinarios de América Latina y el Caribe* (EIAL). Monográfico sobre la educación en América Latina. Vol. 10/1 - EIAL.

__________2007. Relatos de nación. Discurso historiográfico y etnicización de la historia en Bolivia, 1825-1885. *Anuario de Investigación.* Carrera de Historia/Archivo de La Paz. Vol.1. UMSA, La Paz. Pp. 42-67.

__________2008. El pueblo soberano versus la plebe proselitista. Discurso historiográfico y etnicización política en Bolivia, 1825-1922. Guillermo Palacios (ed.), *Historias, relato historiográfico y formación de los Estados nacionales: América Latina, siglo XIX.* México. Colegio de México, vol.1. Pp. 231-284.

Isla, Alejandro. 1992. Jujuy en el siglo. Estrategias de investigación. Introducción y Dos regiones, un origen. Entre el "silencio" y la furia. *Sociedad y articulación en las tierras altas jujeñas. Crisis terminal de un modelo de desarrollo.* Alejandro Isla (comp.). Proyecto ECIRA/CICSO, Antropología Social e Historia 1. Serie monográfica. Buenos Aires.

__________2000. Canibalismo y sacrificio en las dulces tierras del azúcar. *Estudios Atacameños* N° 19: 135-155.

__________2009. *Los usos políticos de la identidad. Criollos, indígenas y Estado.* Buenos Aires: Libros de la Araucaria.

Isla, Alejandro y Julie Tylor. 1995. Terror e identidad en los Andes: el caso del noroeste argentino. *Revista andina* (13) 2:311-357.

Jackson, Jean. Culture, genuine and spurious. The politics of Indianness in the Vaupés, Colombia. *American Ethnologist* 22 (1) 3-27.

Kalmanovitz, Salomón. 1982. *El Desarrollo de la Agricultura en Colombia,* Bogotá: Carlos Valencia Editores.

Karasik, Gabriela. 1984. Intercambio tradicional en la Puna Jujeña. *RUNA. Archivo para las ciencias del hombre.* Vol. XIV. ICA, UBA, Buenos Aires.

__________1994. Introducción. Fronteras de sentido en el Noroeste: identidades, poder y sociedad. Karasik, Gabriela A. (comp.), *Cultura e identidad en el Noroeste argentino.* Buenos Aires: Centro Editor de América Latina. Pp. 7-14.

__________2005. *Etnicidad, cultura y clases sociales. Procesos de formación histórica de la conciencia colectiva en Jujuy, 1985.2003.* Tesis de doctorado inédita, Universidad Nacional de Tucumán.

__________2009. Procesos de revitalización étnica en Jujuy: la experiencia subalterna entre lo indio y lo popular. Ponencia presentada en la *VIII Reunión de Antropología del Mercosur.* Buenos Aires, 29 de septiembre al 2 de octubre de 2009. GT 43: Diálogos latinoamericanos sobre modos y experiencias de vida de sectores populares.

__________2010. Subalternidad y ancestralidad colla: transformaciones emblemáticas y nuevas articulaciones de lo indígena en Jujuy. *Movilizaciones indígenas e identidades en disputa en la Argentina*. Gastón Gordillo y Silvia Hirsch (comp.). Buenos Aires: La Crujía. Pp. 259-282.

Kindgard, Adriana. 2002. Procesos sociopolíticos nacionales y conflictividad regional. Una mirada alternativa a las formas de acción colectiva en Jujuy en la transición al peronismo. *Entrepasados*, N° 22, Buenos Aires. Pp. 67-87.

__________2003. Ruptura partidaria, continuidad política. Los "tempranos" orígenes del peronismo jujeño. *La Invención del Peronismo en el Interior del país*. Darío Macor y César Tcach (ed.). Santa Fe, Universidad Nacional del Litoral. Pp. 163-212.

__________2004. Tradición y conflicto social en los Andes argentinos. En torno al Malón de la Paz de 1946. *Estudios Interdisciplinarios de América Latina y el caribe. Historia y sociedad en los Andes, siglos XIX y XX*. Vol. 15 N°1 Enero-Junio (165-184), Universidad de Tel Aviv.

Krapovickas, Pedro. 1964. Un taller lapidario en el Pucará de Tilcara. *Runa* IX: 137-151.

Lafone Quevedo, Samuel. 1888. *Londres y Catamarca*. Buenos Aires: Imprenta Librería Mayo.

Lagos, Marcelo y Mirta Gutiérrez. 2006. Dictadura, democracia y políticas neoliberales. *Jujuy en la Historia. De la colonia al siglo XXI*. Ana Teruel y Marcelo Lagos (dir.). Unidad de Investigación de Historia Regional, FHyCS, Universidad Nacional de Jujuy.

Lallana, Verónica. 2011. Política Indigenista del Estado Argentino entre 1940 y 1953. *Revista de la Junta Provincial de Estudios Históricos de Santa Fe N°* LXIX: 172-135.

Langer, Erick. 1990. Espacios coloniales y economías nacionales. Bolivia y el norte argentino. (1810.1930). *Revista Historia y cultura* 17. Sociedad Bolivariana de Historia. La Paz. Pp. 69-89.

Langer, Erick y Viviana Conti. 1991. Circuitos comerciales tradicionales y cambio económico en los Andes Centromeridionales. *Desarrollo Económico*. IDES. VOL. 31.

Lanusse, Paula. 2007. *Memorias y alteridades indígenas en Cachi, Salta.* Tesis de licenciatura inédita. FFyL Universidad de Buenos Aires.

Lanusse, Paula y Axel Lázzari. 2008. Salteñidad y pueblos indígenas: continuidad y cambio en identidades y moralidades. *Cartografías Argentinas. Políticas indigenistas y formaciones provinciales de alteridad.* Claudia Briones compiladora. Buenos Aires: GEOPRONA.

Lázzari, Axel. 2004. Antropología en el Estado: el Instituto Étnico Nacional (1946-1955). Federico Neiburg y Mariano Plotkin (comp.). *Intelectuales y expertos. La constitución del conocimiento social en la Argentina.* Buenos Aires: Paidós. Pp. 203-229.

__________2007. Identidad y Fantasma: situando las nuevas prácticas de libertad en el movimiento indígena de La Pampa. *Quinto Sol. Revista de Historia Regional.* Santa Rosa, La Pampa. Pp. 91-122.

__________2008. La restitución de los restos de Mariano Rosas: identificación fetichista en torno a la política de reconocimiento de los ranqueles. *Estudios de Antropología Social* 1 (1): 35-64.

__________ 2010. Autenticidad, sospecha y autonomía: la recuperación de la lengua y el reconocimiento del pueblo rankülche en La Pampa. *Movilizaciones indígenas e identidades en disputa en la Argentina.* Gastón Gordillo y Silvia Hirsch (comp.). Buenos Aires: La Crujía. Pp. 147-172.

Le Breton, David. 1999. *Las pasiones ordinarias. Antropología de las emociones.* Buenos Aires: Nueva Visión.

Lema, Verónica. 2014a. Hacia una cartografía de la crianza: domesticidad Y domesticación en comunidades andinas. *Espaço Ameríndio.* Porto Alegre. Vol. 8, N° 1: 59-82.

__________2014b. Criar y ser criado por las plantas y sus espacios en los Andes Septentrionales de la Argentina. *Espacialidades altoandinas. Nuevos aportes desde la Argentina.* Tomo I: Miradas hacia lo local, lo comunitario y lo doméstico. Alejandro Benedetti y Jorge Tomasi (comp.). Editorial de la Facultad de Filosofía y Letras, UBA. Pp. 301-338.

Lema, Verónica y Francisco Pazzarelli. 2015. Memoria fértil. Crianza de la historia en Huachichocana. *Nuevo Mundo Mundos Nuevos:* 1-19.

Lenton, Diana. 1999. Los dilemas de la ciudadanía y los indios argentinos: 1880. 1950. *Publicar* N° 8. Colegio de Graduados en Antropología, Buenos Aires.

__________2003. "Todos éramos desarrollistas". La experiencia del primer censo indígena nacional. *Revista Etnía* 46-47. Instituto de investigaciones antropológicas, Olavarría.

__________2010. Política indigenista argentina: una construcción inconclusa. *Anuário Antropológico* 2009 (I): 57-97.

__________ 2014. De centauros a protegidos. La construcción del sujeto de la política indigenista argentina desde los debates parlamentarios (1880 – 1970). *Corpus. Archivos virtuales de la alteridad americana*. Vol. 4, N° 2. Disponible en http://corpusarchivos.revues.org/1290

Lenton, Diana y Mariana Lorenzetti. 2005. Neoindigenismo de necesidad y urgencia: la inclusión de los Pueblos Indígenas en la agenda del Estado neoasistencialista. *Cartografías argentinas. Políticas indigenistas y formaciones provinciales de alteridad*. Claudia Briones (ed.). Buenos Aires: Geaprona- Antropofagia. Pp. 273-304.

Lorandi, Ana María. 1988. La resistencia y rebeliones de los diaguito-calchaquí en los siglos XVI y XVII. *Revista de Antropología*. Año III (6): 3-17, Buenos Aires.

__________1992. El mestizaje interétnico en el noroeste argentino. *500 años de mestizaje en los Andes*. Tomoeda, H. y A.L. Millones (ed.). Pp. 133-166. Osaka: Senri Ethnological Studies.

__________2000. Las rebeliones indígenas. *Nueva Historia Argentina*. Tandeter, E. (dir.). Tomo II: 287-329. Buenos Aires: Editorial Sudamericana.

Lorandi, Ana María, y Boixados, Roxana. 1988. Etnohistoria de los valles calchaquíes en los siglos XVI y XVII. *RUNA* 17-18: 263-419. Instituto de Ciencias Antropológicas, Facultad de Filosofía y Letras, Universidad de Buenos Aires, Buenos Aires.

__________________ 2009. Sobre Clasificaciones y Descalificaciones. Una revisión Crítica de *Etnohistoria de los valles calchaquíes*, veinte años después. *Anuario IEHS* 24: 15-38.

Losonczy, Anne Marie. 2007. El criollo y el mestizo. Del sustantivo al adjetivo: categorías de apariencia y de pertenencia en la Colombia de ayer y de hoy. *Formaciones de indianidad. Articulaciones raciales, mestizaje y nación en América Latina*. Marisol de la Cadena (ed.). Envión.

Lucero, José Antonio. 2006. Representing "real indians". The Challenges of Indigenous Authenticity and Strategic Constructivism in Ecuador and Bolivia. *Latin American Research Review*, Vol. 41, N° 2.

Machaca, Antonio René. 2011. Los sikuris y la Virgen de Copacabana del abra de Punta Corral. 2° edición, corregida y actualizada (edición del autor).

Madrazo, Guillermo. 1981. Comercio interétnico y trueque recíproco equilibrado intraétnico: Su vigencia en la puna argentina y áreas próximas, desde la independencia nacional hasta mediados del siglo XX. *Desarrollo Económico* Vol. 21, N° 82 (Jul.- Sep. 1981). Pp.213-230.

___________1982. *Hacienda y encomienda en los Andes. La Puna argentina bajo marquesado de Tojo. Siglos XVII a XIX.* Buenos Aires: Fondo Editorial.

___________1986. Indígenas y hacendados en el Noroeste. *Cuadernos de Historia Popular Argentina, El campo y sus habitantes.* N. Iñigo Carreras, Guillermo Madrazo, Leonor Slavski y Gladis Ceresole. Pp. 1-21.

___________1995. Historia de un despojo: el Indigenado del Noroeste Argentino y su transformación campesina. *Andes. Antropología e Historia* 6. Salta. Pp. 127-155.

Mallon, Florencia. 1996. Constructing mestizaje in Latin American. Authenticity, marginality and gender in the claiming of ethnic identities. *Journal of Latin American Anthropology* 2 (1): 170-181.

Mancini, Clara Elisa y Constanza Tommei. 2014. La institucionalización del patrimonio en la Quebrada de Humahuaca. El caso de Purmamarca. Cuadernos FHyCS-UNJu, Nro. 46: 41-68.

Martínez Sarasola, Carlos. 1992. *Nuestros paisanos los indios. Vida, historia y destino de las comunidades indígenas en Argentina.* Buenos Aires: Sudamericana.

Mata de López, Sara. 2001. El noroeste argentino y el espacio andino en las primeras décadas del siglo XIX. *Lugares para la Historia. Espacio, Historia Regional e Historia Local en los Estudios Contemporáneos.* Sandra Fernández y Gabriela Dalla Corte (comp.). 137-156.

___________2005. *Tierra y poder en Salta. El noroeste argentino en vísperas de la independencia.* CSPIHA. Facultad de Humanidades, Universidad Nacional de Salta.

Mauss, Marcel. 1981. A expressão obrigatória os sentimentos (rituais orais funerários australianos). *Ensaios de Sociologia.* San Pablo: Editora Perspectiva.

Molina Otárola, Raúl. 2008. Presencia y asentamientos collas en el desierto de Atacama. *Actas del II Encuentro de Historia Comunal "Reflexionando sobre el pasado de la Frontera Norte de Chile, la Provincia de Chañaral"*. Diego de Almagro. 2008. Pp. 63-78.

___________2013 Los collas: Identidad y relaciones interculturales en Atacama. *Pueblos originarios y sociedad nacional en Chile: La interculturalidad en las prácticas sociales.* J. Durston (coord. gral.), Programa de las Naciones Unidas para el Desarrollo (PNUD), Santiago. Pp. 99-113.

Mossbrucker, Harald. 1990. *La economía campesina y el concepto "comunidad": un enfoque crítico.* Lima: Instituto de Estudios Peruanos.

Muñoz, Carmen. 1964. *La desintegración de la comunidad chiriguana en el Ingenio San Martín de Tabacal.* Facultad de Filosofía y Letras, Universidad de Buenos Aires.

Nastri, Javier. 2010. Una cuestión de estilo. Cronología cultural en la arqueología andina de las primeras décadas del siglo XX. *Historias de Arqueología Sudamericana.* Javier Nastri y Lúcio Menezes Ferreyra (ed.). Fundación de Historia Natural Félix de Ázara. Facultad Maimónides.

Neiburg, Federico y Mariano Plotkin. 2004. Hacia una sociología histórica de la producción del conocimeinto sobre la sociedad en la Argentina. *Intelectuales y expertos. La constitución del conocimiento social en la Argentina.* Federico Neiburg y Mariano Plotkin (comp.). Buenos Aires: Paidós.

Nickel, Herbert. 1989. *Paternalismo y economía moral en las haciendas mexicanas del porfiriato.* Herbert Nickel (ed.). Universidad Iberoamericana, México.

Nicolini, Alberto, 1965. La Hacienda Tumbaya. *Anales del instituto de arte americano e investigaciones estéticas,* 18. UBA, Facultad de Arquitectura y urbanismo. Buenos Aires. Pp. 91-99.

Nielsen, Axel. 2001. Evolución social en la Quebrada de Humahuaca (AD 700.1536). *Historia Argentina Prehispánica.* Berberián, Eduardo y Nielsen, Axel. Tomo I. Córdoba: Editorial Brujas.

___________2004. *Quebrada de Humahuaca. Provincia de Jujuy/Argentina. Un itinerario cultural con 10.000 años de historia.* Gobierno de la Provincia de Jujuy, Consejo Federal de Inversiones, Argentina.

NuAP, Núcleo de Antropología Política. 1998. *Uma antropología da política: rituais, representacoes e violencia, Projeto de pesquisa.* Río de Janeiro: Cadernos NuAP, 1.

Ontiveros Yunquila, Asunción. 2006. El pueblo Kolla y el estado jujeño. Relaciones asincrónicas coloniales. Presente- Pasado- Presente. Disponible en http://argentina.indymedia.org/news/2011/10/795308.php

Pacheco de Oliveira, Joao. 2010. Una etnología de los indios mixturados. Identidades étnicas y territorialización en el Nordeste de Brasil. *Revista Desacatos* N° 33, México.

Pajuelo Tévez, Ramón. 2006. *Participación política indígena en la sierra peruana. Una aproximación desde las dinámicas nacionales y locales.* Lima: Instituto de Estudios Peruanos.

Palacios, Juan Manuel. 2002. La estancia mixta y el arrendamiento agrícola. Algunas hipótesis sobre su evolución histórica en la región pampeana, 1880-1945. *Boletín del Instituto de Historia Argentina y Americana "Dr. Emilio Ravignani"*, Argentina, Tercera Serie, Núm. 25.

Palmeira, Moacir. 1992. Voto: Racionalidade ou significado? *Revista Brasilera de Ciências sociais.* N° 20, año 7. Pp. 26-30.

Palmeira, Moacir y Beatriz Heredia. 1995. Os comícios e a política de facções. *Anuario antropológico 1 94.* Río de Janeiro: Tempo Brasilero.

__________1997. Política ambígua. *O mal à brasileira.* P. Birman, R Novaes e S. Crespo (orgs.). Río de Janeiro: Ed. UERJ.

Palomeque, Silvia. 2013. Los caminos del sur de Charcas y de la Gobernación el Tucumán durante la expansión inca y la invasión española (siglos XV-XVII). *XIV Encuentro de Historia Regional Comparada Siglos XVI a Mediados del XIX*, FHC-UNL. Tedeschi, Sonia [et al.]. Santa Fe: Ediciones UNL.

Paz, Gustavo. 1999. *Province and Nation. Peasants, Elite and the State in North ern Argentina, Jujuy 1780-1880.* UMI, Emory University.

__________2003. Gran propiedad y grandes propietarios en Jujuy a mediados del siglo XIX. *Cuadernos. Revista de la Facultad de Humanidades y Ciencias Sociales.* Universidad Nacional de Jujuy N° 21. San Salvador de Jujuy.

__________2006. La provincia en la nación, la nación en la provincia. 1853.1918. *Jujuy en la Historia. De la colonia al siglo XXI.* Ana Teruel y Marcelo Lagos (dir.). Unidad de Investigación de Historia Regional, FHyCS, Universidad Nacional de Jujuy.

__________2010. El comunismo en Jujuy: ideología y acción de los campesinos indígenas de la puna en la segunda mitad del siglo XIX. *La acción*

colectiva popular en los siglos XVIII y XIX: modalidades, experiencias, tradiciones. Raúl Fradkin (coord.).

Pease, Franklin. 1992. *Curacas, Reciprocidad y Riqueza.* Lima: Fondo Editorial de la Pontificia Universidad Católica del Perú.

Pitt Rivers, Julian. 1968. Honor y categoría social. *El concepto del honor en la sociedad mediterránea.* Peristiany J. G. Barcelona: Editorial Labor.

Pizarro, Cynthia. 2006. *Ahora ya somos civilizados. La invisibilidad de la identidad indígena en un área rural del Valle de Catamarca.* Colección Thesys 10. Córdoba: Editorial Universidad Católica.

Platt, Tristan. 1982. *Estado boliviano y ayllu andino,* Lima: Instituto de Estudios Peruanos.

Pollak, Michael. 2006. Memoria, olvido, silencio. *Memoria, olvido, silencio. La producción social de identidades frente a situaciones límite.* Traducción Christian Gebauer, Renata Oliveira Rufino y Mariana Tello. Revisión Ludima da Silva Catela. La Plata: Ediciones Al Margen. Pp. 17-32.

Porcaro, Tania, Constanza Tommei y Alejandro Benedetti. 2014. Acciones privadas en la construcción de un destino turístico. Alojamientos boutique en Purmamarca, provincia de Jujuy, Argentina. *Revista Brasileira de Pesquisa em Turismo.* San Pablo, 8(2). Pp. 301-325. Mayo/agosto 2014.

Quijada, Mónica. 2000. Nación y Territorio: la dimensión simbólica del espacio en la construcción nacional argentina. Siglo XIX. *Revista de Indias.* Vol. LX, N° 219: 373-394.

Quiroga, Adán. 1923 [1897]. *Calchaquí.* Buenos Aires: Rosso y Cia impresores.

Quirós, Julieta. 2006. *Cruzando la Sarmiento. Una etnografía sobre piqueteros en la trama social del sur del Gran Buenos Aires.* Buenos Aires: Antropofagia.

___________2014. Etnografiar mundos vívidos. Desafíos de trabajo de campo, escritura y enseñanza en Antropología. *Publicar,* Año XII N° XVII, ISSN 0327-6627-ISSN (en línea): 45-67.

Radovich, Juan Carlos. 2013. Los mapuches y el Estado neuquino: algunas características de la política indígena. *Runa* XXXIV I: 13-29.

Ramos, Alcida Rita. 1992. The hyperreal indian. *Indigenism. Ethnic Politics in Brazil.* Madison: The University of Wisconsin Press. Pp. 267-283.

Ramos, Ana. 2010. *Los pliegues del linaje. Memorias y políticas mapuches- te-huelches en contextos de desplazamiento*. Buenos Aires: EUDEBA.

___________ 2011. Perspectivas antropológicas sobre la memoria en contextos de diversidad y desigualdad. *Revista Alteridades* 21 (42): 131-148.

Reboratti, Carlos. 2003. *La Quebrada: geografía, historia y ecología de la Quebrada de Humahuaca*. Buenos Aires: Editorial La Colmena.

Redfield, Robert. 1965. The little community as a whole. *The little community and peasant society and culture*. Chicago: The University of Chicago Press. Pp. 1-16.

Rengifo Vázquez, Grimaldo. 1995. *La crianza recíproca: Biodiversidad en los Andes*. Biodiversidad, Compendio 2. Perú: 34-39.

Rivera Cusicanqui, Silvia. 1984. *Oprimidos pero no vencidos Luchas del campesinado aymara y quechua de Bolivia, 1900- 1980*. La Paz: CSUTCB/ISBOL.

Rodríguez, Lorena. 2008. *Después de las naturalizaciones. Transformaciones socio-económicas y étnicas al sur del valle Calchaquí. Santa María, fines del siglo XVII- fines del XVIII*. Buenos Aires: Editorial Antropofagia.

Rodríguez, Mariela. 2010. De la "extinción" a la autoafirmación: procesos de visibilización de la Comunidad Tehuelche Camusu Aike (provincia de Santa Cruz, Argentina). Washington D.C. PorQuest-Georgetown University. Disponible on-line: https://repository.library.georgetown.edu/bitstream/handle/10822/553246/rodriguezMariela.pdf

Rosato, Ana. 2003. Líderes y candidatos: las elecciones "internas" en un partido político. *Representaciones sociales y procesos políticos. Estudios desde la antropología social*. Ana Rosato y Fernando Balbi (ed.). Buenos Aires: Editorial Antropofagia. IDES. Pp. 61-80.

Rutledge, Ian. 1987. *Cambio agrario e integración. El desarrollo del capitalismo en Jujuy (1550-1960)*. Tilcara: ECIRA/CICSO.

___________ 1992. El desarrollo del capitalismo en Jujuy: 1550-1960. *Sociedad y articulación en las tierras altas jujeñas. Crisis terminal de un modelo de desarrollo*. Alejandro Isla (comp.). Proyecto ECIRA/CICSO, Antropología Social e Historia 1. Serie monográfica. Buenos Aires.

Saignes, Thierry. 1987. Ayllus, mercados y coacción colonial: el reto de las migraciones internas en Charcas, siglo XVII". *La participación andina en los mercados surandinos*. Harris, O. *et al*. (comp.). La Paz: Ceres. Pp. 111-158.

__________1988. Políticas étnicas en la Bolivia colonial. Siglos XVI.XIX. *Indianidad, etnocidio e indigenismo en América latina*. México: CEMCA. Pp. 41-77.

__________2007. *Historia del pueblo chiriguano*. (Compilación, introducción y notas de Isabelle Combès). La Paz, IFEA /Embajada de Francia en Bolivia /Plural.

Sala, Arturo Emilio. 2005. *La resistencia seminal: de las rebeliones nativas y el Malón de la Paz a los movimientos piqueteros*. Buenos Aires: Biblos.

Sánchez, Sandra. 1996. *Fragmentos de un Tiempo Largo. Tilcara entre fines del siglo XVI y principios del XIX*. Tesis de Licenciatura inédita. Facultad de Humanidades y Ciencias Sociales, Universidad Nacional de Jujuy, San Salvador de Jujuy.

Sánchez de Bustamante, Teodoro. 1937. El camino a Bolivia por la Quebrada de Humahuaca. Contribución a su estudio. Trabajo presentado al *Tercer Congreso Nacional de Vialidad*. Buenos Aires.

Sánchez de Bustamante, Teófilo. 1995 [1957]. *Biografías históricas de Jujuy*. Universidad Nacional de Jujuy, San Salvador de Jujuy.

Saravia, Teodoro. 1960. *Geografía de la Provincia de Jujuy*. Gobierno de la Provincia de Jujuy. Buenos Aires: Comisión Asesora de Publicaciones Número III.

Schavelzon, Salvador. 2012. *El nacimiento del Estado Plurinacional de Bolivia. Etnografía de una Asamblea Constituyente*. CLACSO, Plural Editores

Schwittay, Anke Fleur. 2003. From Peasant Favors to Indigenous Rights. The Articulation of an Indigenous Identity and Land Struggle in Northwestern Argentina. *The Journal of Latin American Anthropology* 8 (3):127-154.

Scorza, Manuel. 2008. *Historia de Garabombo el invisible*. Buenos Aires: Editorial de la Campana.

Scotto, Gabriela. 2003. Campaña callejera: candidatos y biografías. *Representaciones sociales y procesos políticos. Estudios desde la antropología social*. Ana Rosato y Fernando Alberto Balbi (ed.). Buenos Aires: Antropofagia. Pp. 81-94.

Segato, Rita. 2007. *La Nación y sus Otros. Raza, etnicidad y diversidad religiosa en tiempos de Políticas de la Identidad*. Buenos Aires: Prometeo.

Sendón, Pablo. 2003. Cambio y continuidad en las formas de organización social de las poblaciones rurales del sur peruano. *Debate Agrario* 36.

Sica, Gabriela. 2008. Tierras indígenas, tierras de españoles en la Quebrada de Humahuaca. Una historia en larga duración. Siglos XVII-XVIII. Trabajo presentado en las *XXI Jornadas de Historia Económica. Mesa de Historia Agraria.* Caseros, Provincia de Buenos Aires.

__________2014. Paisajes agrarios coloniales en la Quebrada de Humahuaca. Tierras privadas, tierras comunales. Siglos XVI- SVIII. *Quebrada de Humahuaca, estudios históricos y antropológicos en torno a las formas de propiedad.* Ana Alejandra Teruel y Cecilia Fandos. San Salvador de Jujuy: EDIUNJU; Facultad de Humanidades y Ciencias Sociales, Unidad de Investigación en Historia Regional. Pp.17-58

Sica, Gabriela y Sandra Sánchez. 1996. Pueblos indígenas de la Quebrada de Humahuaca. *La integración surandina cinco siglos después.* Albó, X. *et al.* (comp.). Cuzco: Centro San Bartolomé de las Casas. Universidad Católica del Norte (Chile).

Sica, Gabriela y Mónica Ulloa. 2006. Jujuy en la Colonia. De la fundación de la ciudad a la crisis del orden colonial. *Jujuy en la Historia. De la colonia al siglo XXI.* Ana Teruel y Marcelo Lagos (dir.). Unidad de Investigación de Historia Regional, FHyCS, Universidad Nacional de Jujuy.

Sica, Gabriela, María Teresa Bovi y Lucía Mallagray. 2006. La Quebrada de Humahuaca: de la Colonia a la actualidad. *Jujuy en la Historia. De la colonia al siglo XXI.* Ana Teruel y Marcelo Lagos (dir.). Unidad de Investigación de Historia Regional, FHyCS, Universidad Nacional de Jujuy.

Solari 1990 [1907]. Geografía de la provincia de Jujuy. Obra adoptada como texto por el Consejo General de Educación de la provincia de Jujuy. Buenos Aires: Talleres de la Casa Jacobo Peuser.

Sturtevant, William. 1971. Creek into Seminole. North American Indians. *Historical Perspective.* E. Leacock y N. Lurie (eds.). Nueva York: Random House. Pp. 92-128.

Surrallés, Alexandre. 2005. Afectividad y epistemología de las ciencias humanas. *AIBR. Revista de Antropología Iberoamericana.* Ed. Electrónica Núm. Especial. Noviembre-Diciembre 2005.

Svampa, Maristella. 2005. *La sociedad excluyente: la Argentina bajo el signo del neoliberalismo.* Buenos Aires: Taurus.

Taussig, Michael. 2003. *El diablo y el fetichismo de la mercancía en Sudamérica.* México: Editorial Patria, Nueva Imagen.

Teruel, Ana. 1994. La incidencia de la tenencia de tierra en la formación del mercado de trabajo rural en la provincia de Jujuy. 1870-1910. *Población y sociedad*, diciembre 1994. N° 2, Pp. 161-187.

___________2006. Panorama económico y socio-demográfico en la larga duración (siglos XIX y XX). *Jujuy en la Historia. De la colonia al siglo XXI*. Ana Teruel y Marcelo Lagos (dir.). Unidad de Investigación de Historia Regional, FHyCS, Universidad Nacional de Jujuy.

Teruel, Ana y Cecilia Fandos. 2009. Procesos de privatización y desarticulación de tierras indígenas en el norte de Argentina en el siglo XIX. *Revista Complutense de Historia de América*, Vol. 35. Pp. 233-255.

Tesler, Mario. 1989. Los aborígenes durante el peronismo y los gobiernos militares. *Conflictos y Procesos de la Historia Argentina Contemporánea*. CEAL. Pp.1-32.

Tomasi, Jorge. 2011. *Geografías del pastoreo: Territorios, movilidades y espacio doméstico en Susques (provincia de Jujuy)*. Tesis de doctorado inédita, Facultad de Filosofía y Letras, Orientación Geografía, Universidad de Buenos Aires.

___________2014. De los pastoreos a la casa. Espacialidades y arquitecturas domésticas entre los pastores altoandinos (Susques, provincia de Jujuy). *Espacialidades altoandinas. Nuevos aportes desde la Argentina*. Tomo I: Miradas hacia lo local, lo comunitario y lo doméstico. Alejandro Benedetti y Jorge Tomasi (comp.). Editorial de la Facultad de Filosofía y Letras, UBA. Pp.257-299.

Torrado, Susana. 2010. *El costo social del ajuste (Argentina 1976-2002)*. Susana Torrado (dir.). Buenos Aires: Editorial Edhasa.

Turner, Victor. 1972. *Schism and Continuity in an African society*. Machester University Press, Manchester.

Van Kessel, Juan y Horacio Larraín Barros (ed.). 1997. *Manos sabias para criar la vida. Tecnología andina*. Actas del Simposio del 49° Congreso Internacional de Americanistas (Quito, julio de 1997).

Velho, Gilberto. 1980. *Duas categorias de acusaçao na cultura brasileira contemporânea*. Petropolis: Vozes.

Verdesio, Gustavo. 2014. Un fantasma recorre el Uruguay: la reemergencia charrúa en un "país sin indios". *Cuadernos de Literatura* Vol. XVIII, N° 36. Pp. 86-107.

Vergara, Miguel Ángel. 1965. *Don Pedro Ortiz de Zárate. Jujuy tierra de mártires. (Siglo XVII)*. Arzobispado de Salta, Salta.

Vezub, Julio. 2009. Henry de La Vaulx en Patagonia (1896-1897): la historicidad escindida de la antropología colonial y la captura de corpus y cuerpos. *Nuevo Mundo Mundos Nuevos*, Debates. Disponible en línea en: http://nuevomundo.revues.org/index57810.html

Vilca, Mario (2012). El Diablo por la cocina. Muertos y diablos en la vida cotidiana del norte jujeño. *Estudios Sociales del NOA/ Nueva Serie* N° 12. Pp. 45-58.

Villafañe, Benjamín. 1926. *El atraso del Interior*, Jujuy: Tip-Lib B. Buttazzoni.

Viveiros de Castro, Eduardo. 2013. En Brasil todo el mundo es indio, excepto quien no es. *La mirada del jaguar. Introducción al perspectivismo amerindio. Entrevistas*. Buenos Aires: Tinta Limón Ediciones.

Watchel, Natan. 2001. *El regreso de los antepasados. Los indios urus de Bolivia del siglo XX al XVI. Ensayo de historia regresiva*. México: Fondo de Cultura Económica.

Weinberg, Marina. 2004. *Identidad y Política. Formas de organización en la Comunidad Kolla de Finca Santiago (Iruya-Salta)*. Tesis de Licenciatura inédita. FFyL, Universidad de Buenos Aires.

Wright, Susan. 1998. The politicization of "culture". *Anthropology Today* 14(1): 7-15. Disponible en http://lucy.ukc.ac.uk/rai/AnthToday/wright.html

Yúdice, George. 2002. *El recurso de la cultura. Usos de la cultura en la era global*. Barcelona: Gedisa.

Zaburlin, María Amalia. 2009. Historia de ocupación del Pucará de Tilcara (Jujuy, Argentina). Intersecciones en *Antropología* 10. Pp. 89-103.

Zanolli, Carlos. 2005. *Tierra, encomienda e identidad: Omaguaca (1540.1638)*. Sociedad Argentina de Antropología, Buenos Aires.

Zapiola, Luis y Eulogio Frites. 2001. El Malon de la Paz: El Pueblo Kolla de Pie. *Boletín Pueblos Indigenas. Por los Derechos Indígenas*. Publicación electrónica.

Documentos

Informe al Gobierno de Argentina sobre el problema indígena en la Puna de Jujuy. Organización Internacional del Trabajo. Ginebra, 1962.

Informe alternativo sobre el cumplimiento del Estado argentino a las obligaciones asumidas por la ratificación del Convenio número 169 de la OIT relativo a Pueblos Indígenas y Tribales en Países Independientes. ENDEPA-MEDH, 2003. Disponible en:

endepa.org.ar/contenido/Informe-Alternativo-cumplimiento-Convenio169-OIT.doc

Primer censo de la República Argentina. Imprenta del Porvenir. Buenos Aires, 1872.

El problema indígena en la Argentina. Consejo Agrario Nacional, Secretaría de Trabajo y previsión. Buenos Aires, 1945.

Estatuto del Peón. Decreto- Ley 28160/44 (Ley 12921).

ANEXOS

<u>Anexo 1</u>: Cartas de la Organización Comunitaria Aborigen de Tumbaya Grande al Gobierno Provincial.

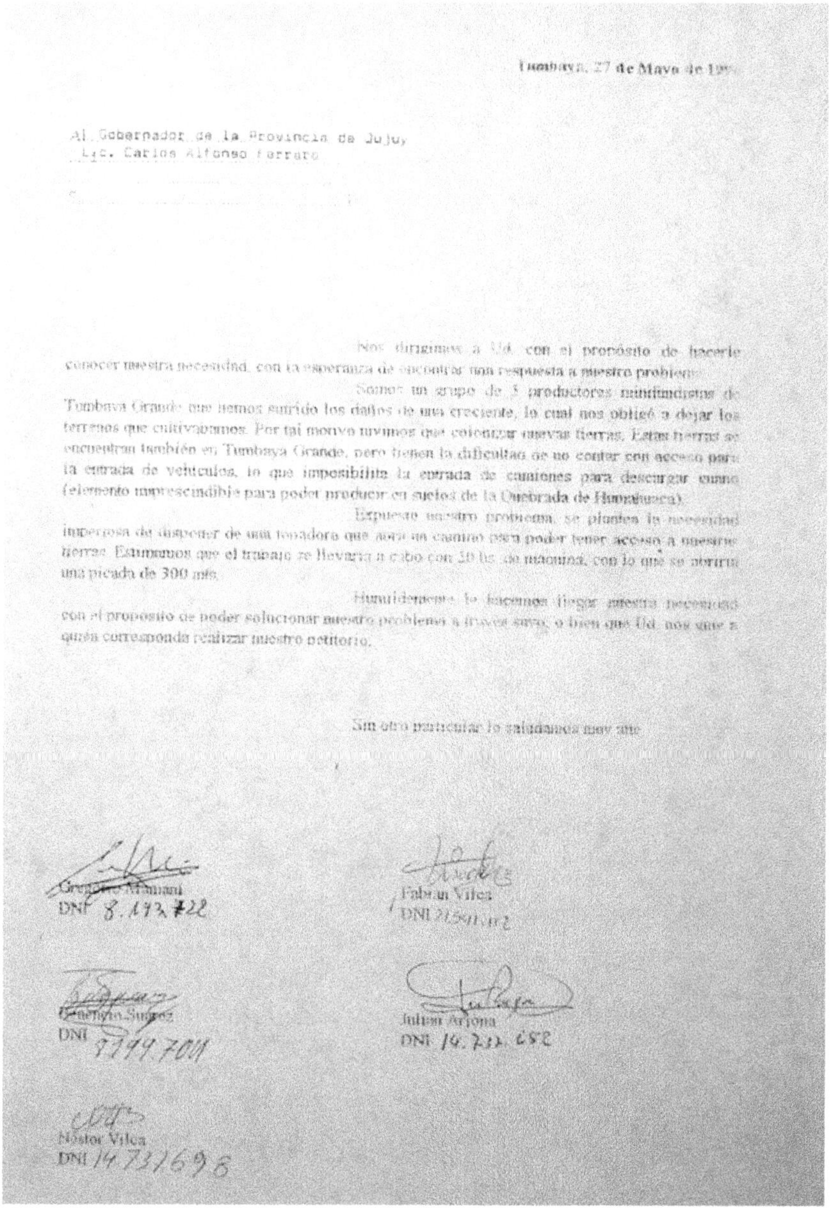

Tumbaya, 27 de Mayo de 199[...]

Al Gobernador de la Provincia de Jujuy
Lic. Carlos Alfonso Ferraro

Nos dirigimos a Ud. con el propósito de hacerle conocer nuestra necesidad, con la esperanza de encontrar una respuesta a nuestro problema.

Somos un grupo de 5 productores minifundistas de Tumbaya Grande que hemos sufrido los daños de una creciente, lo cual nos obligó a dejar los terrenos que cultivábamos. Por tal motivo tuvimos que colonizar nuevas tierras. Estas tierras se encuentran también en Tumbaya Grande, pero tienen la dificultad de no contar con acceso para la entrada de vehículos, lo que imposibilita la entrada de camiones para descargar guano (elemento imprescindible para poder producir en suelos de la Quebrada de Humahuaca).

Expuesto nuestro problema, se plantea la necesidad imperiosa de disponer de una topadora que abra un camino para poder tener acceso a nuestras tierras. Estimamos que el trabajo se llevaría a cabo con 10 hs. de máquina, con lo que se abriría una picada de 300 mts.

Humildemente le hacemos llegar nuestra necesidad con el propósito de poder solucionar nuestro problema a través suyo, o bien que Ud. nos una a quién corresponda realizar nuestro petitorio.

Sin otro particular lo saludamos muy atte.

Gregorio Mamani
DNI 8.193.722

Fabián Vilca
DNI 21.591.012

Demetrio Suárez
DNI 7.799.700

Julián Arjona
DNI 14.732.682

Néstor Vilca
DNI 14.737.698

Tumbaya Grande, 13 de diciembre de 1993

Al señor
Gobernador de la Provincia de Jujuy
Dr. José Carlos Ficoseco
S. / D.
De nuestra mayor consideración:

Los integrantes de la Comunidad Aborigen de Tumbaya Grande, nos dirigimos a Ud. a los efectos de hacerle llegar nuestras necesidades.

Le comunicamos que estamos en un nuevo proyecto de trabajar en agricultura en un campo de considerables dimensiones que está ubicado en el lugar denominado Agua Chica.

Actualmente somos 13 (trece) personas, todos padres de familia, y nos que imposibilitados de trabajar en la zona baja de la Quebrada por el constante avance de las aguas nos da la posibilidad de trabajar, el mencionado campo, que es apto para toda clase de cultivos, como así también la cría de ganado.

Mediante esta nota ya que tenemos conocimiento de que podemos pedir ayuda, la cual sería del arado de tierra, que sería con tractor, también un camión para el traslado de agua, y por último un subsidio acorde a la cantidad de personas.

Esperando una respuesta favorable a nuestro pedido, aprovechamos la oportunidad para saludarle Atte.

<u>Anexo 2</u>: Carta de la Dra. Nimia Apaza, directora del COAJ, a los arrenderos de Tumbaya.

CONSEJO DE ORGANIZACIONES ABORIGENES DE JUJUY

C.O.A.J.

Belgrano Nº 1202 - Tel. Fax (0388) 22.0113
4600 - San Salvador de Jujuy
Prov. de Jujuy - Argentina

SAN SALVADOR DE JUJUY, Noviembre 11 de 1996.

A LA

COMUNIDAD ABORIGEN DE TUMBAYA GRANDE

PRESENTE

Estimados hermanos:

He sido visitada en el día de hoy por el Presidente de la Organización Aborigen de Tumbaya Grande y varios delegados de la Comunidad, acompañados por el Comisionado Municipal, y el Padre Antonio Leite, los que me han planteado el problema de la posibilidad del veto de la ley de expropiación.

Quiero informarles que hemos hablado al INAI, Instituto Nacional de Asuntos Indígenas, y hemos informado la preocupación a la Asesora legal, Dra. Viviana Canet, quien solicitó la valuación fiscal de la finca y un informe sobre la situación real de la finca en cuanto a su aridez y fertilidad, a efectos de establecer el valor real de la tierra, ya que a ellos se les había solicitado un informe y ellos no tenían elementos para proporcionarlo. Lo primero que me dijeron era que el Diputado Macedo no les había informado que estaba tramitando la expropiación y como ellos habían tenido tantos problemas con otras expropiaciones, en Salta por los montos exagerados que se hicieron en los juicios, no querían más expropiaciones.

Pero lo más importante es que el Director del INAI, EL SR. JORGE PEREDA, consultó con el Secretario de Desarrollo Social, el Licenciado Amadeo y él autorizó la compra de la tierra para la comunidad.

Es decir que Uds. pueden estar tranquilos, quiero transmitirles con ésta la seguridad que necesitan ya que la tierra será pagada por el Gobierno Nacional, con o sin expropiación.

Les envío con ésta mi afecto y la seguridad que siempre pueden contar conmigo

DRA. NIMIA ANA APAZA

<u>Anexo 3</u>: Decreto N° 6089 de aprobación de la personería jurídica de la Co-
munidad Aborigen Kolla de Finca Tumbaya.

<u>Anexo 4</u>: Algunos documentos entregados por el INAI en las instancias de capacitación para la redacción del estatuto jurídico de la Comunidad Aborigen Kolla de Finca Tumbaya.

COMISION DE ACUEDUCTO TUMBAYA Y TUMBAYA GRANDE.-

LAS INTIMACIONES:

PARA QUE UNA INTIMACION TENGA EFECTO LEGAL TIENE QUE SER HECHA POR CARTA DOCUMENTO, O ANTE JUEZ DE PAZ Y CON TESTIGOS - ES IMPORTANTE LLEGAR A UN ACUERDO PARA CONTESTARLA - NO HAY QUE DEJAR DE CONTESTARLAS, NI CONTESTAR CUALQUIER COSA - HAY QUE CONSULTAR CON EL DELEGADO CORRESPONDIENTE, PARA NO TENER PROBLEMAS DESPUES.-

REQUISITOS PARA EL PAGO DEL ARRIENDO:
CONTRATO, DETALLE DEL ESPACIO FISICO, CONDICIONES EN QUE SE ENCUENTRA, INSCRIPCION DEL CONTRATO EN LA DIRECCION DE RENTAS DE LA PCIA.
BOLETAS DE PAGO: DEBE CONSTAR EL N° DE CUIT DEL DUEÑO, N° DE INGRESOS BRUTOS, DEBE QUEDAR UNA COPIA PARA EL QUE PAGA. SINO ES ILEGAL, Y EL DUEÑO PUEDE SER DENUNCIADO ANTE LA DGI, Y PUEDE SER CONDENADO POR LA JUSTICIA POR INCUMPLIMIENTO DE LAS LEYES FISCALES NACIONALES Y PROVINCIALES.-
SI EL NO CUMPLE CON LA BOLETA DE LEY, NO PUEDE OBLIGARLOS A QUE UDS. CUMPLAN CON EL PAGO.-

TEMA TIERRAS
LA LEY DE EXPROPIACION DICTADA POR EL CONGRESO DE LA NACION, Y QUE SE PUBLICARA EN EL BOLETIN OFICIAL, HA DECIDIDO DEVOLVER LAS TIERRAS A SUS ANTIGUOS PROPIETARIOS. DICE LA CONSTITUCION NACIONAL REFORMADA EN EL AÑO 1994 QUE EL GOBIERNO DE LA NACION RECONOCE LA PREEXISTENCIA ETNICA Y CULTURAL DE LOS PUEBLOS INDÍGENAS ARGENTINOS. ES DECIR QUE RECONOCE QUE ESTÁN EN EL TERRITORIO ARGENTINO ANTES QUE EXISTIERA LA REPÚBLICA ARGENTINA. POR ESO ES QUE LAS TIERRAS SE DEVUELVEN Y NO SE ENTREGAN

ESTAS TIERRAS SE DEVUELVEN A LAS COMUNIDADES QUE ACTUALMENTE LAS OCUPAN DESDE HACE MUCHOS AÑOS POR SER DESCENDIENTES DE LOS ANTIGUOS QUE ALLÍ VIVÍAN, POR TENER UNA TRADICION, UNA CULTURA Y UNA HISTORIA COMUN Y PROPIA QUE SE RECONOCE COMO ABORIGEN, COMO COYA.-

ESTAS TIERRAS SE ENTREGAN RESPETANDO LA FORMA EN QUE HAN SIDO USADAS DESDE SIEMPRE, SUS AGUADAS, SUS ZONAS DE PASTAJE EN COMÚN, EL RESPETO POR LOS RASTROJOS DE LOS VECINOS, POR EL PASO DE LOS ANIMALES QUE VAN A PASTAR, ETC.

LOS TÍTULOS DE LAS TIERRAS SERÁN ENTREGADOS EN FORMA COMUNITARIA O INDIVIDUAL, RESPETANDO LA FORMA EN QUE LOS POBLADORES DECIDAN QUE LA QUIERAN.-

ESTA TIERRA QUE SE DEVUELVE YA SEA EN FORMA INDIVIDUAL O COMUNITARIA TIENE LAS SIGUIENTES CARACTERISTICAS O RESTRICCIONES:

NO PUEDE ENAJENARSE (LA TIERRA NO PUEDE VENDERSE)
NO ES TRANSMISIBLE (NO ES NECESARIO EL JUICIO SUCESORIO PARA TRANSMITIR LA TIERRA)
NO ES SUSCEPTIBLE DE GRAVÁMENES O EMBARGOS (QUIERE DECIR QUE NO PODEMOS PEDIR CRÉDITOS DANDO COMO GARANTIA LA TIERRA NI NOS LA PUEDEN EMBARGAR POR DEUDAS QUE PODAMOS TENER)
NO SE PUEDEN ARRENDAR O ALQUILAR.-

Significado de los colores de la Wiphala

ROJO: representa al planeta tierra (aka-pacha), es la expresión del hombre andino, en el desarrollo intelectual, es la filosofía cósmica en el pensamiento y el conocimiento de los AMAWTAS.

AMARILLO; representa la energía y fuerza (ch'ama-pacha), es la expresión de los principios morales del hombre andino, es la doctrina del Pacha-kama y Pacha-mama: la dualidad (chacha-warmi) son las leyes y normas, la práctica colectivista de hermandad y solidaridad humana.

BLANCO: representa al tiempo y a la dialéctica (jaya-pacha), es la expresión del desarrollo y la transformación permanente del QULLANA MARKA sobre los Andes, el desarrollo de la ciencia y la tecnología, el arte, el trabajo intelectual y manual que genera la reciprocidad y armonía dentro la estructura comunitaria.

VERDE: representa la economía y la producción andina, es el símbolo de las riquezas naturales, de la superficie y el subsuelo, representa, tierra y territorio, así mismo la producción agropecuaria, la flora y fauna, los yacimientos hidrológicos y mineralógicos.

AZUL; representa al espacio cósmico, al infinito (araxa-pacha), es la expresión de los sistemas estelares del universo y los efectos naturales que se sienten sobre la tierra, es la astronomía y la física, la organización socio económica, político y cultural: es la ley de la gravedad, de las dimensiones y fenómenos naturales.

VIOLETA; representa a la política y la ideología andina, es la expresión del poder comunitario y armónico de los Andes, el instrumento del estado, como una instancia superior, lo que es la estructura del poder: las organizaciones, sociales, económicas y culturales y la administración del pueblo y del país.

Los colores se originan en el rayo solar al descomponerse del arco iris blanco (kutukutu), en siete colores del arco iris (kurmi), tomado como referencia por nuestros antepasados, para fijar la composición y estructura de nuestros emblemas, así mismo organizar la sociedad comunitaria y armónica de los andes.

La wiphala es de propiedad de la nación originaria, es decir de los Qhishwa-Aymaras, Guaraníes y de todo el pueblo.

Para los aymara-qhishwa, la wiphala es la expresión del pensamiento filosófico andino, en su contenido manifiesta el desarrollo de la ciencia, la tecnología y el arte; es también la expresión dialéctica del Pacha-kama y Pacha-mama, es la imagen de organización y armonía de hermandad y reciprocidad en los andes.

Por eso la wiphala es sagrada, y nos corresponde difundir y defender la imagen, el significado de nuestro emblema, en toda el área andina, tanto en el Ecuador, en el Perú como en Bolivia y mostrar a los pueblos del mundo, nuestra identidad territorial, nacional y cultural.

Su manejo y uso debe ser permanente y consecuente, como en el pasado glorioso de nuestros abuelos y nuestra cultura.

Debemos utilizar en los actos ceremoniales, en las fiestas, en las marchas, en los juegos y competencias, en actos de conmemoración, en los encuentros de comunidades de ayllus y markas, en los trabajos agrícolas, la wiphala debe estar presente en todo acontecimiento social y cultural, particularmente en las fechas memorables del QULLANA MARKA, y del Tawantinsuyu, como los comunarios vivimos identificados con nuestra esencia cultural. Por lo que la wiphala debe estar flameando en todo lugar y en todo acontecimiento del diario vivir del hombre andino.

En el momento de izar la wiphala, todos deben guardar silencio y al terminar alguien debe dar la voz de triunfo y de victoria del JALLALLA QULLANA marka, JALLALLA pusintsuyu o TAWANTINSUYU

PASOS PARA GESTIONAR LA PERSONERÍA
JURÍDICA DE LA COMUNIDAD

1. -Nombre de la comunidad y ubicación.-

2. -Historia de la comunidad.-

3. -Censo de la comunidad.-

4. -Estatuto.-

LOS DERECHOS INDIGENAS EN LA CONSTITUCION NACIONAL

¿QUE ES LA CONSTITUCION NACIONAL?

La Constitución Nacional, es el libro donde están las leyes que regulan la vida de un pueblo o Nación. Podemos decir que es la ley más importante del país. Es como el camino o los rieles por donde debe caminar nuestra Argentina.

¿COMO ESTA ORGANIZADO ESE LIBRO?

- PREAMBULO o introduccion. (Resume el espiritu de vida de la nacion).

- PRIMERA PARTE (estan las leyes que por estar escritas hay que cumplirlas)

  Declaracione
  Derechos
  Garantias

- SEGUNDA PARTE (los tres poderes tienen que elaborar leyes para que se pueda poner en práctica lo que esta escrito en la Constitución)

  Poder ejecutivo (Presidente) puede presentar proyectos de ley

  Poder Judicial (jueces)

  Poder Legislativo (diputados → senadores) →

  Debaten, aprueban o no los proyectos de ley que se presentan.

> Reconocer la pre existencia etnica y cultural de los pueblos Indigenas argentinos .Garantizar el respeto a una Identidad y el derecho a una educacion bilingue e intercultural.Reconocer la personeria juridica de sus comunidades y la Posesion y propiedad comunitaria de sus tierras que tradicionalmente ocupan. Y regular la entrega de otras aptas y suficientes para el desarrollo humano Ninguna de ellas sera enajenable, transmisible, ni susceptible de gravamenes o embargos . Asegurar su participacion referida a los recursos naturales y a los intereses que los afecten. Art 75 inc 17

- TERCERA PARTE
  Disposiciones transitorias.

> De éste esquema podemos decir, que los DERECHOS DE LOS PUEBLOS INDIGENAS , *estan en la segunda parte* .
> por lo tanto es el congreso, (compuesto por Diputados y Senadores), quienes tienen que hacer leyes para que este insiso 17 del articulo 75 se ponga en movimiento o sea operativo

<u>Anexo 5</u>: Estatuto de la Comunidad Aborigen Kolla de Finca Tumbaya.

<u>"ESTATUTO DE LA COMUNIDAD ABORIGEN DE FINCA TUMBAYA"</u>

<u>CAPITULO PRIMERO: FUNDAMENTO</u>

"LA LUCHA DE NUESTROS PUEBLOS INDIGENAS EN LA RECUPERACION DE LAS TIERRAS VIENE DESDE HACE MUCHISIMOS AÑOS, LOS RECLAMOS POR DEFENDERLA Y HACER REALIDAD NUESTROS DERECHOS, COMO LO DICE EL ESPIRITU DE LA CONSTITUCION NACIONAL EN EL CAPITULO IV, ARTICULO 75 INCISO 17 y 22 QUE NOS RECONOCE COMO PUEBLOS PREEXISTENTES...."

LA VIDA DE NUESTRAS COMUNIDADES O PUEBLOS ESTA BASADA EN EL RESPETO A LA MADRE TIERRA, PACHAMAMA, A LA NATURALEZA, A NUESTROS HERMANOS, POR ESTO Y TODO LO QUE FUNDAMENTA NUESTRO EXISTIR NOS RECONOCEMOS COMO "COMUNIDAD ABORIGEN COYA DE FINCA TUMBAYA" DEPARTAMENTO DE TUMBAYA DE LA PROVINCIA DE JUJUY DE LA REPUBLICA ARGENTINA.

HEMOS DADO FORMA A ESTE ESTATUTO DONDE ESTA REFLEJADO EL TRABAJO QUE HEMOS VENIDO HACIENDO EN NUESTRA COMUNIDAD, AQUI SE ENCUENTRA EL DESTINO QUE REGIRA EN LA COMUNIDAD.

QUE NUESTRA PACHAMAMA NOS BENDIGA EN ESTE NUEVO CAMINAR, EN LA REVALORIZACION DE NUESTRA COMUNIDAD INDIGENA, DONDE YA NO EXISTIRA MAS ALGUIEN QUIEN NOS PONGA LAS REGLAS DE JUEGO SINO QUE SEREMOS NOSOTROS LOS QUE LOGRAREMOS Y FORJAREMOS POR UN FUTURO MEJOR.

<u>NOMBRE:</u>

"COMUNIDAD ABORIGEN COYA DE FINCA TUMBAYA"

<u>UBICACION GEOGRAFICA:</u>

LA FINCA TUMBAYA SE ENCUENTRA UBICADA EN EL DEPARTAMENTO DE TUMBAYA DE LA PROVINCIA DE JUJUY, CON UNA SUPERFICIE QUE ABARCA LAS 24.469 HECTAREAS, LAS CUALES ESTAN DISTRIBUIDAS EN CINCO ZONAS:

CHAÑI CHICO
CHAÑARCITO
TUMBAYA GRANDE

HUAJRA

TILMAYA

SUS LIMITES SON:

AL NORTE: CON EL FILO QUE DIVIDE LO QUE FUE ANTES LA COMUNIDAD DE TUMBAYARCA Y TERRENOS FISCALES.

AL ESTE: CON EL RIO QUE BAJA DE HUMAHUACA.

AL SUR: CON LA QUEBRADA DE COIRURO, Y ABRA DEL MOLINO.

AL OESTE: CON LAS ALTURAS DE LAGUNA NEGRA.

ACTUALMENTE LA FINCA TIENE........... HABITANTES. DATOS QUE PROVIENEN DEL CENSO QUE SE REALIZO EN EL MES DE OCTUBRE.

CAPITULO SEGUNDO:

ARTICULO PRIMERO: La Comunidad Aborigen Coya de Finca Tumbaya en el desarrollo de su vida institucional se rigen por los siguientes principios:

a) Igualdad de derechos y obligaciones del Consejo de solicitantes.

b) Defensa de los intereses comunes.

c) Participación plena en la vida de la comunidad.

d) Solidaridad, reciprocidad y ayuda mutua entre todos los miembros.

e) La defensa del equilibrio ecológico, la preservación y el uso racional de los recursos naturales.

f) Respetar y proteger los usos, costumbres y tradiciones de la comunidad y revalorizar más la identidad cultural.

ARTICULO SEGUNDO: Garantizar y fortalecer más la organización, respetar el idioma común, respetar la vida de las personas y también la naturaleza.

Garantizar el respeto a nuestra Identidad, recuperar nuestro idioma para así lograr una mejor comunicación con otros hermanos.

- Respetar a nuestros ancianos, puesto que representan la sabiduría de nuestra comunidad.

- Respetar a los niños, jóvenes, a los hogares cuando los dueños están ausentes, a las madres solteras, a las personas que estén enfermas, a los huérfanos y sobre todo el respeto entre vecinos.

- Respeto al potrero del vecino, a los aguadas, caminos, no dejar cerrada las tranqueras, respetar los pastoreos comunitarios, como están hoy.

- Respetar los deslindes, los mojones que están ubicados en cada lugar.

- Respetar nuestra cultura, nuestra medicina tradicional.

- Respetar las opiniones de las personas en las asambleas

- Respetar y gaRAntizar la participación de los niños y jóvenes en las asambleas puesto que ellos son el futuro en nuestra comunidad.

ARTICULO TERCERO: las cinco zonas que conforman la comunidad son competentes para;

a) Formular y ejecutar planes de desarrollo integral, artesanal e industrial, promoviendo la participación del consejo de delegados.

b) Promover la forestación y reforestación de plantas de la zona.

c) Organizar régimen de trabajo para actividades de la comunidad que contribuyan al mejor aprovechamiento del agua, de la tierra.

d) Promover, coordinar y apoyar el desarrollo de actividades y festividades cívicas, culturales, religiosas, sociales y otras que respondan a valores, usos costumbres y tradiciones que son propias de nuestro lugar.

ARTICULO CUARTO: Respetar y hacer respetar nuestra cultura en todas sus formas de manifestación: comida, vestimenta, música, trabajo, religión, creencias citamos algunos ejemplos: Semana Santa, Carnaval, Harcada, Chilpiada, Toro Bruto, Siembra y Cosecha, Corpachada, copleadas, tijtinchas, cuarteadas, sinchicos, ofrendadas, flechadas, etc. y por sobre todo la ceremonia y el culto a la MADRE TIERRA PACHAMAMA.

ARTICULO QUINTO: Dejar crecer la solidaridad y afianzarla con los trabajos comunitarios ejemplo hacer las acequias, limpiar los senderos, levantar la cosecha entre otros.

ARTICULO SEXTO: Asegurar la participación de la comunidad y sus miembros en
todas las decisiones sobre los intereses que la afecten entre ellos:

a) En el uso, manejo, administración, explotación y aprovechamiento racional
de los recursos naturales

b) En la educación de nuestros niños, jovenes. Que la enseñanza sea no marginalizada y que los alumnos salgan con una orientación laboral.

c) que halla una relción entre escuela-comunidad.

d) En el cuidado y mejoramiento de nuestro magisterio.

e) en la capacitación del consejo para actividades referentes a la vida de la
comunidad.

f) En la elaboración de proyectos que sea desde las necesidades de la comunidad

g) Que las elecciones sean democráticas, exigiendo un compromiso ante la comunidad y que no halla dintinción de partidos políticos o de alguna otra índole.

ARTICULO SEPTIMO: Resguardar, promover y garantizar el respeto a las autoridades vigentes en este caso al CONSEJO DE DELEGADOS Y AL CACIQUE respectivamente.

ARTICULO OCTAVO: Respetar y resguardar los testimonios arqueológicos ejemplos
los pucaras, los antigales, pinturas, etc.. Revitalizar la medicina tradicional
de nuestros antepasados, difundir sus técnicas, hacer trabajos y darlos a conocer.

ARTICULO NOVENO: Si, en alguna hubiese problemas será la misma comunidad la que
resuelva con ayuda del o los delegados conjuntamente con el cacique. Siempre las
personas que tengan problemas deberan comunicar primeramente a sus delegados que
los representan.

CAPITULO TERCERO: MECANISMOS DE DESIGNACION Y RENOVACION DE LAS AUTORIDADES:

ARTICULO DECIMO: Son miembros de la Comunidad Aborigen Coya de Finca Tumbaya
los que estan asentados en las siguientes zonas; Chañi Chico, Chacarcito,
Bumbaya Grande, Huajra, y Tumbaya. La comunidad subsistirá mientras exista

una familia que la sostenga y ocupe sus tierras y desaparecerá cuando mueran todos sus miembros.

ARTICULO DECIMO PRIMERO: Las autoridades son:

Un concejo de delegado representado por las cinco zonas;

seis delegados para la zona de Tumbaya Grande.

tres delegados para la zona de Tumbaya.

dos delegados para la zona de Chañi Chico.

dos delegados para la zona de Huajra.

un delegado para la zona de Chañarcito.

a) De la conformación del consejo de delegados se elige un Cacique coordinador, un secretario y un tesorero.

ARTICULO DECIMO SEGUNDO: Las elecciones de las autoridades se realiza por zonas en una asamblea general y obligatoria. Una vez que se hallan elegido los delegados de las distintas zonas se reunen y ponen fecha y lugar de encuentro para hacer las elecciones internas donde se elegirá al cacique coordinador, al secretario y al tesorero.

ARTICULO DECIMO TERCERO: El periodo de duración de mandato es por dos años, pueden ser reelectos las autoridades del consejo de delegados, pero teniendo en cuenta como se han desempeñado en sus funciones.

CAPITULO CUARTO FUNCIONES DE LOS DELEGADOS:

ARTICULO DECIMO CUARTO: Los derechos y obligaciones del delegado son:

- Asistir a todas las reuniones que hace el consejo.

- Dar a conocer las necesidades de la zona en el consejo.

- Hacer rendiciones de cuenta del cobro del aporte mensual.

- Dar información a las familias de cada zona sobre todos los trámites que se hacen en el INAI.

- Comunicar a todas las zonas sobre las asambleas.

- Realizar viajes encaso de que sea necesario para algún trámite.

- Capacitarse continuamente para así poder trabajar más en la comunidad.

- Llevar todas las opiniones de la gente al consejo.

- No debe dormirse frente a los problemas que existan en su zona. Hace ver todo y oido.

- Debe dedicar tiempo para realizar su cobro del aporte anuoual.

- Debe conversar con la gente de su zona, para así lograr una comunicación más fluida.

- El delegado no debe nunca tomar decisiones por si solo. Siempre las decisiones deberán ser de acuerdo a los criterios que plantee su zona.

- El delegado debe ser la voz de la comunidad y no debe nunca arrimar sólo agua para su molino.

- Debe defender los intereses de la gente de su zona.

- El delegado debe llevar las inquietudes del grupo.

- Debe entenderse con la gente, que se informe e informe, que traiga iniciativas

- Que acompañe al grupo. Tenga paciencia y explique, y por último que represente al grupo.

ARTICULO DECIMO QUINTO: El delegado deja de cumplir su función cuando la comunidad ve y comprueba que él o los delegados no han cumplido con lo que dice el Artículo decimo cuarto.

CAPITULO QUINTO: FUNCIONES QUE DEBE CUMPLIR EL CONSEJO DE DELEGADOS: ART.Nº 16

- Organizar las asambleas, la cual estará presidida por el coordinador, en caso de que dicha persona no estuviere presente la asamblea será dirigida por el secretario o cualquier otro miembro del consejo de delegado.

- El coordinador tiene la obligación de comunicar al consejo con dos días de anticipación, cuando no va a poder asistir a alguna reunión.

- El cacique coordinador no debe tomar decisiones, estas se realizan en conjunto para evitar cualquier problema , En caso de suma urgencia podrá hacerlo pero siempre comunicando a dos o tres delegados que se encuentren más cerca.

- El consejo de delegados debe estar predispuesto a escuchar las [inquietudes] de la comunidad.

- El consejo debe buscar proyectos para la comunidad, siempre [atendiendo] a las necesidades de la gente, es decir que sea la misma comunidad la que [defina] sus necesidades.

- En el consejo se pueden plantear los problemas que tenga el/los delegado/s en cuanto a trabajos de su zona.

- El consejo de delegados debe capacitarse continuamente.

- Toda discusión que ocurra será siempre dentro de las reuniones del consejo, de la puerta para afuera debemos hablar un mismo lenguaje en caso contrario el consejo tiene el poder de otorgar alguna sanción.

- Es obligación la asistencia de todos los delegados a las reuniones del consejo. él que falte tres veces, no tendrá voz ni voto en tres asambleas, y en tres reuniones que haga el consejo.
- El consejo de delegado debe organizar bailes, fiestas, encuentros, para hacer fondos para la comunidad.

- El consejo de delegados debe estar siempre teniendo contactos con los distintos entes nacionales lo deberá hacer el coordinador.

- Cuando el consejo decida algo deberá estar presente un delegado de cada zona.

- El consejo de delegado no debe faltar al cumplimiento de sus obligaciones morales o materiales que afecten a los intereses comunitarios. No debe promover actos deshonestos, engaños, desordenes, robos, declaraciones públicas, conductas y practicas desleales en contra de la persona, familia u organizaciones.

- El consejo de delegado deberá regular el acceso al uso de la tierra, los espacios que hoy estan baldios y otros recursos.

- El consejo de delegado debe promover la revalorización de la identidad aborigen, y apoyar el desarrollo de actividades culturales que respondan a valores, usos, costumbres y tradiciones que son propias de nuestra zona.

CAPITULO SEXTO: QUIENES SON MIEMBROS DE LA COMUNIDAD

ARTICULO DECIMO SEPTIMO: Son miembros de la comunidad las personas que nacieron
en este lugar (finca). Por descendencia de nuestros abuelos, los que cuidan y
valoran la tierra. Los que habitaron y trabajaron desde siempre y los que por
tienen derecho a reclamarla. Son parte de la comunidad las personas que respetan nuestras familias, nuestras costumbres, nuestras formas de ser, a la madre tierra. Los que respetan al vecino, a la hacienda, a los sembrados, a los turnos
del agua, a la naturaleza, a la convivencia en comunidad.

Son parte también los que respetan los reglamentos del estatuto elaborado por
la comunidad.

Son miembros de la comunidad los que hayan nacido en este ámbito, los que acceden a ella por vínculo de sangre, de matrimonio o de cruza.

Son parte de la comunidad las personas que se fueron del lugar porque no pudieron
pagar sus arriendos.

Las personas que en estos momentos no tengan tierras y quieran ser de este lugar y
tengan su familia si quieren tener un espacio físico (tierra) pueden participar de
las asambleas.

Son parte de la comunidad las personas que respetan la cultura en todas sus
expresiones.

ARTICULO DECIMO OCTAVO : Dejan de ser miembros de la comunidad las personas que
no respeten el artículo decimo séptimo del estatuto.

CAPITULO SEXTO:

ARTICULO DECIMO NOVENO: La Comunidad Aborigen Coya de Finca Tumbaya, departamento
de Tumbaya de la Provincia de Jujuy, República Argentina, reunida en asamblea
general, aprueba el presente estatuto. A fines de registrar la PERSONERIA JURI-
DICA De acuerdo a las disposiciones de la Ley 4311, dispuesto por la Resolución
N° 7.4/95 que creó el registro Nacional de Comunidades Indígenas.

Designamos al Consejo de Delegados conjuntamente con el Doctor Enrique

Uyharzabal Castro, para que lleven a cabo este trámite ante el Registro de

Comunidades Aborígenes de la Provincia de Jujuy que depende de la Secretaría

de Desarrollo Social de la Provincia.

EL CONSEJO DE DELEGADOS FIJA SU DOMICILIO EN LA CALLE BELGRANO S/N DE LA LOCA-

LIDAD DE TUMBAYA C/P 4615 PROVINCIA DE JUJUY, TELEFONO 0388-[illegible] DONDE ATIENDE

LUIS O 0388-YY4565 CABINA PUBLICA.

(firmas)

Ramón Mamani Condorí
DNI. 8012569
Delegado de Chamarcito.

Bárbara Castro
DNI. 16.804.730
DELEGADA DE TUMBAYA GRANDE

Rene Vilca
D.N.I. 13.347.147
Delegado de Tumbaya Grande

Cipriana Flores
D.N.I. 16.801.755
Delegada de Tumbaya grande

Claudia Vilca
DNI 24.101.324
Delegada de Tumbaya

DNI 12.823.843
Candelario Blas Guerra
Delegado de Tumbaya

D.N.I. 12.984.942
Agustín Flores
Delegado Tumbaya Grande

L.E 3.997.724
Gregorio Ajona
Delegado Chani Chico

D.N.I. 21.901.478
Luisa Amelia Ajoña
Delegada Chani Chico

José Benito Castillo
D.N.I.E. 7.211.349
Delegado de Tumbaya Grande

Nora Laura Galian
L.C. 2.292.872
Delegada de Huajra

Nestor Vilca
DNI. 14.737.698
Delegado Tumbaya Grande

Celestina Nieves Abalos
D.N.I. 21.541.103
Delegada de Tumbaya.

Anexo 6: Acta de Entrega de Posesión de Finca Tumbaya e Informe de Posesión de la Comunidad.

ANEXO I

ACTA DE ENTREGA DE POSESION DE FINCA TUMBAYA

En la localidad de Tumbaya, Provincia de Jujuy, a los veintitrés días del mes de noviembre de mil novecientos noventa y ocho, con la presencia por una parte de la SECRETARIA DE DESARROLLO SOCIAL de la PRESIDENCIA DE LA NACION con domicilio en Avenida 9 de Julio 1925 piso 14 de la Capital Federal, representada en este acto por su titular, Don Ramón Bautista Ortega conforme designación realizada en virtud del Decreto N° 398/98, en adelante la SECRETARIA y con la presencia del señor Director del Instituto Nacional de Asuntos Indígenas, y por la otra parte la COMUNIDAD ABORIGEN KOLLA DE FINCA TUMBAYA, con domicilio en la localidad de Tumbaya, Departamento Tumbaya, Provincia de Jujuy, representada en este acto por la señora Celestina Nieves Abalos, en su carácter de Coordinadora del Consejo de Delegados (Documento Nacional de Identidad N° 21.541.103), conforme acta de designación de autoridades que se adjunta y forma parte integrante de la presente y con personería jurídica inscripta por ante la Fiscalía de Estado de la Provincia de Jujuy, Departamento de Personerías Jurídicas, en virtud de lo dispuesto mediante Decreto Provincial N° 6089/98 que en copia certificada se acompaña, en adelante la COMUNIDAD, y considerando: Que es voluntad del Gobierno Nacional, en cumplimiento de lo normado por el artículo 75 inciso 17 de la Constitución Nacional el reconocer, en el área de su competencia, la posesión y propiedad comunitaria de las tierras tradicionalmente ocupadas por las comunidades indígenas argentinas, por la reparación histórica que ello conlleva y por el respeto a los derechos humanos, sociales y comunitarios de los primigenios pueblos que habitaron la República. Que la Ley N° 24.725 declaró de utilidad pública, sujeta a expropiación, con sus derechos de aguas y todo lo plantado, edificado y adherido al suelo, al inmueble denominado Finca Tumbaya o Finca Tumbaya Grande, ubicado en el Departamento Tumbaya de la Provincia de Jujuy, conforme los términos del artículo 8° y concordantes de la Ley N° 23.302, su Decreto Reglamentario N° 155/89, los artículos 11 a 14 del Convenio 107 y 1, 14, 15 y 16 del Convenio 169, ambos de la Organización Internacional del Trabajo, aprobados por las leyes N° 14.932 y 24.071 respectivamente; Que en cumplimiento de lo ordenado por la citada Ley N° 24.725, la SECRETARIA promovió las actuaciones caratuladas "Secretaría de Desarrollo Social de la Presidencia de la Nación c/ Viviani Angel Pablo s/ expropiación; "Secretaría de Desarrollo Social de la Presidencia de la Nación c/ Viviani Yolanda del Carmen y otro s/ expropiación"; "Secretaría de Desarrollo Social de la Presidencia de la Nación c/ Viviani Sonia del Valle y otra s/ expropiación"; y, "Secretaría de Desarrollo Social de la Presidencia de la Nación c/ Viviani Liliana Elsa y otra s/ expropiación", todos en trámite por ante el Juzgado Nacional de Primera Instancia en lo Federal N° 2 de Jujuy, actuaciones en las cuales el Estado Nacional, Secretaría de Desarrollo Social de la Presidencia de la Nación, ha tomado posesión judicial de los inmuebles expropiados para el cumplimiento del objeto establecido en el artículo 2° de la Ley N° 24.725. Que dicha norma establece que el cumplimiento del destino de utilidad

Presidencia de la Nación
Secretaría de Desarrollo Social

publica se verificará transfiriendo el dominio oportunamente a la comunidad integrada por las familias aborígenes que residen en forma permanente en el inmueble expropiado. Que la devolución de tierras a las comunidades aborígenes reviste particular relieve, dada la especial relación e importancia que para estas presenta su interacción con la tierra, en el marco de las modernas tendencias del derecho internacional de los pueblos indígenas, recepcionado en el derecho positivo argentino mediante la Ley número 24.071, ratificatoria del Convenio 169 de la Organización Internacional del Trabajo sobre Poblaciones Indígenas y Tribales en Países Independientes.- Que en virtud de lo expuesto, las partes acuerdan: PRIMERO. La SECRETARIA transfiere a la COMUNIDAD, la posesión de las tierras ubicadas en el Departamento Tumbaya, Lote Rural sin número, Padrón H-173, con inscripción de dominio que figura en el libro 3 Folios 88 al 91 del Registro de la Propiedad Inmueble de la Provincia de Jujuy, que se refiere al Departamento Tumbaya, con una superficie que abarca VEINTICUATRO MIL CUATROCIENTAS SESENTA Y NUEVE HECTAREAS, CUATRO MIL SEISCIENTOS TRECE METROS, CATORCE (24.469 has., 4613,14 mts), incluyendo en ellas los padrones H-1702, H-1703 y H-1704, conforme las constancias de los juicios expropiatorios mencionados en la presente. Ello en los términos del artículo 2377 y concordantes del Código Civil.- Por su parte, la COMUNIDAD las recibe de conformidad y en el estado de ocupación en que estas se encuentran.- SEGUNDO. La transferencia del dominio de las tierras a favor de la beneficiaria final de la Ley Nº 24.725, se realizará en un plazo de ciento ochenta días (180), computables a partir de que exista sentencia firme en los juicios expropiatorios mencionados en los considerandos de la presente, y depósito de cualquier suma adicional resultante de las sentencias -
Leída y ratificada se firman dos ejemplares de un mismo tenor y a un solo efecto en el lugar y fecha indicados en el encabezamiento.

Ramón Bautista Ortega
Secretario de Desarrollo Social
Presidencia de la Nación

TUMBAYA 12 DE NOVIEMBRE DE 1998.

INFORME : PETICION DE LA TIERRA EL DIA 23 DE NOVIEMBRE DE 1998.
EL DIA 4 DE NOVIEMBRE DE 1998, SE EFECTUO LA DESPOSION A SE
AL SEÑOR VIVIANE ESTO TUBO A CARGO DEL SEÑOR FISCAL GENERAL
DOCTOR MARIO STOPEK, DE PARTE DE LA COMUNIDAD CELESTINA ABA
ABALOS Y EL SEÑOR RENE VILCA, ABOGADO ENRIQUE QUISBERL.
LA TRACION FINAL O DEPOSITO ES DE $ 275.000. " POR LO CUATRO LOTE.
(MINA, CASCO DE LA SALA, HUAJRA Y EL LOTE DE TUMBAYA "
EL TITULO DE PROPIEDAD SE ENTREGA EN FORMA COMUNITARIA, POR LO TANTO
A PARTIR DE LA POSICION LEGAL DE LA TIERRA SE DEBE RESPETAR EL ESTATUTO
EN CASO DE NO HACERLO SE CORRE EL RIESGO DE PERDER LA PERSONERIA JURI
DICA POR QUE EN ELLA EXISTE UN PUNTO QUE DETERMINA QUE HAY QUE //
RESPETAR EL ESTATUTO.
ES MAS URGENTE QUE AL INGRESADO A LA FINCA SIN AUTORIZACION, COMUNICAR /
A LA BRIGADA.

- CUANDO LA GENTE INGRESA A LA FINCA QUEREMOS SABER CON QUE ESTARIAN /////////
ATENDIENDO (CHARQUI, CORDERO, BOLSA DE ABA, QUESO, BOLSA DE PAPA,
CHICHA, MAIZ ...

- TODA FAMILIA TIENE SU PUESTO.

- CADA PUESTO ESTA CUIDADO O TRABAJADO POR SU DELEGADO.

CONSEJO DE DELEGADO.

<u>Anexo 7</u>: Correo electrónico en el que se pide adhesión a la lucha en Tumbaya, julio de 1999.

Tlahui-Politic No. 7, II/1999

Terratenientes se niegan a entregar una finca a indígenas kollas

Información enviada al Director de Tlahui. Argentina a 6 de Mayo, 1999.

El día jueves 6 de mayo la Comunidad Kolla de la Finca Tumbaya nos instalamos en la carpa de la lucha por nuestras tierras. Frente a la Casa Hacienda y a los guardias armados que la defienden, levantamos una carpa con la permanente presencia (noche y día) de los hombres y mujeres de nuestra comunidad, con nuestra dignidad en pie y la firme decisión de luchar hasta conseguir nuestros derechos.

El 24 de noviembre de 1998 se nos entrega, a través de una Ley Nacional de Expropiación y de mano de autoridades nacionales, la posesión de toda la finca, que había sido ancestralmente nuestra, luego usurpada y hace poco expropiada para ser devuelta a nuestro pueblo.

A pesar de que la ley de expropiación nos da derechos, los terratenientes que tenían nuestras tierras, no quieren abandonarlas. Por ello nos hemos puesto de pie para luchar y por ello día y noche estamos en permanente encuentro y asamblea, en forma pacífica pero firme, hasta que obtengamos lo que buscamos: Recuperar nuestra tierra, nuestra historia, nuestra dignidad.

Por todo esto solicitamos toda forma de solidaridad con nuestra lucha. Para mandar adhesiones pueden hacerlo a la dirección de correo de La Cooperativa C.A.U. Que Va. Ltda: Mailto: cauqueva@imagine.com.ar, o a la Revista Wayruro, Mailto: wayruro@cootepal.com.ar, por fax al +54.0388.4955097.

Consejo de delegados indígenas de la Comunidad Kolla de la Finca Tumbaya-Jujuy - Noroeste Argentino - Area Andina - San Salvador de Jujuy

From: Editor Equipo Nizkor nizkor@teleline.es
Más información - Further information - Plus d'information

Anexo 8: Desestimación de la Justicia Federal del Expediente 155/99, del 11 de mayo de 1999.

Poder Judicial de la Nación

San Salvador de Jujuy, 11 de Mayo de 1999.-

AUTOS: Los de este expte N°155/99, caratulado: Viviani, Angel Pablo y otra contra Organización Comunitaria Aborigen Tumbaya Grande y otros por Interdicto de Retener la Posesión y medida cautelar, Y;

VISTOS:

1) Que Angel Pablo Viviani y Lucrecia Elena Sánchez de Bustamante de Viviani promueven interdicto de retener la posesión en contra de la Organización Aborigen Tumbaya Grande, del Comisionado Municipal de la localidad de Tumbaya la Grande Sr. Hugo MAMANÍ, y de los Sres. Celestina Nieves ÁBALOS, Florencio CRUZ, Luisa Angela ARJONA, Fabián Tomás VILCA, Faustino René VILCA, Benancio SUAREZ, Joaquina Rosalía CASTRO, Antonio Asencio TAPIA, Rosalía ARJONA de JULIÁN, Felipe Benicio CRUZ, Ricardo CRUZ y Cipriano FLORES.-

Dicen que ejercen la presente acción en su carácter de usufructuarios vitalicios del inmueble individualizado como parcela 173, Padrón II-1703, con una superficie total de 335 has.5728 m2 87 dm2, afirmando que nunca fueron privados de la posesión de dicho bien, toda vez que el juicio de expropiación es promovido por la Secretaría de Desarrollo de la Presidencia de la Nación solo en contra de los nudos propietarios, sin hacerles extensivos sus efectos.-

Denuncian diversos hechos de los accionados que consideran implican una turbación atentatoria del derecho que dicen detentar, alegando que la Secretaría de Desarrollo Social nunca tuvo la posesión material del inmueble ya individualizado.-

Asimismo, interponen medida de no innovar solicitando que los demandados se abstengan de realizar medidas que turben el ejercicio del derecho de posesión que dicen poseer. Citan doctrina y jurisprudencia en apoyo de su pretensión (fs 1/12).

Con posterioridad denuncian hechos nuevos (fs.

(5/27).-

2) Que previo requerimiento del expte N°377/2/98 caratulado, "SECRETARÍA DE ESTADO DE LA PRESIDENCIA DE LA NACIÓN c/ SONIA DEL VALLE VIVIANI Y OTROS s/ EXPROPIACIÓN", que se tiene a la vista ahora, se dispone el pase de estos obrados al Sr. Fiscal Federal (fs.14), quien se expide por la competencia de este Juzgado Federal (fs.15). Y:

CONSIDERANDO:

I) Que del acta de fs. 145 del expte. N°377/2/98, caratulado: "SECRETARÍA DE ESTADO DE LA PRESIDENCIA DE LA NACIÓN c/ SONIA DEL VALLE VIVIANI Y OTROS s/ EXPROPIACIÓN" al cual remiten las presentes actuaciones, surge que con fecha doce de noviembre de 1998, el Oficial de Justicia designado por el Juzgado se constituye en el inmueble ubicado en Tumbaya Grande, Departamento de Tumbaya, de propiedad de los expropiados Sonia del Valle Viviani, Liliana Elena Viviani y Walter Pablo Viviani, y procede a poner en posesión del mismo al Estado Nacional- Secretaría de Desarrollo Social de la Nación- en la persona del Dr. Mario Francisco Snopek, Fiscal Federal N°2 de Jujuy, con todo lo edificado, plantado, y demás adherido al suelo del inmueble.-

Asimismo se constata que el 20-11-98, se le ordena a los propietarios que procedan al desalojo del inmueble expropiado en el plazo de 30 días (ver fs.151 y notificación a fs.156 y vta. expte. N° 377/2/98).-

Interesa destacar, además, que a fs. 124 obra fotocopia simple de transferencia de fondos al Banco de la Nación Argentina por la suma de $275.000, importe este determinado por el Tribunal de Tasaciones de la Nación, con fecha 01-05-98, al tasar la totalidad de la superficie expropiada de 24.469 has.4613,14 mts., de la cual queda un remanente de $ 15.000, como indemnización perteneciente a la causa de expropiación antes individualizada.-

/////////

Poder Judicial de la Nación

//////   II) Que el art. 28 de la Ley N°21.499 establece: " Ninguna acción de terceros podrá impedir la expropiación ni sus efectos. Los derechos del reclamante se considerarán transferidos de la cosa a su precio o a la indemnización, quedando aquella libre de todo gravamen".

     Al respecto se ha sostenido que: "La realización de la utilidad pública conlleva una suerte de supremacía procesal del juicio de expropiación al estatuir que ninguna *acción de terceros podrá impedir la expropiación y sus efectos* y que los derechos de los reclamantes se consideran trasferidos de la cosa a su precio o la indemnización (art.28)" (J.C.CASSAGNE, Derecho Administrativo , T.II, pág. 616)

     III) Que de lo rememorado supra (Considerandos I y II), se constata que se ha otorgado la posesión judicial al Estado Nacional- Secretaría de Desarrollo Social de la Presidencia de la Nación del bien expropiado (arts. 22 y 23 Ley N°21.499), en cuyo momento quedaron resueltos todos los derechos de los ocupantes (art. 28 Ley de Expropiaciones), a quienes se le concedió un plazo de treinta (30) días para desalojar dicho inmueble, plazo que ya está largamente vencido.

     En consecuencia, careciendo los accionantes de derecho alguno que pueda enervar la acción de expropiación del bien inmueble del cual fueron desposeídos, corresponde rechazar " in límine" el interdicto de retener y la medida de no innovar articulados por los mismos.-

     Por lo tanto, y oído el Sr.Fiscal Federal cuyo dictamen se comparte,

RESUELVO:

     1°) Desestimar *in límine* el interdicto de retener la posesión y medida de no innovar interpuestos por Angel Pablo VIVIANI y Lucrecia Elena SANCHEZ DE BUSTAMANTE DE VIVIANI .-

///////////

/////   2°) Poner en conocimiento de las Fuerzas de
Seguridad lo precedentemente resuelto a los efectos del debido
resguardo y protección de personas y bienes. A tal fin líbrense
los correspondientes oficios.-

          3°) Notifíquese con habilitación de días y horas
necesarias al efecto.-

HORACIO JOSÉ PAZ
JUEZ FEDERAL DE JUJUY

MARÍA ISABEL AGOSTINI
SECRETARIA